Deb Olin Unferth
Happy Green Family

Quartbuch

Deb Olin Unferth

Happy
Green Family

Roman

Aus dem amerikanischen Englisch
von Barbara Schaden

Verlag Klaus Wagenbach   Berlin

Für Matt

EIN NEST. Bestehend aus 6-Eck-Drahtgeflecht, verzinkt, fünf-
undzwanzigtausend Trinkventilen, einem Moos aus Futter- und
Federstaub. Sechs Meilen Futtertröge in Reihen abwärts, Kolonnen aufwärts. Gestaffelte Ebenen, drei Meter hoch, nach oben
zugespitzt wie ein A, das Universalsymbol des Bergs. Hölzer-
ner Dachstuhl, Laufstege aus Sperrholz. Dunkelheit. Plötzliches
Licht. Dreihunderttausend prähistorische Augen blinzeln. Der
ganze Apparat tickend und surrend und rasselnd wie eine Welt-
untergangsmaschine. Darüber das Gurren, Gackern, Singen von
hundertfünfzigtausend Vögeln im Morgengrauen.

1

IN DER SEKUNDE, als Janey aus dem Bus stieg, ahnte sie ihren Irrtum.

Bis dahin (durch Stunde um Stunde, Ort um Ort, während der Tag sich neigte, die Bustür sich stöhnend öffnete und schloss, die Dämmerung kam und in Nacht überging, der Kopf im Halbschlaf vor und zurück kippte, während sie in Chicago, den Seesack auf dem Betonboden abgestellt, auf den Anschlussbus wartete, während sie wieder los- und weiter durch die Dunkelheit fuhren, bis irgendwann die Sonne aufging und der gesprenkelte Tag vorbeihuschte, in der Fensterscheibe das eigene Spiegelbild vor Straßenschildern und Gewerbegebieten) war sie sicher gewesen, dass sie am Beginn einer großen Reise stand. Sie hatte sich herausgeschält aus ihrem früheren Ich, die alte Janey zurückgelassen.

Sie konnte sie fast sehen, die alte Janey, die dort in der Stadt den gewohnten Schulweg ging, als Geist. Sie waren wie siamesische Zwillinge, die getrennt werden: Die eine wird leben, die andere sterben, und wer lebt und wer stirbt, wissen auch die Ärzte nicht, und daher wartet die Welt erst mal ab. Zitternd vor Erwartung (die Staaten werden weiträumiger, das Land flacher, Busch-und-Baum-Dickicht schwindet, Acker reiht sich an Acker, am Straßenrand flitzen die Gottesschilder vorbei) war sie, die neue Janey, aus der Reihe der Mitschüler getreten und davongegangen, und was weiter passierte, war völlig offen. Fast konnte sie zurückschauen und in der Ferne sehen, wie die Reihe ohne sie weiterzog, wie die alte Janey die anderen einholte und ihnen folgte wie eine Kuh.

Jetzt aber, eineinhalb Tage später, stieg sie auf Gummibeinen aus dem Bus die Stufen hinunter, und der Busbahnhof weckte erste Zweifel. Die sauberen Plastiksitze, der antiseptische Geruch, die Ansammlung sehr schlecht gekleideter Leute mit folienumwickelten Koffern, die sich wie die Bestandteile eines riesigen Lunchpakets auf dem Boden stapelten.

Und vor allem – ihr Vater. Nicht da. Sie wusste nicht, wie ihr Vater aussah, aber es stand kein Mann mit anlassangemessener Erwartung und Nervosität an der Tür. Niemand trat von einem Fuß auf den anderen, drehte eine Mütze in den Händen, blickte jeder aus dem Bus steigenden Person ins Gesicht. Oder, andere Version: Niemand stand mit Besitzerstolz mitten im Raum, die Arme vor der Brust verschränkt, in der einen Hand kopfunter einen Supermarkt-Blumenstrauß in Plastik. Niemand hier war auch nur im Geringsten interessiert an Janeys großer Fahrt. Niemand hier war seinerseits auf großer Fahrt.

Sie hatte nicht erwartet, dass er sie abholte. Er hatte es auch nicht gesagt. Er hatte überhaupt nichts gesagt, hatte nie geantwortet, wenn sie simste (die Dämlichkeit einer SMS unter diesen Umständen) oder anrief (»Äh, hi, hier ist Janey, deine ... Tochter«). Janey stellte ihren Seesack auf dem blitzblanken Boden ab und kontrollierte ihr Handy (noch eine Nachricht von ihrer Mutter, die sie ignorierte). Aber insgeheim hatte sie schon erwartet, dass er da wäre.

Am anderen Ende des langen Bands, das diese Busfahrt war, am anderen Ende des Landes ging die alte Janey im selben Moment (um vier war die Schule aus, und bis sechs war noch Debatte) unter dem Baldachin der Baumkronen vom Bahnhof nach Hause. Janey konnte sie fast sehen, wie sie rucksackschwingend an den Stadtreihenhäusern entlangging, die Treppe zur Wohnung hinauftänzelte und rief: »Ma, bist du da?«

Nein, Moment. Die alte Janey war dieser hier eine Stunde voraus. Die alte Janey saß jetzt schon beim Abendessen, einen Fuß auf dem Sitz untergeschlagen, die Gabel mit redenschwingender Geste in der Luft, die Mutter lachend, an den Herd gelehnt. Unterdessen hatte die neue Janey, die jetzt vor einer Reihe Verkaufsautomaten stehenblieb – Selbstbedienungsautomaten, die mittels Schaufelwalze flache Sandwiches in Plastikbehältern und Zigaretten herausrückten – gar keinen Appetit, obwohl sie nicht viel gegessen hatte in dem langsamen, unbequemen Bus (das Unbequeme gestand sie sich jetzt ein, während sie unterwegs noch Fotos von Scheunen, Heu, Häusern, Bevölkerungsangaben zusammen mit allerlei Emojis gepostet hatte, die Entzücken, Belustigung, Überraschung, plötzliches Begreifen und sonstige Gefühle ausdrückten, die sie empfand oder auch nicht). Jesus. Sie hob den Seesack auf und ging hinaus in den kühlen Frühlingsabend.

Janey war fünfzehn Jahre und fünf Tage alt, und seit fünf Tagen wusste sie, wo (*zum Teufel*) ihr Vater die ganze Zeit gesteckt hatte. Bis dahin war sie mit der alten Samenbankstory abgespeist worden, und Janey hatte sie geglaubt, obwohl es unfassbar war, wie sie so einen Schwachsinn hatte glauben können. Schon als sie alt genug fürs Zählen gewesen war, hätte sie sich ausrechnen können, dass sie kein Reagenzglaskind war. Welche Frau gibt denn mit achtzehn schon auf, in der Hoch-Zeit von Liebe und Abtreibung, und lässt sich künstlich befruchten? Aber Janey hatte ihrer Mutter die Geschichte abgekauft und sich zeitlebens nach einem Vater gesehnt. Dann wurde sie fünfzehn, und ihre Mutter fand, Janey sei jetzt alt genug, um aufgeklärt zu werden: Ihr Vater sei quicklebendig und noch immer in dem Kaff, in dem Janeys Mutter ihn hatte sitzenlassen, als sie schwanger nach New York durchgebrannt war, um ihrer künftigen Tochter ein besseres Leben zu ermöglichen. Das Kaff war im südlichen Iowa, einem grauen Land voller Fernfahrerkneipen, überfüllter Gefängnisse und Monokulturen. Janey könne sich glücklich schätzen, dass sie die Gegend nie erblickt habe. Sie dürfe jetzt nur keine lähmenden Elternprobleme entwickeln, die ihr den Rest des Lebens vergällen könnten. Sie sei reif genug, um zu entscheiden, ob sie ihn kennenlernen und den Ort ihrer Zeugung sehen wolle. In dem Fall werde sie, ihre Mutter, persönlich mit ihr hinfahren, wenn das Schuljahr vorbei sei.

Mit anderen Worten, ihre Mutter (*dieses Miststück!*) hatte *gelogen*.

Das Schuljahr war noch einen ganzen Monat nicht vorbei, und niemand darf einer Tochter derart lang den Vater vorenthalten. Schon gar nicht fünfzehn Jahre und mehr.

Auf einer Hauptstraße mit künstlich antiken Laternenpfählen ging Janey durch den Ort; die Läden hatten um sieben Uhr abends schon geschlossen. Sie schulterte ihren Sack wie ein Bankräuber und folgte der leuchtenden Straßenkarte ihres Handys. Sie fand die Adresse hinter den Häusern und Rasenquadraten; es war der eine von zwei identischen Wohnblocks aus tristen hellbraunen Ziegeln. Keine Türklingel, sie ging einfach die Treppe hinauf zur Nummer 209 und klopfte. »Hallihallo«, rief sie, mit Kasperstimme, um das Zittern zu überdecken. »Gibt's da drin ein Bier?« Dämliche Sprüche lagen ihr sonst nicht, aber was soll's, man muss auch mal eine Ausnahme machen. Sie plüschte kurz ihr Haar auf.

Die alte Janey (das Band der Straße verknüpfte sie miteinander wie ein Draht zwei Dosen oder eine Stille-Post-Runde mit zunehmend verfälschten, zunehmend sinnfreien Nachrichten) wäre jetzt zu Hause in Brooklyn und würde behaupten, sie sei nicht mit Abspülen dran. Die Mutter der alten Janey säße am Computer und würde behaupten, sie sei leider *immer* mit Abspülen dran. Die Mutter der neuen Janey rief an. Janey hörte das Telefon in der Tasche vibrieren. Sie sah, wie sich der Türknauf von 209 drehte. Das Schloss klickte, und in der Sekunde zwischen dem Klicken und dem Erscheinen ihres Vaters schwappte ein Schwall Hoffnung und Sehnsucht über die neue Janey hinweg, so vertraut und zusammengedrückt, als käme er aus dem innersten Kern ihres Wesens, ein Alt-Janey-Schmerz.

Sie erschrak über die erschrockene Grimasse vor ihr. Sie korrigierte das Erschrecken schnell zu einem Lächeln.

»Überraschung!«, sagte sie und hob die Arme. »Es ist ein Mädchen.«

Er war fred-feuersteinweiß und hatte die Arme und Haltung eines Schlägers.

Sie hörte ihn (ihren Vater?) sprechen: »Du bist früh dran.«

Sie zog eine Scheinschnute. »Hätte ich warten sollen, bis ich dreißig bin?«

Die neue Janey grinste draufgängerisch wie die alte (die alte Janey, die den Mut gehabt hatte, die neue Janey auf den Weg zu schicken, während die Mutter noch in der Arbeit war, ihre Sachen zu packen und zum Abschied aus dem Fenster zu winken) und betrat das Apartment.

Janey saß am einen Ende des Sofas. Ihr Vater am anderen. Selbst in ihrem burschikosen Outfit fühlte sie sich lächerlich feminin, wie eine Invasion von Weiblichkeit in diesem eigensinnig männlichen Apartment. Sie führten ein Gespräch, das wie folgt verlief:

ER: [*ihrem Blick ausweichend*] Ich dachte, dein Bus kommt erst um acht.
SIE: Macht nichts. Ich geh gern zu Fuß.
ER: Ich wollte dich abholen.
SIE: [*manisch nickend und sich umsehend*] Wirklich kuhl. Hier lebst du also.
ER: Ist nur vorübergehend. Zwischenlösung.
SIE: Ach ja? Wo willst du hin?
ER: [*Blick aufs Handy*] Moment. Wir müssen deine Mutter anrufen.
SIE: Wir haben ein Sofa, das irgendwie ähnlich ist. Was machst du so?
ER: Oh. LW.
SIE: [*keine Ahnung, was das sein soll*] Kuhl.
[*Schweigen. Weiteres Nicken.*]

Sogar sein Fernseher, fand sie, sah altmodisch aus. Sie hatte nie einen Fernseher gehabt. Ihre Bildschirme waren Monitore unterschiedlicher Größe und Form gewesen. Sie kam sich vor, als sei sie auf ihrer Vatersuche durch die Zeit gefallen und in einem Smithsonian-Diorama gelandet, das so uralt war, dass es schon wieder futuristisch wirkte. Und was noch schlimmer war: Der gefundene Vater sah aus, als wollte er *unbedingt* weg von hier und alles ausschließen, was in seiner Umgebung passierte. Er hatte jetzt ungefähr so viel Publikum, wie er in einem Tag bewältigte. Die Sache lief nicht, wie sie sollte.

ER: Ein Bier willst du, hast du gesagt?

SIE: Ich bin fünfzehn.

ER: Stimmt. Ich ruf deine Mutter an. [*tastendrückend*] Es läutet. [*einen Finger hebend*] Hey, sie ist hier ... ja ... ja ... [*Blick auf Janey*] Äh, glaub ich nicht ... okay ... [*das Handy hinhaltend*] Sie will mit dir reden.

Janeys letzter Satz an ihre Mutter, nachdem diese ihr die Identität ihres Vaters offenbart hatte und Janey ausgerastet war und ihre Mutter angeschrien hatte: wie sie es habe fertigbringen können, sie so viele Jahre *anzulügen*, sie derart lang von dem Mann fernzuhalten, der nicht mal die *Chance* gehabt habe, ihr Vater zu sein, was man für ein *abartiger* Mensch sein müsse, um so was zu tun ... – Janeys allerletzter, geschriener Satz an ihre Mutter lautete: »Ich rede *nie mehr* ein Wort mit dir!« (wie hätte sie es wissen sollen?), und am folgenden Morgen fragte sie ihr Handy: »Wie komme ich günstig von hier nach Iowa?«

Jetzt, auf dem Sofa ihres Vaters (?), verschränkte sie die Arme und blickte trotzig. Ihre Mutter sollte *nicht mal ihre Stimme hören*.

ER: [*das Handy wieder ans Ohr haltend*] Ähm, ich sag ihr, sie soll dich zurückrufen.

Er legte das Telefon hin. »Deine Mutter sagt, du sollst was essen.« Er stemmte sich vom Sofa hoch und tappte in die Küche.

Übrigens war jetzt auch klar, warum der Samenspender weiß war: weil ihre Mutter *Sex* mit ihm gehabt hatte – nicht, weil sie das Kästchen *weiß* angekreuzt hatte. Janeys Großvater stammte aus Mexiko, und Tochter und Enkelin trugen seinen Namen. Flores. Warum hast du keinen Latino genommen?, hatte Janey immer genörgelt. Auch das war jetzt klar.

»Willst du eine Limo?«, rief er aus der Küche. »Sie hat immer gesagt, du würdest mich schon eines Tages suchen kommen. Hättest du ein bisschen länger gewartet, wäre ich besser untergebracht gewesen.«

»Nein«, rief sie sofort zurück und war schon drauf und dran, ihre Anerkennung zu beteuern – für ... für ... »Nein, ist doch schön hier. Es ist ...« Sie sah sich nach irgendeinem Haushaltsgegenstand um, der gelobt werden konnte. Dann verstummte sie. »Moment – was?«, sagte sie. »Wann?«

Mit einer No-name-Orangenlimodose in der Hand kam er zurück. »Wann was?«

»Wann hat sie immer gesagt?«

»Gesagt? Gestern.«

In ihrem Kopf war ein Dröhnen. »Nein, wann hat sie dir gesagt, dass es mich *gibt*?«

Er blickte sie verwirrt an. »Sie hat mir immer gesagt, dass es dich gibt. Seitdem es dich gibt.«

Jähe Übelkeit. Auf einmal fiel ihr auf, dass ihre Mutter keineswegs behauptet hatte, er habe es nicht gewusst. Das Dröhnen im Kopf wurde lauter. Sie rang nach Luft. Sie stellte fest, dass sie ihre gesamte mentale Kraft brauchte, um nicht zu weinen. Sie stieß hervor: »Und du bist überhaupt nicht auf die Idee gekommen, *mich* zu suchen?«

Er räusperte sich. »Na ja, ich ...«

Irgendwoher schaltete sich eine Luftreserve ein.

Und in dem Moment stand ihr schlagartig alles sonnenklar vor Augen, die Vergangenheit und eine Ahnung von der Zukunft, die Schwere ihres Irrtums, der ganzen Serie von Irrtümern, von Fehleinschätzungen, nämlich: (1) Er wollte sie nicht hier haben. (2) Er hatte sich die ganzen Jahre vor dem Tag gefürchtet, an dem sie ihn aufsuchen würde. (3) Er hatte Angst vor ihr, seiner Tochter, hatte Angst vor allem Weiblichen. Er war einer von *denen*, ihr Vater. (4) Dieses Apartment war unvergleichlich schlimmer als ihre Wohnung, und dieses Kaff war unvergleichlich schlimmer als ihre Stadt. (5) Sie hatte keine Ahnung, wie sie ihn lieben oder mögen oder überhaupt kennenlernen sollte, diesen Fremden, der (6) ihr Vater war. (7) Sie war total gekränkt, wütend, (8) (und ja, sehr beschämt), dass sie (9) nicht wusste, wie sie wieder heimkommen sollte.

Wie lang schwiegen sie? Drei Minuten? Zwanzig Sekunden? Sie hielt mit beiden Händen den Kopf.

Er stellte die Limo auf den Couchtisch und setzte sich vorsichtig ans andere Ende des Sofas. »So, Kind«, sagte er schließlich, »wie lang bleibst du?«

Sie hob den Kopf. In dem Moment spürte sie (wie lang sie *bliebe*? So durchsichtig und feig) den Wert des entzweigebrochenen Lebens, auf der einen Seite die alte Janey, die zurückgeblieben war, und auf der anderen die neue, die gegangen war; sie rauschten aneinander vorbei, und der Wert der beiden Leben wechselte die Seiten – das eine, in das sie sich kopfüber hineingestürzt hatte, fiel mit rasender Geschwindigkeit in die Tiefe, unaufhaltsam, und das andere, das alte Leben, schnellte jäh in die Höhe. Sie spürte das Vinyl unter sich (natürlich besaß ihre Mutter kein potthässliches Plastikteil wie dieses und würde nie so was besitzen), sie roch seine alten Klamotten, die Kakerlaken in den Mauern, und genau in diesem Moment (sie spürte es wie ein einrastendes Schloss) begann die Abstumpfung (die allerdings Jahre andauern sollte), denn sie packte nicht noch am selben Abend ihre Sachen und marschierte zum Busbahnhof zurück, was das Richtige gewesen wäre. Sie blieb, wo sie war, denn sie würde dafür sorgen, dass dieser Mann sie kennenlernte; zumindest würde sie ihn dafür büßen lassen, dass er sie nicht kannte.

»Die frohe Botschaft, *Dad*«, sagte sie und trat gegen den Seesack zu ihren Füßen. »Für immer!« (Wie hätte sie es wissen sollen?)

Sein Gesichtsausdruck änderte sich nicht. Vielleicht zuckte er ganz leicht zusammen. Er rutschte vor zur Sofakante, seine Hand legte sich auf den freien Platz zwischen ihnen – um sie zu umarmen? ihr eine runterzuhauen? ihr den Weg zur Tür zu zeigen? Sie beugte sich ihm entgegen. Sie war auf alles gefasst. Er hatte etwas in der Hand. Rechteckig.

Es ist nie ein einzelner Fehler, der über das weitere Schicksal entscheidet, obwohl man uns dazu erzieht, so zu denken, angefangen bei der Bibel – ein einziger falscher Schritt, und du bleibst draußen im Regen, während die Arche ohne dich davonzieht, oder du wanderst für die nächsten Jahrzehnte durch die Wüste. (Janey hatte eine katholische Mädchenschule besucht, bis sie zehn war und sich endlich durchsetzen konnte und an eine Charterschule wechseln durfte.) In Wahrheit haben wir viele, viele Chancen, Scheiße zu bauen. Und wenn wir draufkommen, wie gebaute Scheiße sich reparieren lässt, tun wir's gleich noch mal.

»Na schön«, sagte ihr Vater, und sein Gesicht zuckte (Lächeln oder Stirnrunzeln? Sein Gesicht war von einer Art, dass man es nicht genau sagen konnte). »Schauen wir uns kurz die Spielergebnisse an.« Mit der Fernbedienung schaltete er den Fernseher ein.

Nein, es war nicht ihr einziger Fehler, aber sicher ihr größter – der Große Fehler, so wie anderen Leuten große Lieben, große Ideen oder große Tragödien widerfahren. Neben diesem Irrtum konnten alle sonstigen Fehler einpacken, sei es Mord oder Ertrinken in einem Eimer oder die Chance verpassen, einem Politiker das Handwerk zu legen, der sich anschickt, Millionen zu foltern – was immer sie im weiteren Verlauf ihres Lebens anstellen könnte, ginge auf diesen Moment zurück, den Nadir, das Alpha.

Sie lehnte sich wieder zurück, die »Spielergebnisse« flackerten über ihr Gesicht. Sie dachte an die alte Janey, ihr anderes Ich, das originale, das geblieben war, fünf Staaten entfernt, in einem Brooklyner Reihenhaus schimmern. Sie konnte sie fast sehen. Diese Janey saß krumm vor ihrem Laptop und kaute an ihrer Arbeit über Malcolm X, und ihre Mutter brachte ihr eine Schale Eis, weil es Zeit dafür war. Die Eis-Zeit.

SEIT ZWEI MONATEN lebte sie jetzt hier mit ihrem Vater, zwei Monate, von denen ihr jede Minute zuwider war, doch sie war zu stolz, um ihre Mutter anzurufen und zu sagen, dass sie heim wollte. Sie wusste, dass sie miteinander telefonierten, ihre Mutter und ihr »Vater«, und sich Gedanken machten, wie sie Janey still und leise nach Hause zurückbrächten, – das wusste sie deshalb, weil ihre Mutter anschließend lange Nachrichten hinterließ, in denen sie mitteilte, dass sie miteinander geredet hätten und ob Janey eine Ahnung habe, was für eine Heidenangst sie ihr mit ihrem wortlosen Verschwinden eingejagt habe? Ob sie sich bewusst sei, welches Glück sie gehabt habe, dass sie heil angekommen sei, ohne gekidnappt oder vom Lkw überfahren zu werden oder mit dem falschen Bus in Alaska zu landen?

Janey und ihr Vater lebten in diesem Apartment wie Fremde, bewahrten ihre Sachen in Plastiktüten auf und ernährten sich von Fertiggerichten mit Ketchup in der Küche. Ein paarmal bemühte sie sich, »Kontakt« herzustellen. Zog ihr Minischach heraus (an ihrer Schule war sie im Schachclub gewesen), stellte die Figuren auf und fragte, ob er Lust auf ein Spiel habe. Sie führte ein Mülltrennungsprogramm für das Apartment ein, Plastik und Papier in einen Sack, Restmüll in einen anderen, ertappte ihn aber dabei, wie er alles in denselben Container warf.

Nie forderte er sie auf zu gehen. Bald las sie den *TV Guide* (der jede Woche *in Papierform* kam) und schaute sich alles an, was im Fernsehen kam. Er arbeitete irgendwas im Auftrag des US-Landwirtschaftsministeriums, als irgendwas in einem Geflügelverarbeitungsbetrieb, konkret: Er *inspizierte Leichen* von früh bis spät. Sie schlief bis mittags in dem Zimmer, das er für sie »eingerichtet« hatte – Luftmatratze auf dem Boden –, und danach schlich sie im Apartment herum, bis er heimkam. Sie durchforstete seine Schränke, Schubladen, klebrigen Küchenkästen, auf der Suche nach was? Beweisen. Nicht nur für sein Versagen als Vater, sondern als Mensch insgesamt, und davon gab es reichlich: Seine riesigen, ausgebeulten T-Shirts, den rostigen Nagelclip, abgetretene Schuhe, abgelaufene Dosensuppen, die totale Abwesenheit von Büchern, von Fotos an der Wand. Jeden Nachmittag um 16:50 Uhr kam er zurück, nach Fleischabfällen stinkend, und brachte eine Tüte von immer demselben billigen IHOP-Lokal mit denselben Gerichten von der Speisekarte für sie beide. Er hatte Milchbehälter aus Plastik, die mehrere Liter fassten, mit Wasser gefüllt im Kühlschrank stehen; daraus trank er zum Essen.

Ihre Mutter hinterließ täglich Nachrichten. Ob Janey es für richtig halte, einfach zu schwänzen? Ob sie wisse, dass ihre Malcolm-X-Arbeit fällig sei? Ob sie noch wisse, dass nächste Woche der Debattierwettbewerb auf Regionalebene sei, auf den sie sich so lang vorbereitet hatte, und ihr Debattiercoach sei ... Also sie habe den Schuljahresabschluss vermasselt, ob sie stolz auf sich sei?

Sie beobachtete ihn, wie er gebückt am Spülbecken stand oder mit zittrigen Fingern Plastikteller aus Küchenkästen nahm. Sie fragte sich, was ihre Mutter an dem Typen gefunden hatte. Und dann fragte sie es sich nicht mehr, denn offensichtlich hatte ihre Mutter nichts an ihm gefunden, sonst wäre sie nicht gegangen und hätte Janey nicht die ganzen Jahre von ihm ferngehalten.

Die alte Janey hatte sich, soweit sie wusste, selten mit einem Erwachsenen gestritten, doch die neue Janey hatte ein Mundwerk und sagte, was ihr einfiel, um ihren Vater zu ärgern oder zu verletzen oder überhaupt ein Wort aus ihm herauszukitzeln. Die neue Janey und der pflichtvergessene Vater hatten einige spektakuläre Auseinandersetzungen. Einmal verbarrikadierte sie die Tür. Einmal warf sie seine Klamotten durchs Fenster auf den Parkplatz, wo sie wie Farbkleckse auf dem heißen Asphalt liegen blieben, bis er schließlich hinunterging und sie einsammelte. Er pickte jedes Stück mit einer langen Fleischgabel auf und ließ es in eine Tüte fallen, wie ein verurteilter Straftäter, der müllsammelnd seinen Sozialdienst ableistet.

Ach, warum war sie von zu Hause fortgegangen? Aber war es nicht verzeihlich – eine Tochter möchte doch wissen, wer ihr Vater ist, oder? Man sucht. Man fährt herum.

Sie sah ihr anderes Ich, den imaginären Zwilling, die alte Janey, die Treppe zur Straße hinunterspringen und dabei rasch einen High five mit dem Hausmeister austauschen (dieses Detail fügte sie hinzu, denn geredet hatte sie eigentlich kaum mit ihm, aber ihr New Yorker Ich wurde mit der Zeit immer cooler und netter, als die echte Janey je gewesen war).

Die Nachrichten ihrer Mutter wurden noch länger. Sie erzählte, wie sie in dieser Kleinstadt in Iowa aufgewachsen war, wie ihr Vater als Jugendlicher in die USA gekommen war, in der Landwirtschaft gearbeitet hatte, US-Bürger geworden war und seine (weitgehend gescheiterte) Mission darin gesehen hatte, Farmarbeiter in verschiedenen Landesteilen gewerkschaftlich zu organisieren. Monatelang war er unterwegs, kam für ein paar Wochen zurück und ging wieder, bis er eines Tages nicht mehr wiederkam. Seine Frau arbeitete in der Landwirtschaftsverwaltung, sprach Englisch und erzog ihre Tochter dazu, keinen Mann zu lieben, den es in die Ferne zog. Doch Janeys Mutter zog es selbst in die Ferne, sie war eine Frau mit der Sprache ihrer Mutter und dem Herzen und Namen ihres Vaters. Im fünften Monat schwanger, mit fast neunzehn, packte sie ihren Koffer und schleppte ihn bis nach New York, allein. Sie würde, schrieb sie, Janey ein Flugticket kaufen, wann immer sie bereit sei. Sie käme selbst mit dem Flugzeug, um sie abzuholen. Sie werde sie nicht zwingen, wolle sie nicht drängen, aber sie liebe Janey und vermisse sie, und es tue ihr leid ...

Inzwischen war Juli und die Mückenplage derart schlimm, die Luftfeuchtigkeit derart hoch, dass Janey kaum noch das Apartment verließ. Das Eingeschlossensein machte sie und ihren Vater noch verrückter. Sie war so einsam, dass sie glaubte, ihre Mutter rufen zu hören. Ob es ihre Schuld sei, dass sie mit dem Trampel geschlafen hatte?, schien sie zu fragen. Immerhin sei Janey dabei herausgekommen.

Eines Abends hatte ihr Vater seit Stunden kein Wort gesagt, und Janey war nahe daran auszurasten. Sie kam aus der Küche, wölbte die Hände vor dem Mund und schrie: »Ist wer zu Hause?«

Er blickte kurz auf, dann zurück auf den Fernseher.

Sie war maßlos wütend. Sie packte sein Handy, das auf dem Tisch lag, was erst eine Indiskretionsgeste war, dann, als ihr einfiel, dass sie die PIN nicht kannte, eine Drohung. Sie rannte zum Spülbecken, drehte das Wasser auf und hielt das Telefon einen Zentimeter neben den Strahl. »Gib das her«, brüllte er. Er sprang auf, und aus einem seltenen Bedürfnis nach Heimzahlung heraus griff er nach ihrem Handy auf dem Couchtisch, ließ es auf den Boden fallen und hob den Fuß. Beide hielten entsetzt inne. Dann: Sie tunkte. Er stampfte.

Festnetz gab es nicht. Jetzt hatten beide kein Telefon mehr.

An diesem Abend schaltete er den Fernseher aus, und sie schlichen telefonlos durch die stillen Räume, gemeinsam einsamer denn je. Durch den langen Atem der Klimaanlage drang Grillenzirpen. Janey setzte sich aufs Sofa, die Arme um die Beine geschlungen. Er ging in sein Schlafzimmer und schloss die Tür.

Als er am nächsten Morgen herauskam, saß sie noch immer auf dem Sofa und wartete auf ihn. Sie folgte ihm in die Küche und zeterte: »Unfassbar, dass ich immer noch hier bin, oder? Du hast keine Ahnung, wie du mich wieder loswerden sollst. Nicht so leicht wie wegrennen, stimmt's?«

»Ich wüsste sehr gern, wie ich dich wieder loswerde!«, sagte er schließlich, die Arme schützend um den Kopf gehoben. »Ich habe ein wildes Tier in der Wohnung. Warum gehst du nicht einfach wieder nach Hause?«

Sie hielt inne. Seitdem sie hier war, hatte er sie nie aufgefordert zu gehen. Diesen einen nichtgesagten Satz hatte sie als Beweis für etwas genommen, so dünn es auch sein mochte, und jetzt war er gesagt. Geh. Ich wollte dich nie.

»Weißt du was?«, schrie sie ihn an. »Du wirst mich nie wieder los!« (Wie hätte sie es wissen sollen?) Sie stürmte aus der Wohnung und knallte die Tür hinter sich zu.

Erst rannte sie, dann wurde sie langsamer. Sie sehnte sich dermaßen nach ihrer Mutter, dass sie fast meinte, sie berühren zu können. Sie sah ihre Gestalt zurückweichen.

Ihre Mutter! Telefonlos, hatte sie seit gestern ihre Stimme

nicht mehr gehört. Wie sehr hatte Janey sie verletzt, indem sie einfach gegangen war, nicht antwortete und nicht zurückrief und sich überhaupt aufführte wie die schlimmste Tochter, die man zur Welt gebracht, der man sein Leben gewidmet haben konnte. Wie recht sie gehabt hatte, mit Janey im Bauch aus diesem Kaff hier abzuhauen, wie mutig sie gewesen war, als sie sich auf den weiten Weg in umgekehrter Richtung gemacht hatte. Dabei war sie ein Kind gewesen, nicht viel älter als Janey jetzt, und sie war aus Liebe zu ihrer ungeborenen Tochter gegangen, während Janey aus Zorn davongelaufen war, aus Zorn auf ihre Mutter.

Janey rannte zum Shop Stop, um vom letzten Münztelefon dieses Planeten (das natürlich hier in diesem Dreckskaff stehen musste) ihre Mutter anzurufen. Für ein paar zerknitterte Scheine besorgte sie sich Kleingeld. (Wie war es so weit gekommen? Dass sie nicht mal mehr ein Telefon hatte? Und ihre gesamten Ersparnisse draufgegangen waren?) Ihre Mutter hob nicht ab, und Janey hinterließ eine Nachricht auf der Mailbox. »Hey, ich bin's.« Sie achtete auf einen ausgeglichenen, gleichmäßigen Tonfall, um nicht *zu* verzweifelt zu klingen – dafür sorgte der letzte Rest Stolz, der sich noch nicht abgeschält hatte. »Ruf mich an, wenn du das hörst.« Sie hinterließ die Nummer des Münztelefons.

Sie legte auf und setzte sich auf einen Parkplatzpoller aus Beton einen Meter vom Telefon entfernt und wartete in der Sommersonne. Sie hatte alles gesehen, was sie hatte sehen wollen. Sie hatte gesagt, was sie hatte sagen wollen, mehrfach. Sie war fertig. Sie wollte heim. Ihre Mutter würde ihr ein Ticket für den nächsten Flug kaufen, und Janey würde nicht mal mehr im Apartment vorbeischauen, um ihre Sachen zu holen. Nur noch ein paar Stunden. Mit nichts als den Kleidern, die sie trug, würde sie heimkehren. Notfalls zu Fuß zum Flugplatz laufen, abheben, übers Land davonfliegen und dieses Arschloch von Vater nie wiedersehen. Sie wartete. Das Telefon läutete. Es hatte nicht mal zwanzig Minuten gedauert. Sie stürzte hin.

»Janey?«, sagte eine Frau, die nicht ihre Mutter war.

»Judy?«, sagte Janey. Judy war eine Freundin ihrer Mutter, eine Nachbarin. »Judy, wo ist meine Mom?«

»Janey, Gott sei Dank. Wir haben andauernd versucht, dich und deinen Vater zu erreichen. Wir wollten schon die Polizei verständigen.«

»Unsere Handys sind kaputt.«

»Beide?«

»Ich ...«

»Janey, hör zu. Es hat einen Unfall gegeben. Wo bist du?«

»Ein Unfall?«, sagte Janey.

Ihre Mutter war auf der Stelle gestorben. Im anderen Fahrzeug war nicht mal jemand verletzt.

Also flog Janey tatsächlich an diesem Tag nach Hause, allerdings nicht wie erwartet. Ihr Vater fuhr sie zum Flughafen, murmelte Entschuldigungen, die sie beim Lärm des Motors nicht hörte, sie sah nur am Rand ihres Gesichtsfelds die verhassten Lippen sich bewegen. Ihr Vater, der sie durch die Sicherheitskontrolle begleitete, reichte ihr ein paar Zwanziger, damit sie am anderen Ende mit dem Taxi fahren konnte; das Geld warf sie in der Damentoilette in den Mülleimer. Sie wollte nichts von diesem Mann. Sie brachte die Totenwache hinter sich, die Beerdigung. Leute stellten Teller mit Essen vor sie hin und nahmen sie wieder weg. Leute traten in ihr Gesichtsfeld, berührten ihre Schultern, blickten ihr ernst in die Augen, bewegten den Mund. Sie war immer noch eingefroren, hatte auch zwei Wochen später nicht zu tauen begonnen, als das Jugendamt sie umdrehte und zurückschickte – zu ihrem Vater. Er war schließlich ihr Vater, und er hatte gesagt, er nähme sie auf. Sie hatte zum Zeitpunkt des Unfalls bei ihm gelebt (dieser Umstand erwies sich als Todesurteil: *sie hatte bei ihm gelebt*), und sie stimmte zu, notgedrungen, es gab ja sonst niemanden, keine weiteren Angehörigen. Im Testament ihrer Mutter war Janeys Großmutter genannt, die jetzt auf dem Land in einem Pflegeheim war; Janey sah sie zweimal im Jahr für jeweils einen Tag. Ansonsten gab es noch ein paar Verwandte in Mexiko, die Janey nie gesehen hatte. Warum war ihre Mutter nie nach Mexiko gefahren, um sie bekanntzumachen? Also kehrte sie zurück, erstarrt und wortkarg. Weder sie noch ihr Vater schienen eine Idee zu haben, wie es mit der Schule weitergehen sollte, daher ging sie nicht. Sie war nicht bereit, zusammen mit den Provinzlern diese Provinzler-Highschool zu besuchen, solange sie nicht dazu gezwungen wurde. Dann erschien ein Sozialarbeiter und zwang sie. Ihr Vater meldete sie in der lokalen Highschool an, in der Elften, der vorletzten Klasse.

Die ersten paar Jahre war Janey derart niedergeschmettert von Trauer und Schuld und dem Gefühl völliger Ausweglosigkeit, dass sie aus ihrem erstarrten Zustand nicht herausfand, ohne zu explodieren. Ihr Ziel war es, so abwesend wie möglich zu bleiben – darin ganz der Vater. Aber was hätte sie sonst tun sollen?

Dass sie den Rest ihres Lebens für einen kindischen Fehler büßen müsste, den sie mit fünfzehn gemacht hatte und der jedem hätte passieren können, schien ganz schön brutal. Wäre sie in New York gewesen, hätte sie sicher niemand gezwungen, bei einem Vater zu leben, dem sie nie begegnet war, der nie was von ihr hatte wissen wollen, der nie Unterhalt gezahlt hatte. Sicher hätte man sie einer Freundin ihrer Mutter ans Bein gebunden. Andere Leute bauen ebenfalls Mist, wenn sie fünfzehn sind, und dann ist es nicht gleich ein Desaster. Dann müssen sie halt mal eine Klasse wiederholen oder in den Winterferien abarbeiten, was sie kaputtgemacht, gestohlen oder zu Schrott gefahren haben, oder sie kriegen einen Monat lang Wochenendhausarrest oder müssen einen Entzug machen. Janeys Fehler hingegen war katastrophal.

Es war dieses Verständnis ihres Fehlers, das zur Entwicklung des Spiels führte, eines Spiels mit ernstem Kern. Es bestand darin, sich die alte Janey auszumalen, das Original, und das Leben, das sie mit ihrer Mutter führte – in dem sie nicht abgehauen war, weshalb ihre Mutter an jenem Tag nicht Auto gefahren war (theoretisch) und daher noch lebte, in dem alles zwischen ihnen und rings herum genauso war wie immer. Was die alte Janey, das Original, die *echte*, in diesem Moment wohl tat?

DAS FRAGTE SIE SICH an ihrer neuen Highschool, wo die Lehrer halbherzigen Unterricht mit halbherzigen Lehrbüchern machten, wobei die alte Janey diese Gleichungen natürlich schon zwei Jahre früher gelernt hatte und der neuen Janey das Thema Schule scheißegal war. Die neue Janey hatte eine lange Liste mit Dingen, die ihr scheißegal geworden waren: das Debattierteam, der Schachclub, Clubs jeglicher Art, Mitschüler jeglicher Art, Sport und alle Unterkategorien, das College, die Zukunft im Allgemeinen. Nach dem ersten Monat ließen die Lehrer sie in Ruhe, die Mitschüler nach dem zweiten. Die Kunde von ihrem Schicksal verbreitete sich, und fortan ging ihr die ganze Schule aus dem Weg. Vom Tod gezeichnet, von der Großstadt geprägt, nur zu einem Viertel Latina, aber auch nicht mittelwestweiß. Sie hätte sich einen Platz schaffen können, wenn sie sich bemüht hätte, aber sie bemühte sich nicht. Wie in einer Blase ging sie durch die Korridore, im Klassenzimmer verdrückte sie sich in die letzte Reihe. Ihre Jungfräulichkeit gab sie schnell und ohne Umschweife auf (vier Monate nach ihrem Sechzehnten, mit einem Supermarktmitarbeiter). Unterdessen war die alte Janey, das Original, in ihrer Original-Highschool umgeben von Kumpeln – die der neuen Janey anfangs jeden Tag geschrieben hatten, bald aber seltener, weil auch Janey seltener schrieb, und innerhalb eines Jahres schlief die Kommunikation komplett ein, weil beide Seiten nicht recht wussten, was sie schreiben sollten.

Sie fragte sich, was die alte Janey in ihrem letzten Schuljahr wohl trieb. Die neue Janey (»neu und verbessert« war ein kleiner Scherz, den sie sich gönnte) hatte nur ein halbes letztes Schuljahr. Sie hörte früher auf, machte die Prüfungen im Dezember zusammen mit den Schwachsinnigen, die im Vorjahr durchgefallen waren, brachte es schnell hinter sich und trat einen Job bei einer riesigen Spedition an (immerhin nicht in der Landwirtschaft). Sie machte immer dieselbe, gleichbleibende Arbeit, neun

Stunden am Tag, vier Tage die Woche; während im ganzen Land die Leute per Mausklick rosa Rucksäcke, Lärmschutzkopfhörer, Discount-T-Shirts, Holzlöffelsets bestellten, war es Janeys Job, dafür zu sorgen, dass Lkws durch die Nacht über Land fuhren, um diese Waren mit der dem Staatsbürger zustehenden Priorität auszuliefern. Die neue Janey betrachtete die alte Janey, die sich mit ihren Freundinnen bei Colleges bewarb und mit ihrer Mutter durch Innenhöfe und gotische Gebäude spazierte und Probevorlesungen hörte, bei den »Spitzenoptionen« (*Option* war jetzt ein infizierter Begriff, er hatte ihr einen hundsgemeinen Streich gespielt) ebenso wie bei den »sicheren Kandidaten« (auch das, *Sicherheit*: verbranntes Wort).

Sie wunderte sich, als sie das Wahlalter erreichte. Als ihre Mutter in dem Alter gewesen war, hatte sie diese Stadt mit Janey im Bauch hinter sich gelassen, um ihnen beiden ein reicheres Leben zu ermöglichen, und jetzt war Janey wieder da, unbereichert; sie besaß nicht mehr als ihre Mutter eine Generation vor ihr – ein Highschool-Zeugnis und einen falschen Ausweis –, aber was ihr fehlte, war die Inspiration, um dem Geist ihrer Mutter zu folgen.

Unterdessen bestieg die alte Janey ein Flugzeug (die neue Janey verfolgte die alte im Geist, sah sie durch die Flure des JFK-Flughafens gehen) und entflog in einen Vor-College-Sommer in ... Marokko!, um dort Französisch und (endlich: nach jahrelangem Drängen ihrer Mutter) Spanisch zu lernen, zwei Sprachen in vier Monaten plus ein paar schmückende Phrasen Arabisch, um die Architektur eines fremden Landes zu durchstreifen, sich zum ersten Mal zu verlieben und vieles mehr. Die neue Janey sann über Intelligenz und Leidenschaft der alten nach.

Die neue Janey, die jetzt »diese Janey« war oder einfach »Janey« oder »Supergeschmack, das muss man ihr lassen« (privater Scherz, wenn sie mit Männern, gelegentlich auch einer Frau nach Hause ging, die sie online kennenlernte), wohnte immer noch bei ihrem Vater. Wenn sie nicht den Transport eiliger Güter für die Öffentlichkeit begleitete, saß sie auf demselben Sofa, auf dem sie schon am ersten Abend gesessen hatte, neben ihrem Vater und schaute sich mit ihm Football an, weil ... Wer weiß, warum. Er reichte ihr Styroporschachteln mit gebratenem Fleisch, Krautsalat als »gesunde Beilage« für seine Tochter und riesige durchweichte Behälter Diätlimonade. Dies, während die Originaljaney, die eigentlich die reale Janey hätte sein sollen, ihr erstes Jahr an der Uni mit perfektem Notenschnitt abschloss, mit ihren drei besten Freundinnen in einer WG in einem der cooleren Stadtviertel lebte und jede Menge Spaß hatte. Abends spazierte die alte Janey über Brücken und durch Straßen, die Gehsteige entlang. Tagsüber folgte sie ihren Träumen, die nicht diffus waren, sondern klar und scharf, auch wenn die neue Janey sie nicht genau erkennen konnte. Die alte Janey, weltgewandt und dennoch romantisch, hatte keine Mühe, sich auf den Gemeinschaftsgeist einzuschwingen, der bei jeder Notlage die Stadt erfasste – bei Hurrikanen, Netzausfällen, jedem Krieg, der mit schwarzen Fingern nach den Rändern der Stadt griff, jedem Anlass, der die New Yorker auf die Straßen trieb. Und gleichzeitig sah sie immer noch wöchentlich ihre Mutter. Sie trafen sich bei Vernissagen und speisten frühlings unter Sonnensegeln in Straßencafés, die Mutter Weisheit von sich gebend, während Janey so tat, als hörte sie kaum zu, in Wahrheit aber begierig jedes Wort aufsog.

Am meisten interessierten Janey die möglichen Schnittstellen der beiden Janeys. Das war ein Spiel. Was, zum Beispiel, wenn die alte Janey und die neue gleichzeitig dasselbe Wort sagten? Was, wenn beide Janeys gleichzeitig, 2:04 Zentralzeit/3:04 Östliche Zeit, *hey* sagten, oder gesagt hätten? Oder synchron denselben Namen? Sie sagte die Namen der Männer, mit denen sie sich traf – »Bill«, »Shorty«, »Bus« –, sagte sie ein-, zweimal extra, obwohl sie bezweifelte, dass die Originaljaney einen Mann namens Bus kennengelernt, geschweige denn *mit ihm geschlafen* hätte. Eine Frau, »Vicky«, mit langem schwarzem Haar. Sie flüsterte ihr den Namen ins Haar, drei Mal, »Vicky, Vicky, Vicky«, um der Originaljaney drei Extrachancen zu geben, in Verbindung zu treten.
　　Sie dachte es jeden Abend, wenn ihr Vorgesetzter seinen Restkaffee in den Ausguss leerte. »Nacht, Manny«, sagte Janey. Und während Manny ihr zuwinkte und ging, sang sie den Namen ein

paarmal halblaut vor sich hin, »Manny, Manny, Manny«, als riefe sie ihn der anderen Janey zu, damit die andere auf ihrer überfüllten, fernen Insel jemanden ausfindig machen konnte, der so hieß, und auf diese Weise eine Verbindung zwischen ihnen herstellte.

»Ist noch was?«, fragte Manny und streckte noch einmal den Kopf herein.

Es war das Gegenteil von Science-Fiction. Es ging ihr nicht um Alternativwelten, in denen eine winzige Handlungsabweichung dazu führt, dass die parallelen Leben auseinanderbrechen und sich von da an in unterschiedliche Richtungen bewegen. Das hatte Janey ja hinter sich und litt jetzt unter den Folgen. Es ging um die umgekehrte Version: Man macht eine einzige Sache anders, und das Leben bleibt exakt gleich.

Es passiert bestimmt andauernd. Denken Sie nur an die immergleichen Handlungen, die man irgendwo auf der Welt ausführt. Alles, was man sich irgendwo von irgendwem gefallen lässt. Alle Schuhe, die man sich an- und auszieht. Alle Idioten, denen man hallo sagt. Alle Lügen, die man den Leuten auftischt, damit sie einen mögen. Alle Flure, durch die man geht, alle Gelegenheiten, bei denen man den eigenen Namen schreibt. Denken Sie an den Quatsch, den man den ganzen Tag von sich gibt wie ein Lied in Dauerschleife. Gesagte Sätze könnten herbei- und wieder wegflattern, sich treffen und trennen und wiedertreffen. So gesehen, sind die meisten Leben praktisch identisch.

Sie dachte an diesen einen Abend auf dem Sofa ihres Vaters, im Fernsehen eine Talkshow, sie mit dem Laptop auf dem Schoß und der JobLizard-Seite offen. Manny war weg, gekündigt oder in einer anderen Abteilung oder tot umgefallen oder in eine andere Stadt gezogen, nachdem er, am letzten von sechs Dienstagen in Folge in einem Motel hinter Ausfahrt 67, den Vorschlag gemacht hatte, seine Frau zu verlassen, und Janey gelacht hatte. Im Winter hatte sein Nachfolger sie gefeuert – »verhaltensbedingt«, wegen Unbotmäßigkeit –, und jetzt scrollte sie sich durch die Stellenausschreibungen, durch alle denkbaren Scheißjobs, für die sie infrage kam, eine ungelernte, ungebildete Frau, zwanzig Jahre alt, die mal im Schachclub gewesen war, im Debattierclub, die ...

Es gab natürlich noch ein drittes Leben, das sie schon mal erwogen hatte; jetzt fiel es ihr wieder ein: Darin wäre Janey tot. In diesem dritten Leben hätte sie sich nicht auf die Dreißig-Stunden-Busfahrt gemacht. Sie hätte ihren Vater nie kennengelernt. Er wäre ein Rätsel in ihrem Herzen geblieben. (Wär das so schlimm gewesen?, fragte sie sich mit einem Blick auf ihn, die Schnecke. Auf eines immerhin konnte man sich verlassen: dass er da war, mit Hamburger und Limo auf dem Sofa.) Stattdessen hätte sie an besagtem Tag auf dem Highway mit ihrer Mutter im Auto gesessen, und sie wären gemeinsam auf der Brücke gestorben. (Wohin war ihre Mutter unterwegs gewesen? Darüber hatte Janey sehr oft nachgedacht und war nie zu einem Ergebnis gekommen. In der ganzen weiteren Umgebung gab es nur Ikea.) Wäre sie an jenem Tag zusammen mit ihrer Mutter gestorben, würde die Welt von beiden Janeys schweigen. (Schlimm?)

Sie war am unteren Ende hunderter Stellenangebote angelangt. Ihr Vater reichte ihr eine Schachtel Pommes. Dann warf er ihr ein Papier auf die Tastatur. Es war ein Prospekt, dreifach gefaltet. »Hab ich mitgenommen«, sagte er. »Im Pausenraum war ein ganzer Stapel davon.«

Sie griff danach. Auf der Vorderseite ein Bild von lächelnden, hässlichen weißen Menschen in Uniform. »Was ist das?«

»Nichts. Hab ich für dich mitgenommen.«

»Du brauchst nichts für mich mitnehmen.« Sie steckte den Prospekt zwischen die Sofapolster.

»Deine Mutter hätte sich gewünscht, dass du was aus dir machst.«

»Hätte sie sich gewünscht«, sagte Janey, zog den Prospekt wieder heraus und las von der Vorderseite ab: »dass ich eine Legehennenbetriebsprüferin aus mir mache? Was ist das überhaupt für ein Scheiß?«

Manchmal, wie jetzt, stellte sie sich die tote Janey vor, die mit ihrer Mutter bei dem Autounfall »tragisch« ums Leben gekommen war. Sie stellte sich vor, wie die tote Janey aus der Höhe auf beide Janeys hinabblickte, die Nichttote in New York, die andere Nichttote in Iowa. Die tote Janey schwebte hoch über ihnen, eine Überjaney sozusagen, die jetzt, als die neue Janey in Iowa »Legehennenbetriebsprüferin« sagte, ein Wort, das der alten Janey wohl kaum begegnet wäre, in den Geist der neuen Janey blicken und sehen konnte, dass deren Gedanken fünf Sekunden zuvor, als ihr Vater das Wort *Mutter* ausgesprochen hatte, ins Stocken geraten waren. Die Überjaney konnte das Wort *Mutter* quer über Janeys Geist geschrieben sehen, wie aufgebügelt. Und vielleicht konnte die Überjaney die alte Janey in New York sehen, und nur vielleicht hatte auch sie genau in diesem Moment das Wort *Mutter* im Sinn, weil, sagen wir, ihre (ihrer beider) Mutter eben nach Hause gekommen war, atemlos, den Regenmantel abwarf und sich sofort in eine Geschichte stürzte, und die alte Janey blickte grinsend auf. Die neue Janey fragte sich flüchtig, ob die Gedankenüberlappung zählte, ob die Überjaney auch eine derart dünne Verbindung zwischen ihnen wahrnahm, eine, die gleichzeitig stark und zart war wie ein Spinnennetz, der elementarste Gedanke, gewiss der erste Gedanke des Säuglings, bevor er ein Wort dafür hat: *Mutter.*

»Es ist regelmäßige Arbeit«, sagte ihr Vater. »Sie vergeben Stipendien. Du kriegst eine Ausbildung.«

»Kommt nicht infrage, dass ich dasselbe mache wie du.«

»Das mach ich ja gar nicht. Du entwickelst dich weiter.«

»Ich bin entwickelt genug, scheiß drauf.«

Aber vielleicht zählen Gedanken ja doch? Gedanken, die mit Lichtgeschwindigkeit vorbeisausen – sind Gedanken wie Licht? – und von so viel anderem begleitet werden. Gedanken sind wie Netze auf dem Meeresgrund, die Materie und Missmut und Muscheln und Mist mitschleppen. Sie sah sich den Prospekt an. »Diese ganzen Eignungen, die sie da verlangen, die hab ich nicht.«

»Lässt sich umschiffen. Ich bin mit der Dame bekannt.«

»Welcher Dame? Du kennst doch keine Damen.«

»Sie sagt, sie gibt dir einen Job.«

»Eine Dame. Deine neue Freundin?«

»Ha ha.« Er räusperte sich. »Sie hat deine Mutter gekannt.«

Nachmittagslicht, das es nicht durch die Jalousien schaffte, Sieg oder Pseudosieg im Fernsehen, vom Publikum beklatscht, lächelnde Gesichter auf dem Schirm, freudig oder pseudofreudig erhobene Hände, die Luft rings um Janey voller Sauerstoff und Ionen, Ozon, Staub.

»Deine Mutter hat auf sie aufgepasst, als sie Kinder waren.«

An diesem Tag spürte Janey die Bedeutung jedes einzelnen Wortes, das sie sagte, glitzern. Sie spürte die Überjaney, die beobachtete.

»Du musst natürlich die Schulung machen. Dauert aber nur vier Tage.«

Sie war sicher, dass es passierte, dass jeden Moment ein Wort die beiden Janeys, die alte und die neue, vereinen konnte. Beide öffneten den Mund, um eine Frage zu beantworten. Aber was wurde die alte Janey gefragt, von ihrer Mutter, die ihren Regenmantel über den Stuhl legte und dabei Wassertröpfchen auf die Fliesen rieseln ließ? Sollten sie rausgehen und Regeneisbecher essen? Sollten sie dieses Wochenende in den Zoo gehen?

»Soll ich sie anrufen?«, fragte ihr Vater.

Selbst wenn sie dasselbe Wort sagten, hätte es unterschiedliche Bedeutungen, das wusste Janey – der Kontext war anders, die beiden Janeys waren verschieden. Die Überschneidung als solche aber ließ sich nicht leugnen, die Verbindung.

Na gut, die Überjaney verschaffte weder der einen noch der anderen Janey Befriedigung. Sie ließ die neue Janey das Wort nicht sagen, ließ die Verbindung nicht einrasten. Sie enthielt es beiden vor, hielt es fest in ihrer geschlossenen kleinen Faust (alias Herz). Aber die alte Janey – das Original, die Beste, diejenige, die hätte leben und Großes werden sollen, oder immerhin ein glücklicher Mensch, oder immerhin irgendwas, weil sie nicht den einen entsetzlichen Fehler gemacht hatte –, sie war stärker als die beiden anderen. Die restlichen Janeys waren nichts als verblassende Schatten. Wenn es irgendwer schaffte, die beiden Janeys zusammenzuführen, dann war sie es. Die alte Janey würde das Wort aussprechen, und wenn die neue Janey es hören konnte, würde sie es gleichzeitig sagen. Die alte Janey öffnete den Mund. Flug, Bewusstsein, Zeit: So vieles war möglich, das unmöglich hätte sein sollen. Janey lauschte angestrengt. Würde sie nein sagen? Würde sie ja sagen?

CLEVELAND HATTE SIE als Olivia gekannt. Sie war sieben gewesen, als Olivia Flores zum ersten Mal auftauchte, an einem hellen Samstagabend, an dem Cleveland auf dem Boden saß und ein Knopfuniversum füllte und leerte – Galaxie M82, Andromeda, Halley'scher Komet, glitzernd. Ihre Mutter beugte sich über das Arrangement. »Na, was haben wir denn da?«, doch Teenager Olivia, mit Paisley-Kleid und rotem Lippenstift, warf kaum einen Blick nach unten. »Jupiter hat siebenundsechzig Monde, und du hast hier grad mal ein Dutzend oder so. Und hast du gewusst, dass der Weltraum vollkommen still ist? Weil es keine Atmosphäre gibt, in der sich der Schall fortbewegen kann.« Cleveland konnte schon damals die meisten Leute nicht leiden, so dass ihre Mutter, als Cleveland ein Kronkorken-Schwarzes-Loch fallen ließ und sich aufsetzte, erleichtert seufzte.

Wegen des unbedachten Plans, dass die Ehe von Clevelands Eltern gerettet werden müsse (was zwar aufging, aber manche Leute sollten eigentlich nicht zusammenbleiben), kam Olivia an jenem Samstag und danach an einer ganzen Reihe weiterer Samstage und auch anderer Tage. Cleveland sammelte gern Weckerteile und hüpfte auf ihrem Minitrampolin, doch Olivia brachte sie dazu, auf Trick-or-Treat-Touren zu gehen, was Cleveland, seitdem sie vier gewesen war, verweigert hatte. Auch wollte Olivia unbedingt eine Tamburin- und Xylophon-Band gründen, obwohl Cleveland in dieser Hinsicht völlig talentfrei war. Olivia brachte ihr spanische Verben bei, das Periodensystem der Elemente, den Walzer (es existiert noch ein Video von Cleveland, die tapfer auf der Glasveranda ihre schlingernden Kreise dreht), die trübe und traurige Geschichte der Arbeitnehmerrechte in diesem Land und den richtigen Zusammenbau eines Tacos. Olivia war mondän, brillant, schön, ehrgeizig. Neben Clevelands Eltern, die wie Knödel aussahen, stellte sie für Cleveland das Idealbild eines Menschen dar. Fünf Jahre lang war sie ihre Babysitterin, ein

Jahr länger, als Clevelands Mutter für erforderlich hielt (aber was schadet es, dafür zu zahlen, dass die eigene Tochter eine Freundin hat?), dann verschwand sie und kam nicht wieder.

Cleveland erhielt eine Postkarte von Hochhäusern, eine andere von einer Statue, und das war's. Sie vermisste ihre Babysitterin Jahr um Jahr, hörte Gerüchte von deren Leben in weiter Ferne (Tochter, glitzernde Großstadt), beschwor sie in Notzeiten gedanklich herbei, trauerte, als sie von ihrem Tod erfuhr. Kurzum, sie sahen einander nie wieder.

An dem Tag, an dem Cleveland die Henne mitnahm, einem klammen Iowa-Februarnachmittag, hatte sie Olivia einundzwanzig Jahre nicht gesehen, was nicht so lang ist, wie man denkt. Noch immer befasste sie sich mit Universen, die sich füllten und leerten, jetzt aber waren es kleinere, Kometen und Planeten fehlten, stattdessen gab es Tiere und Exkremente und Gerätschaften, mit anderem Wort: *Ställe*. Nicht die Ställe von einst, Relikte oder Retro-Nachbauten dieses rotbeplankten Nationalemblems, der amerikanischen Multifunktionsscheune mit Heuboden, Tenne, Hühnergehege, Pferdestall, Mistgabel, sondern die modernen Ställe mit ihren PS-starken Maschinen und massiven Roboter-Supercomputern, mit ihrer menschengemachten Megafauna. Und an dem Tag, an dem Cleveland die Henne mitnahm, stand sie vor so einem Stall: 150 Meter lang, fast anderthalb Fußballfelder, so groß wie die vier größten Dinosaurier, die je auf Erden gewandelt sind, aneinandergereiht (sie liebte dieses Bild), und dieser eine Bau, der sich füllte und leerte, produzierte vierzig Millionen Eier – nicht weiter bemerkenswert für diese Art Bauwerk, aber die Legeleistung pro Henne war die größte in der gesamten Weltgeschichte.

Windjammern über den Feldern. Kalte Sonne im Kampf mit Grau. Cleveland war jüngst zur Chefin der Legefarmbetriebsprüfung aufgestiegen. Ihre Aufgabe: Zertifizierung der für Konsumentensicherheit und Hühnerwohl optimalen Vorgehensweisen anhand einer Sternenkarte von Richtlinien. Schon mit sieben war Cleveland gut in Spielen gewesen, die Regeln hatten und Organisationstalent verlangten – lieber Puzzeln als Zeichnen, lieber Stundenpläne als Spielzeug. Der Job passte perfekt.

Fünf Minuten später nahm sie eine Henne von der Happy Green Family Farm mit und gab ihrem weiteren Leben einen anderen Verlauf (das wusste sie zu dem Zeitpunkt aber noch nicht).

»Hätten Sie vielleicht noch einen Moment, Sir?« Das war drei Wochen zuvor, bei ihrer ersten Besprechung mit dem Regionalleiter. Sie hob ihr Tablet. »Ich würde Ihnen gern ein paar Ideen vorstellen.«

Sein Blick huschte zu seinem Bildschirm und huschte wieder zurück. »Na gut.«

Sie hatte Ideen für die Ausbildung von Farmmitarbeitern. Sie hatte Gedanken zu den Fütterungsprotokollen. Laut Stellenbeschreibung musste sie seit ihrer Beförderung auch »Verbesserungsvorschläge für alle Auditwerkzeuge und -vorlagen einbringen«.

»Die Hygienemaßnahmen sind nicht verlässlich«, sagte sie. Sie pochte auf ihr Tablet.

»Wenn Sie gestatten«, sagte sie, »das gesamte Thema Transport ist kaum mehr als ein Ehrenkodex.« Sie pochte wild, scrollte. »Jetzt zur erlaubten Käfiggröße.« Ferner gab es noch die Themen Beleuchtung, Kot, Schnabelkürzen.

Aber der Leiter rieb sich das Gesicht. »Ich werde Sie hier stoppen, Cleveland.« Er ließ die Hände sinken. »Sehen Sie, das waren von Anfang an meine Bedenken. Wir sind das alles durchgegangen. Sie haben uns das zugesichert.«

»Im Interesse der Genauigkeit ...«, begann sie.

»Das ist nicht Ihr Job. Sie machen darauf aufmerksam, wenn etwas nicht regelkonform ist. Am Problemlösungsprozess sind Sie nicht beteiligt.«

Sie ließ das Tablet sinken. Es war klar, was jetzt kam.

»Was machen wir hier, Cleveland?«

»Wir ernähren das Land, Sir.«

Er lehnte sich zufrieden zurück. »Das Ei ist die perfekte Ernährungseinheit.« Er ließ seinen Bürostuhl kleine Drehungen nach links und rechts vollführen. »Protein, B-12, D. Vitamine für Knochen und Hirn.« Er zeigte auf seine Schläfe. »Kraft und Intellekt. Ein Dutzend Eier, und der Arme isst wie der Reiche. Der amerikanische Traum, Cleveland. Die demokratische Lösung.« Seine Brauen hoben sich. »Verteuern Sie das Ei, und die Familie des armen Mannes hat nichts mehr zu beißen.«

Sie wusste nicht, wie glücklich der arme Mann wäre, wenn sich herausstellte, dass die Zertifizierung, in die er sein Vertrauen setzte ...

»Das ist Wissenschaft, Cleveland. Das ist menschenfreundliches Tun. Moral des Überlebens. Zivilisationstragend.«

»Verstehe«, sagte sie.

»Dann ist es gut. Zum letzten Mal.« Sein Blick wanderte zu seinem Bildschirm. »Ist das absolut alles? Sind wir durch?«

Sie ging wieder durch den Flur, der Abstand zwischen dem Regionalleiter und ihr füllte sich mit Teppich und Gipskartonwänden. Sie stieg über den Graben hinweg, weitete ihn. Ihr Telefon piepste.

Janey hat sich zur Ausbildung angemeldet.

Olivia, galaktisches Wesen. Sie hatte einen Überschwang, eine Freiheit besessen, die Cleveland vollkommen abgingen, obwohl sie sich sehr bemühte, sie durch Nachahmen, Wiederholen, Memorieren zu lernen. Olivia hätte eine Antwort gewusst. (Olivia, den Kopf in den Nacken und ihr Haar nach hinten werfend, sich zu voller Größe aufrichtend, den Mund öffnend ...) Cleveland war, nun ja, nicht *furchtsam*, das war ein zu starkes Wort, aber *unsicher* bei dem Gedanken, endlich die Tochter kennenzulernen. Cleveland wollte der Sache gewachsen sein.

Drei Wochen später ging sie eine Reihe von Ställen entlang, die von Flugzeugen und Weltraumraketen aus zu sehen waren. In der Ferne türmte und schichtete sich das Land. Die Futtersilos schraubten sich in den Himmel wie Mauertürme. Cleveland hatte eben das Green-Farm-Jahresaudit beendet. Ihr Aktenkoffer war beladen mit veraltetem elektronischem Gerät für eine zwei-

felhafte, vielleicht sinnlose Aufgabe. Drüben im Farmbüro winkte Farmer Green zum Abschied, ehe er die Tür schloss. Cleveland
winkte lustlos zurück. (Alle wussten, dass seine Schwester abgehauen und Tierschutzaktivistin geworden war.) Sie stieg ins
Auto, steuerte es aus dem engen Parkplatz. Aber vor ihr war etwas verschwommen Weißes. Sie bremste. Eine Nuance heller als
der graue Boden und sehr klein. Eine Henne; sie spazierte die
Straße entlang, als wäre es jetzt an der Zeit, einfach zu gehen.
Entlaufene Henne auf dem Gelände. Das fiele in die Kategorie
Baulicher Zugang.

Cleveland beäugte die Henne. Das Universum – jenes voller
Dunkelheit und Stille und Morast – lebte von Zufall und freiem
Willen und Irrtum. Im Stall war Irrtum gleichbedeutend mit Kollaps. Wenn eine Henne hinauskann, können andere Tiere hinein, können Krankheiten verbreiten, die Hälfte der nordamerika-
nischen Eierkonsumenten umbringen und so weiter. Cleveland
würde umkehren und dem Farmer mitteilen müssen, dass auf
dem Gelände ein Verstoß gegen die Biosicherheit vorlag. Sie würde das Formblatt neu ausfüllen müssen, in der Rubrik »Haussi-
cherheit und Zugang« zwei Punkte abziehen, noch mal unterschreiben, eine Abhilfemaßnahme einleiten, ein Formblatt für
den Biosicherheitsplan bearbeiten, den Vorgang nachreichen ...

Oder sie konnte um die Henne herum- und weiterfahren.

Sie sah die Henne an, starrte in deren Mitte.

Olivia fiel in ihre Gedanken wie ein Stein. (Olivia deutet mit einem blaulackierten Fingernagel zur Windschutzscheibe, wendet
dem Regionalleiter ihre indignierte Miene zu, sagt ...)

Es kann den Ausschlag gegeben haben oder auch nicht. Der
menschliche Geist ist ein Mysterium.

Hennen sind andauernd in Bewegung. Sie erstarren nicht wie
Kaninchen. Sie nehmen keinen Blickkontakt auf. Ihre Augen arbeiten unabhängig voneinander, können zahlreiche Ziele fokus-
sieren. Wenn sie den Kopf schief legen, erhalten sie eine Reihe
von Schnappschüssen aus verschiedenen Perspektiven. Diese
Henne aber blieb stehen. Sie erwiderte Clevelands Blick.

Cleveland fuhr an den Rand und stieg aus.

HENNE, ALLEIN, von den acht hochragenden Massenställen der Happy Green Family Farm davonschlendernd. Ihre ersten Schritte auf Erde statt auf Drahtgitter. Wo war ihre Mutter? Nicht viel älter als eins war sie, Waise seit dem Schlüpfen. Wer weiß, wo sie hinwollte (*warum hat das Huhn die Straße überquert?*) oder ob Hühner über Dinge wie ein Ziel »nachdenken« (selbstverständlich – zwar anders als wir, aber auch nicht ganz unähnlich). Sie hatte Beifall verdient. Die meisten Industriehennen, die sich zum ersten Mal außerhalb eines Käfigs wiederfinden, dächten nicht im Traum daran, nach einem Leben in Gefangenschaft in einen kalten Tag davonzuspazieren. Die meisten würden sich unter einem überstehenden Dach an eine Mauer drücken oder in einem Gebüsch verstecken und so rasch wie möglich ins nächstbeste Gebäude zu gelangen versuchen, um nicht den Schrecknissen der Außenwelt ausgeliefert zu sein: dem Himmel und seinen unausweichlichen Übeln. Für die Deckung gezüchtet, könnte man sagen. Aber hier war diese unternehmungslustige (unbesonnene?) Ausnahmehenne. Bwwaauk, wie sie sich kannte. Alle Hühner, ach was: alle Vögel, kennen sich und einander an individuellen Tönen – anders gesagt: *Namen.*

Wie war Bwwaauk in diese Zwangslage geraten?

Vielmehr: Wie hatte sie sich daraus gerettet? (Denn die Zwangslage ist ja die der hundertfünfzigtausend Legehennen, die sie im Stall zurückgelassen hatte. Wie waren die Hennen *dort* hineingeraten?)

Bwwaauk trottete auf der Straße davon in den kalten Nachmittag.

JEDE ANDERE LEITENDE BETRIEBSPRÜFERIN hätte die Henne Henne sein lassen und wäre nach Hause gefahren. Aber Cleveland Smith war eine Läuferin, hatte schon ganze Laufbänder verschlissen. Dreimal hintereinander hatte sie im Auditors' Hustle Up den ersten Platz im Hancock-Rennen gemacht, zu dem Betriebsprüfer aus dem ganzen Land am letzten Konferenztag in Chicago zusammenkommen und vierundneunzig Etagen hinaufstürmen. Die Frau konnte *rennen*.

Die Henne war schnell. Sie schlug Haken, wich aus, doch bei der Radwaschanlage hatte Cleveland sie in die Ecke getrieben und erwischte sie. Sie hielt die Henne entsprechend den Richtlinien der Vereinigten Eierproduzenten – die eine Hand unter der Brust, die andere um beide Füße, den Vogel zur Sicherheit an ihren Körper gedrückt. Sie ging zurück zum Farmbüro, um die Henne samt einem Vortrag über sterile Farmbedingungen abzuliefern.

Dann hielt sie inne. Ein Huhn konnte nicht in den Stall zurück, nachdem es mit der Außenwelt in Kontakt gekommen war. Ein Farmmitarbeiter würde es euthanasieren. Eine perfekte Henne, rüstig. Quarantäne war angesagt. Eine tierärztliche Einrichtung gibt es auf jeder Farm, dazu wenigstens einen Teilzeittierarzt – nicht unsinnig, wenn man bedenkt, dass es *pro Farm Millionen Tiere* sind.

Der Regionalleiter, die Hand hochhaltend. »Ich werde Sie hier stoppen, Cleveland.«

(Olivia, mit geblümtem Kleid und Turnschuhen, erwischt einen Flugball, reckt ihn triumphierend, hastet jauchzend die Tribüne hinunter.)

Cleveland setzte das Huhn auf den Rücksitz und fuhr davon.

Haha! Da fuhr sie, preschte Richtung Stadt (natürlich mit zugelassener Höchstgeschwindigkeit), die Henne leise gackernd auf dem Rücksitz. Das dumme Ding war heruntergefallen. Das Land draußen war sandfarben und der Himmel felsfarben, aber Cleveland im Auto trug Cartoon-Farben. Da sauste sie vorbei und davon und verschwand in der Ferne.

Sie saß in ihrem Auto, und das Auto stand auf der Zufahrt. Haus, Rasen, Nachbarschaft waren eingefärbt mit mittwinterlicher Lebenserhaltungstünche. Soeben war ihr eingefallen, dass sie ihm die Henne irgendwie erklären musste – *eine verbrauchte Henne* noch dazu. (Ja, sie hatte einen Mann, einen netten, Leiter der Zulassungsstelle am nahegelegenen Community College, darauf spezialisiert, die jungen Leute, die auf dem Förderband ankamen, in Schlitze zu schieben und nach einiger Zeit konfektioniert und zertifiziert in die Welt zurückzuschicken.) In einer Stunde käme er nach Hause und hielte sie wahrscheinlich für durchgeknallt. Sie drehte sich zur Rückbank um. Die Henne sah skelettartig aus, primitiv, nur noch halb befiedert, verdreckt und heruntergekommen vom Dasein im Käfig, wie alle. Clevelands Tat konnte ihr als Diebstahl ausgelegt werden.

Sie brachte die Henne in die Garage, räumte ihr einen Platz frei, stellte ihr Wasser in einer Konservendose hin und einen Teller mit Kopfsalat. Als ihr Mann nach Hause kam, saß sie mit dem Laptop auf dem Sofa. Ein Panikflattern in der Brust erschwerte ihr das Atmen. Es war ein klarer Verstoß gegen das Gesetz zum Schutz vor Betrug in landwirtschaftlichen Betrieben. Sie konnte ihren Job verlieren. Sie hätte argumentiert, dass in Wahrheit die Green Farm gegen das Gesetz verstoßen habe und sie, Cleveland, jedes Recht habe, die Henne zu konfiszieren. Natürlich würde diese Sichtweise niemand teilen. Was sollte sie also tun? Sie konnte nicht mitten in der Nacht die Henne zur Farm zurückbringen und in einen Käfig setzen und zulassen, dass sie in Stücke zerhackt wurde und Amerika mit Krankheiten überzog.

Ihr Mann stellte seine Sporttasche ab. »Ist das ein Gackern, was ich da höre?«

Cleveland war entsetzt. »Vielleicht haben die Clayborns sich Hühner angeschafft?«

»Verstößt gegen die Baunutzungsverordnung«, sagte er. »Ich schreibe dem Nachbarschaftsverein.«

Cleveland schaltete den Fernseher ein.

Sie lag im Bett mit offenen Augen und lauschte; neben ihr atmete ihr Mann. Es gab jetzt nur eines: die Henne in die Geschäftsstelle des örtlichen Tierschutzvereins bringen. Wo schließlich Farmer Greens Schwester mitarbeitete. Eigentlich war das fast so etwas wie ein Zurückgeben. Sie stand auf und ging in die Garage. Die Henne hatte das Wasser auf dem Boden verschüttet und kauerte unter den Fahrrädern. Cleveland ließ sich auf alle viere nieder, fischte sie heraus, setzte sie in einen Pappkarton und fuhr mit ihr zum Tierschutzbüro in der stillen Innenstadt. Ihren einzigen Kontakt zu den Tierschützern hatte Cleveland beim alljährlichen Tag der Offenen Tür, wenn ein paar Jugendliche mit zerrissenen Jeans und Slogan-T-Shirts in der Farm auftauchten und hysterische Flugblätter verteilten. Das Büro war so nichtssagend, dass es alles Mögliche hätte sein können, eine Ladenkirche, eine sterbende Apotheke, die Geschäftsstelle eines erfolglosen Politikers. Sie nahm die Schachtel und stellte sie ihnen vor die Tür.

Sie fuhr wieder nach Hause und schickte der Gruppe eine anonyme Nachricht: *Hallo. Ich habe euch ein Geschenk dagelassen.*

Die Nachricht aktualisierte sich in bunten Formen auf dem Bildschirm.

Eine Antwort poppte auf. *Was soll das, bist du unsere gute Fee?*

Sie schrieb zurück: *Schau vor der Tür nach, Aschenputtel.*

Wir hoffen für dich, dass es nichts ist, weswegen wir die Polizei rufen werden.

Sie klappte den Laptop zu.

Würden sie wegen eines Huhns die Polizei rufen?

Sie schlief vielleicht eine Stunde und stand vor dem Wecker auf, während ihr Mann noch im Tiefschlaf lag. Sie fuhr zur Arbeit, verschanzte sich in ihrem Büro und arbeitete an ihrer Datenbank. Sie hörte Kollegen hereinströmen, den Pausenraum betreten und wieder verlassen, einander Begrüßungen zurufen.

Schließlich schaute sie in ihre Mails, sie konnte nicht anders. Und ja, sie hatte eine neue Nachricht von der Gruppe.

Wir sehen deine IP-Adresse.

Konnten sie herausfinden, wer sie war?

Es klopfte, und die Tür ging auf.

»Olivia«, stieß sie hervor.

Das Mädchen trug eine Art Kapuzenpulli, und ihr Haar schien zu Knoten arrangiert. »Tot«, sagte das Mädchen. »Ganz plötzlich. Autounfall.«

Die Tochter.

HATTE OLIVIA den Kontakt absichtlich eingestellt? Zwar war Cleveland, zugegeben, ein seltsames Kind gewesen, aber immerhin auch Olivias erster Job. Sie stellte sich vor, wie Olivia in New York eintraf, zu den Hochhäusern hinaufblickte, eine Hand auf dem Bauch, und an Cleveland dachte, das Kind, auf das sie jahrelang aufgepasst hatte, und der einzige Beweis, dass sie zur Kinderbetreuung höchstwahrscheinlich in der Lage wäre.

Gleichzeitig war nach ihrer Ankunft sofort sehr viel auf sie eingestürzt. Allein in einer riesigen Stadt, achtzehn Jahre alt, abgebrannt, schlau, aber ohne nachweisbare Qualifikationen und bald auch noch mit einem *Baby*. Sie konnte keine Zeit gehabt haben, die unendlich vielen E-Mails, die Cleveland ihr geschickt hatte, zu lesen, geschweige denn zu beantworten. Cleveland schrieb und schrieb und schrieb, und irgendwann hörte sie auf. Warum sollte sie einen dauerhaften Platz im Herzen ihrer Babysitterin haben? Sie war Olivias Job gewesen, nicht ihre Schwester, Nichte oder Freundin.

Eines Wintertages rief der Vater des Kindes an. Olivia sei tot. Er habe die Tochter, sagte er. Sie könne ein bisschen Orientierungshilfe gebrauchen.

Cleveland war furchtsam, hatte Bedenken, sie könnte die Sache vermasseln, schob es vor sich her, wartete auf den richtigen Zeitpunkt, tat nichts.

Sie klammerte sich an die Schreibtischkante.

»Vor fünf Jahren«, sagte das Mädchen. »Fast sechs.«

Cleveland war derart durch den Wind, dass sie nicht denken konnte. »Über ihren Tod bin ich informiert, aber dein Termin ist erst nächste Woche.«

»Ich hab ihn vorverlegt.«

»Ich habe noch keine Bestätigung, dass du mit dem Kurs fertig bist.«

Das Mädchen runzelte grimmig die Stirn. Sie sah aus wie eine Bewohnerin einer therapeutischen WG, ein Teenager frisch aus dem Jugendknast. Aber ihrer Mutter dermaßen ähnlich! »Natürlich bin ich fertig. Letzten Donnerstag«, sagte sie. »Sind Sie nicht *informiert?*«

Debattierte sie mit ihr? Cleveland riss sich zusammen.

»Wir fangen morgen mit dir an.«

»Ich hab den Job?«

»Du kannst dir am Empfang dein Begrüßungspaket für neue Mitarbeiter abholen.«

Das Mädchen ging mit quietschenden Turnschuhen aus dem Raum. (Olivia in einem alten Lagerhaus, Raumschiff spielend, Olivia, Blätter und Zweige von ihrer Kleidung abstreifend...) Clevelands Herz hämmerte. Missglückter Anfang; es hätte ganz anders laufen sollen. Sie drehte sich wieder zu ihrem Monitor. Es war eine neue Nachricht von dieser TR-Gruppe eingetroffen.

Sie hätte sie nicht lesen sollen, aber sie las sie.

Sie hätte nicht darauf antworten sollen, aber sie antwortete.

Am folgenden Tag war Olivias Tochter wieder da, und Cleveland hielt ihr einen wackligen Einführungsvortrag über die Mission der Vereinigten Eierproduzenten, die Geschichte der Legehennenzertifizierung in den USA, die den Hennen gewährten Fünf Freiheiten. Sie hörte sich in gewichtigem Ton mechanische Erklärungen herunterbeten, beobachtete ihre eigenen sparsamen Gesten. Olivia hatte das Periodensystem zum Singen gebracht, Olivia hatte mit Farbe die trigonometrischen Gleichungen ans Garagentor gesprüht (zum Entsetzen von Clevelands Eltern, die sich nicht von ihrer Überzeugung abbringen ließen, das seien Geheimzeichen einer Bande). Olivia hätte aus jeder Betriebsprüfung einen Spaß gemacht.

Cleveland händigte dem Mädchen eine Uniform, ein Klemmbrett, einen Laptop (nur für den Dienstgebrauch), einen Armvoll Heftmappen und Formblätter aus. »Morgen machen wir einen Test.«

Unterdessen war sie mit diesen Tierschutzaktivisten in Streit geraten – absurd, ohne Frage, aber es war passiert.

Wo hast du die Henne her? Dich müsste man wegen Vernachlässigung anzeigen.

Tatsächlich gehört sie euch.

Ganz sicher nicht! Das ist der unausrottbare Denkfehler von euer einem, dass ihr glaubt, irgendein lebendes Wesen sei der Besitz von jemandem.

Drei Tage später mailte sie wieder, hängte zwölf Fotos von Hühnern in rostigen Käfigen an, die sie – illegal, mit ihrem Handy – gemacht hatte, während Janey Flores eine Reihe weiter den Käfigraum falsch berechnete. *Hier habt ihr was für euren Monatskalender.*

Wir machen gezielte Undercover-Ermittlungen, keine Haustierbetreuung. Wenn du in der Position bist, investigativ zu arbeiten, und den Mut und den Willen dafür hast, was wir bezweifeln, dann komm und zeig dein Gesicht, nicht dein Smartphone.

Dann stahl sie zwei Hühner. Fuhr zur Anderson Family Egg Farm, packte zwei Vögel und steckte sie in eine Schachtel mit einer Nachricht: *Wo die herkommen, gibt's noch zwei Millionen. Ich mache hier euren Job. Auf wessen Seite steht ihr eigentlich?*

Sie schrieben zurück: *Oh, Entschuldigung, dass wir keine Freudensprünge machen, wenn Unbekannte uns Tiere vor die Tür stellen, damit wir uns um sie kümmern. Es ist einfach bescheuert, einzelne Hühner zu retten. Wenn du dich weigerst, nach unseren Bedingungen zu arbeiten, weil irgendwas in deinem widersprüchlichen Herzen dich dran hindert, du dir aber einbildest, du seist aus dem Schneider, weil du zwei Hennen gerettet hast, während die anderen ruhig weiterleiden und verrecken können, ganz zu schweigen von den 10 Milliarden jedes Jahr, dann bring sie nicht uns, sondern zu folgender Adresse.*

Die Adresse war einer dieser lächerlichen Gnadenhöfe, sechzig Meilen außerhalb der Stadt, x Meilen abseits des Highways. Sie sah sich im Netz das Satellitenbild an, während Janey Flores ihr gegenüber im Konferenzraum der Anderson Farm saß und in den Fütterungsprotokollen blätterte – zu schnell, um beurteilen zu können, ob die Richtlinien eingehalten wurden.

Zwei Nächte später fuhr Cleveland zur Spillman Egg Family Farm, wo sie während der letzten fünf Jahre jedes Jahr das Audit durchgeführt hatte. Mit einer Lebensmittelkiste, wie zum Einkaufen, marschierte sie auf das Gelände und hob sechs Hennen vom käfigfreien Boden auf.

Jetzt gehst du uns echt auf die Nerven, schrieben sie. *Weil du dich weigerst zu sagen, wer du bist, erlauben wir uns, dich kennenzulernen. Wir haben jetzt eine Überwachungskamera, für die wir unsere kostbaren, weil spärlichen Mittel aufwenden mussten. Sie ist installiert und läuft. Egal, in welchem Aufzug du vor unserer Tür stehen wirst, im Overall des Farmarbeiters oder in den Tarnklamotten eines Tierrechtlers, wir sehen dich. Das sollst du wissen.*

Eine Zeitlang nahm sie keine weiteren Hennen mit.

Bis sie es nicht mehr aushielt und wieder drei holte.

»Schau dich um, Janey.«

Sie standen in einer Geometrie, wie sie in der Natur selten vorkommt. Achtzehn Ställe. Eine Ansammlung kleinerer Nebengebäude. Das Mädchen hob den Blick nicht vom Boden. Eine trübe Sonne.

»Siehst du, Janey, das ist die Geschichte des amerikanischen Erfindungsreichtums. Der moderne Legestall ist ein perfekt kalibriertes Instrument.«

Cleveland hielt diese Rede ein Dutzend Mal im Jahr – bei Schulungen und vor Jugendverbänden und, aus dem Stegreif, auf Treffen des Nachbarschaftsvereins. »Ist eine Henne sich selbst überlassen, legt sie gerade mal dreißig Eier im Jahr.« Sie deutete auf einen Stall. »Unsere Hennen legen zweihundertsiebzig Eier im Jahr, jede einzelne. Weißt du, warum? Wegen einer einzigen wissenschaftlichen Entdeckung.«

Sie hielt inne und musterte das Mädchen. »Steh aufrecht, Janey. Wissenschaftlichen Fortschritt machen wir nicht mit Schlaffis.«

Janeys Haltung straffte sich kaum wahrnehmbar.

Janey Flores. Schweigsam (verstockt?), ausdruckslos (fantasielos?) und mit der nervenzerrüttenden Angewohnheit, den Reißverschluss an ihrem Hoodie zu- und aufzuziehen, zu und auf, ununterbrochen, auf den Hoodie bestand sie, sie trug dieses Kapuzenteil über der Uniform, so dass sie wie ein Hänfling mit Haltungsproblem aussah (war?). Aber jedes Mal, wenn Cleveland ihr Gesicht zufällig aus einem anderen Winkel sah, weil Janey sich umdrehte, überkam sie eine ungeheure Zuneigung und Fürsorglichkeit.

»Licht. Die Entdeckung war Licht.« Cleveland setzte sich wieder in Bewegung. »In den 1930ern erkannten amerikanische Forscher, dass die Henne am Stand des Lichts erkennt, wann sie legen soll. Lange Tage bedeuten Frühling und Eiablage, schwindende Helligkeit meint Winter und Ruhe. Mehr Licht, mehr Eier.«

Das Mädchen brauchte nur Disziplin, Anleitung, Zuwendung.

»Die Wissenschaftler installierten also eine künstliche Beleuchtung im Stall, und siehe da, die Hennen legten unentwegt.« Mit gestrecktem Arm deutete sie zu den Stallanlagen. »Ausreichend Licht, und diese Hennen legen und legen und legen und legen. Was sagst du dazu?«

»Ein weiterer Sieg für die Menschheit«, antwortete Janey verdrießlich.

»Für die Amerikaner«, korrigierte Cleveland.

IN DEN WOCHEN VOR dem Termin bei der Frau, deren Baby-sitterin ihre Mutter vor vielen Jahren gewesen war, machte Janey sich Sorgen. Ob die Frau sie mögen würde? Sie versuchte sich zu erinnern, ob ihre Mutter sie je erwähnt hatte – Cleveland hieß sie, und Janey war begeistert von diesem Namen! –, und stellte dabei fest, dass die Erinnerungen an ihre Mutter zunehmend verblass-ten. Es war so wenig von ihr übrig – ein Koffer mit alten Kleidern, zwei Gemälde, eine Handvoll Schmuck, drei Sprachnachrichten, die sie, zusammen mit jedem Foto, sorgfältig auf jedes neue Ge-rät kopierte. So viel war verloren.

Sie versuchte mit der alten Janey zu kommunizieren. Frag sie, forderte Janey sie auf. Frag Mom nach Cleveland.

Sie lag in ihrem Zimmer im Apartment ihres Vaters und ver-suchte sich auszumalen, was für ein Mensch Cleveland wohl war. Lustig, beschwingt, geistreich. Sie war in der Prärie aufgewachsen, und daher stellte sich Janey einen ganzheitlichen Gesundheits-freak vor – Zöpfe, Sandalen, Akustikgitarre. Janey wusste, dass ihr solche Gedanken nicht guttaten, und doch malte sie sich aus, wie sie miteinander zelten gingen, Staudämme in Bächen bau-ten, durch Wälder wanderten, am Lagerfeuer saßen und Cleve-land Geschichten über ihre Mutter als Jugendliche erzählte, Oli-via in allen möglichen Rollen. Und Janey würde sich kringeln vor Lachen! Dann würde Cleveland eine Hand nach ihr ausstrecken und ihr eine Haarsträhne hinters Ohr streichen und sagen: »Dei-ne Mutter wäre stolz, wenn sie sähe, was aus dir geworden ist«, und Janey würde weinen. Cleveland würde einen Große-Schwes-ter-Arm um sie legen und sagen: »Komm, jetzt machen wir ei-nen Plan für dich. Natürlich kannst du auf Dauer nicht *das* ma-chen«, und ihre Geste deutete ungefähr in Richtung des Büros, in dem sie arbeiteten (der Job an sich spielte bei diesem Szenario keine Rolle). Hier stoppte Janeys Fantasie kurz, denn schließlich hatte Cleveland genau das getan. Sie war in Iowa geblieben, hatte diese Stelle angetreten, war sogar Chefin geworden! Janey suchte hastig nach Rechtfertigungen. In Clevelands Fall war es verständlich, weil ... weil ... weil ... Janey stockte, doch dann hatte sie die Antwort: Cleveland war alleinerziehende Mutter! Zog allein ihr Kind auf und machte es super (wie Janeys Mutter!). Janey dachte sich ein kleines Mädchen mit Marshmallowspieß am Lagerfeuer. Zu dritt erforschten sie die Wildnis einer Region, die sich aus fünf Staaten speiste, trieben in Kanus über Seen, arbeiteten sich durch Höhlen. Und Janey wurde einfach so in diese kleine Familie aufgenommen (Tante Janey!), und eine *neue* neue Janey kam zum Vorschein: abgeschnittene Shorts, Haare ins Kopftuch eingebunden, Studentin mit Hauptfach Umweltwissenschaften an der staatlichen Universität (Janey war nie eine Naturfreundin gewesen, aber mit Cleveland an ihrer Seite verliebte sie sich in den Planeten) und kam an den Wochenenden heim zu Cleveland und ihrer Tochter (Olive!).

Schon so lang dachte sie daran, ihr Leben zu ändern. Gesund zu leben! Konnte sie es für diese Frau tun, wenn sie musste? Sie würde es versuchen, ernsthaft.

Der Kurs für die Betriebsprüfungszertifizierung war entsetzlich, vier lange Tage PowerPoint-Präsentationen mit Cartoons von grinsenden Hühnern zum Abschluss jeder einzelnen, Tests mit Bleistift und Papier, als hätten wir noch 1999, die ödesten Stunden überhaupt, gleichzeitig aber auch zutiefst verstörend. Allein das Vokabular: »Räumung« (d. h. Tötung von Hennen zu Hunderttausenden), »Zwangsmauser« (d. h. Futterkürzung, bis die Hennen nicht *ganz* verhungert sind), »Kupieren« (d. h. Abschneiden des Schnabels), »Zertifizierung« (d. h. Genehmigen, nein, *Fordern* eines ganzen Kontingents von Gräueltaten), »die Vereinigten Eierproduzenten« (die mittelalten weißen Männer, die das alles verantworteten).

Sie war wie eine Suchende, die qualvolle Prüfungen bestehen musste, weil sie hoffte, eines Tages Erleuchtung zu erlangen und vielleicht am Ende ... Janey war so ungeduldig, sie verlegte den Termin für das Vorstellungsgespräch um fünf Tage vor. Sie fuhr zu der angegebenen Adresse. Ein würfelförmiges Gebäude in einer Landschaft würfelförmiger Gebäude, ein Büro»park«, Hektare geteerter Flächen. Anstelle von Bäumen einbetonierte Schilder, die Besucher zu abgelegenen Bereichen der Anlage wiesen. Eine Rezeptionistin beschrieb ihr den Weg zu Clevelands Büro. Janey klopfte und trat ein. Die blasse Frau hinter dem Schreibtisch wurde noch blasser. »Olivia?«

Janey fuhr zusammen. »Tot.«

Von da an wurde es schlimmer. Am ersten Tag forderte Cleveland sie auf, sich zu setzen, während sie selber vor einem Whiteboard auf und ab marschierte und einen Monolog zum Thema »Pflicht« hielt. Zehn Minuten vergingen allein mit den Regeln für die Mitarbeiterkantine. Janey war so überrascht, dass es ihr die Sprache verschlug. Cleveland gab ihr »Hausaufgaben« auf.

Während der nächsten paar Tage waren sie zu Betriebsprüfungen unterwegs. Janey zog grimmig die Uniform an, saß in neonbeleuchteten Farmbüros und blätterte in den Protokollen, trottete im Regen hinter Cleveland her zu den Ställen, folgte ihr die Käfigreihen entlang. Fast alle Mitarbeiter waren Latinos. Ein paarmal versuchte einer mit ihr auf Spanisch zu scherzen, aber sie verstand kein Wort. Sie fühlte sich vollkommen fremd und haltlos. Die Stallgebäude waren riesig und sciencefictionmäßig, und es stank atemraubend nach Chemie und Vogelscheiße.

Und Cleveland war seltsam. Ausdrucksloses Gesicht. Eine steife Art, den Kopf zu drehen. Warum war Janey so dumm gewesen, sich einzubilden, die Frau könnte irgendwas anderes sein, als sie war? Diese »Cleveland«, eine wahrhaft Gläubige, die sich einer mittelmäßigen Sache verschrieben hatte, eine lächerliche Uniformträgerin, verklemmt und auf geradezu autistische Weise interessiert an Regeln und Vorschriften. Benannt war sie nach einem US-Präsidenten, der nie einen Finger gerührt hatte, und das sogar *zweimal* (der zwei- und der vierundzwanzigste). Eine Frau, die ernsthaft überzeugt schien, diese abstoßenden Lagerhallen seien ein passender, ja angemessener Ort für *Vögel*, als wären sie Rasenmäher oder Fernseher. Hätte Cleveland beim Vorstellungstermin nicht den Namen ihrer Mutter genannt, hätte Janey geglaubt, sie habe sich in der Tür geirrt.

Etwas stimmte nicht mit ihr. Cleveland zuckte beim geringsten Anlass zusammen und wirkte, als hätte sie etwas zu verbergen. Sie wohnte im hässlichsten Haus, das Janey je gesehen hatte, mit Plastikmarkisen über den Fenstern und stellenweise abgefallener Verschalung. Keine Kinder, ein teigiger Ehemann, der schon kahl wurde. Janey machte sich klein, als Cleveland aus dem Haus kam, um die Mülltonne rauszustellen.

Janey war verzweifelt. Hätte sie Cleveland nur nie im Voraus auf einen so hohen Sockel gestellt, dass sie zwangsläufig abstürzen musste, hätte sie nur nie zugelassen, dass am Rand ihrer Wahrnehmung ein hoffnungsähnliches Gefühl heranwuchs. Janey verlor ihre Uniform im Waschsalon, verlor ihre Audit-Heftmappen auf dem riesigen Gelände (legte sie irgendwo ab und vergaß sie komplett, bis Cleveland sie eine Stunde später missbilligend musterte), verlor alle Neugier auf Cleveland, verlor ihre Fähigkeit, Interesse wenigstens zu heucheln, und war auf dem besten Weg, auch noch ihren Job zu verlieren.

Mit anderen Worten, Janey fragte sie nie nach ihrer Mutter.

»Danke vielmals«, sagte sie zu ihrem Vater. »Jetzt muss ich Ammoniakkonzentrationen messen und Hühnerscheiße von den Schuhen kratzen, und das war's. Ich träume schon vom Gestank.«

Sie sagte: »Meine Mutter hat nur ein oder zwei Mal Babysitter bei ihr gemacht, oder? Sie kennen sich kaum.«

Sein Achselzucken machte sie rasend. »Spielt das eine Rolle?«

»Ja.«

»Warum fragst du sie nicht?«

EINES TAGES ABER ERWISCHTE SIE Cleveland mit ihrem Handy, in einem Stall. Einmal, zweimal. Verboten, aber egal. Sie ertappte sie noch einmal. Anscheinend checkte sie ihre Nachrichten.

Aber nein, heilige Scheiße ...

Janey war derart enttäuscht von Cleveland und derart eingemauert in ihre Enttäuschung, dass sie beinahe übersehen hätte, was da vor sich ging.

Cleveland filmte Hennen – das war illegal, ein Verstoß gegen das Knebelgesetz von Iowa, das jeden Versuch, tierschutzwidriges Verhalten anzuzeigen, im Keim ersticken soll; Janey hatte im Halbschlaf ihrer Schulung zur Betriebsprüferin davon gehört und wusste, dass man irgendwie bestraft wurde – mindestens mit Bußgeld, vielleicht sogar mit Gefängnis –, wenn man Tierquälerei aufdeckte. Und hier war Cleveland und machte Aufnahmen, nicht von aufgeplüschten Küken, sondern von abgefuckten Hennen. Von drangvoller Enge hinter Gittern, von offenen Wunden, von Legedarmvorfällen, von blutigen Leichen in Abfalltonnen. Janey sah eine Woche lang zu. Cleveland war verdeckte Ermittlerin. Wer hätte das gedacht. Was für eine Aktion. Genial. Janey war beeindruckt. Janey hatte fast ein bisschen Angst – Cleveland musste Psychopathin sein, um so was durchzuziehen. Irrsinnig.

Und die Scheiße. Sie machte Fotos davon.

Einmal saß Janey gegen Mitternacht im Auto vor Clevelands Haus, halb versteckt hinter einem Kleinbus, die ganze Straße wie tot, kein Licht hinter Fenstern, kein heimlich aus dem Haus schleichender Jugendlicher. Janey, an die Kopfstütze gelehnt, döste halb, die Augen einen Schlitz offen. Aber mit einem Schlag war sie hellwach, als die Haustür aufging und Cleveland persönlich herauskam – ein diffuses Leuchten und eine Schattengestalt, die verstohlen über den Rasen huschte. Sie stieg in ihr Auto und fuhr davon. Janey hinterher, nach einem Block Vorsprung. Langsam fuhren sie durch die Stadt. Als Cleveland links auf die Route 54 einbog, war klar, wohin sie unterwegs war. Janey wartete zehn Minuten auf dem Parkplatz des Fast-Food-Ladens, dann fuhr sie zu der Farm, in der sie tagsüber die Betriebsprüfung gemacht hatten. Da stand es, Clevelands Auto, am Straßenrand gegenüber dem fernsten Stallgebäude. Janey hielt ein Stück abseits, zog Mütze und Handschuhe an und ging im Dunkeln die Straße entlang. Sie wartete. In der Kälte wölkte sich ihr Atem.

Ammoniak, Dunkelheit, Ventilatorendröhnen wie von Flugzeugmotoren beim Start. Mit einem Sack in der Hand kam Cleveland aus dem Stall.

Die unerträglich schöne Nacht! Clevelands Winzigkeit vor dem gigantischen Stall! Das Licht im Inneren hinterleuchtete und umglühte sie. Die Ventilatoren klangen wie *om*. Wer war diese Frau? Was hatte ihre Mutter vor langer Zeit da geweckt? Denselben Widerspruchsgeist, der Olivia von dieser Kleinstadt fortgetrieben, der Janey hergetrieben hatte? Das Feuer ihrer Mutter, ihres Großvaters, war hier ein Funke davon? Janey hatte gedacht, sie sei in eine entsetzliche Sackgasse geraten, und jetzt ...

Cleveland schloss die Tür und verschwand. Janey wartete. Sah die Schattengestalt durch die Dunkelheit huschen.

Janey trat von hinten an sie heran. Cleveland war über den Rücksitz gebeugt, dem Sack entstiegen eben ein paar Hühner.

Cleveland könnte gefeuert werden. Womöglich drohte ihr ein Gerichtsverfahren. Sie käme ins Gefängnis. Verurteilt wegen Bioterrorismus. Sie könnte ...

»Hey«, sagte Janey.

Cleveland erstarrte. Richtete sich auf. Ließ den leeren Sack fallen. Knallte drohend die Hintertür zu. »Was willst du?«

Sie *trug ihre Scheißuniform!*

»Warum hast du das getan?«, fragte Janey.

»Was getan?«, fragte Cleveland.

INNEN: STALLUNIVERSUM. Vollständig von Stahl und Beton umschlossen, sieben ungeheuerliche Gänge zwischen Mauern aus Käfigen, die sich acht Meter hoch türmen, acht übereinander in zwei Etagen. Das Herbeischaffen von Futter, der Abtransport von Kot, alles vollautomatisch mit Förderbändern. Mächtige Ventilatoren blasen Kohlenmonoxid, Hydrogensulfid, Ammoniak, Staub durcheinander und hinaus. Zwanzigtausend Zehn-Lux-Birnen in regelmäßigen Abständen, wie eine monströse Christbaumbeleuchtung: die Sonne, die nach Vorgabe einer Zeitschaltung auf- und untergeht. Das ganze Gebäude rattert von Maschinenlärm. Hundertfünfzigtausend Hennen stehen hier und warten – auf was? auf wen? Auf einer breiten Förderanlage ziehen langsam Eier vorbei.

»WARUM HAST DU DIE mitgenommen?«

Die Hennen gluckten im Auto, und Cleveland zuckte nicht mit der Wimper.

Psychopathin, dachte Janey.

»Ich mach meinen Job, Janey. Das ist der Unterschied zwischen einer Angestellten, die vorankommen will, und einer Angestellten, die scheitert.«

So verrückt, dass sie wahrscheinlich gefährlich war.

»Los, sag dem Regionalleiter Bescheid. Ich geb dir seine Nummer.«

»Nein, danke.«

»Nur zu.«

»Nein, ich will nicht.«

Die Ventilatoren donnerten.

»Gut.«

»Gut.«

Die Psychopathin öffnete die Fahrertür.

»Hey«, sagte Janey.

Cleveland drehte sich um.

»Wie viele Male hat dich meine Mutter babygesittet?«

»Hunderte.« Cleveland stieg ins Auto. »Und ich war kein Baby.« Sie fuhr los. Janey hinterher.

SIE FINGEN AN, Tiere zu entnehmen, sie und Cleveland. Lang vor dem Morgengrauen tauchten sie auf, Stunden bevor die ersten Mitarbeiter eintrudelten, Stunden nachdem die letzten gegangen waren, wenn die Ställe nichts als Maschinen und Gackern und staubiger Dunst waren und der Schein der Notbeleuchtung das einzige Licht weit und breit. Unsichtbarer Horizont, schnurgerade Straßen wie Schnitte durch die Dunkelheit: Dann fuhren Janey und Cleveland vor einem Stall vor und stiegen in ihrer Betriebsprüferuniform, auf die Cleveland bestand, aus dem Auto. Sie gingen durch die Ställe, und Cleveland protokollierte mit Ingrimm »Zuwiderhandlungen« wie verklemmte Förderbänder, überfüllte Käfige, eine durch einen Gang trottende Katze. Wenn sie erwischt würden, sagte Cleveland, solle sie das Reden ihr überlassen. »Unbedingt«, sagte Janey. Ach, wie gern würde sie das erleben. Es wäre die Zeit im Knast wert. Sie ließen jedes Mal ein Dutzend dürre Vögel mitgehen, sechs Hennen pro Jutesack, setzten sich abwechselnd ans Steuer, zogen um drei Uhr morgens wieder ab, die Hennen auf der mit Handtüchern abgedeckten Rückbank.

Sprachen sie über Janeys Mutter? Kaum. Einmal fing es zu schneien an, während sie drinnen im Stall waren, und als sie wieder gehen wollten, war draußen ein Schneegestöber, so dicht wie ein Blizzard – es war, als sänken sie in weißen Schlamm ein; unmöglich, irgendetwas zu erkennen. Sie sahen gar nichts, keine Straße, kein Gebäude, kein Auto. Ihre Taschenlampen beleuchteten nichts als Schnee. Sie machten sich in einer hoffnungsvollen Richtung auf den Weg, dann in einer anderen, die Säcke wurden nasser und schwerer (Hennen können nur kurze Zeit in solchen Säcken bleiben, dann sterben sie: Es war schon passiert), sie rutschten im Matsch aus, Janey schlotterte und fluchte. Irgendwann blieb Cleveland stehen und leuchtete ihr mit der Taschenlampe ins Gesicht. »Janey Flores, zum letzten Mal, steh aufrecht. Deine Mutter hat immer gesagt, dass auch die niedrigste Arbeit so getan werden muss, als wäre sie für den Präsidenten der Vereinigten Staaten. Würdest du vor dem Präsidenten dastehen wie ein Fragezeichen?«

Janey schnappte nach Luft. Es stimmte; genauso hatte ihre Mutter gesprochen, und Janey riss die Schultern zurück. Sie liefen ewig herum. Dann fanden sie das Auto und stiegen ein.

CLEVELAND: »Die Zahlen sind für alle gleich, Janey, für Mathematiker wie für Betriebsprüfer in Legehennenfarmen. Du musst das noch mal nachrechnen.«

IHRE MUTTER: »Manieren sind für alle gleich, junge Dame, für die Königin von England wie für kleine Mädchen aus Brooklyn. Nimm gefälligst ein Taschentuch!«

CLEVELAND: »Kurbel das Fenster hoch. Glaubst du, diese Hennen wollen herumgewirbelt werden wie Lottokugeln?«

IHRE MUTTER: »Mach das Fenster zu. Wir sind schließlich keine Lottokugeln beim Seniorenbingo!«

An die Geräuschkulisse in den Ställen gewöhnte sich Janey nie. Die ratternden Maschinen, die quietschenden Förderbänder. Hier drin war sogar die Beleuchtung laut. Wenn sie sich auf den langen Weg durch eine Reihe machte, wich der Ventilatorenlärm nach und nach den Stimmen Zehntausender Hennen, die miteinander eine Art wogendes Stöhnen oder Brummen bildeten. Es drang einem in – man konnte es nicht anders nennen – Schichten ins Ohr; wobei die oberste Schicht das Gackern und Klagen der nächststehenden Hennen war und die tiefste Schicht ein leises Gurren, das aus allen Winkeln des Labyrinths emporstieg. Wenn sie den Blick hob, sah sie durch das Metallgitter eine zweite, identische Etage. Wenn sie sich niederkauerte, blickte sie in die unterste Käfigreihe vor ihren Füßen und befand sich zwischen zwei lauten Mauern aus Hennen hinter Gittern, aus denen sich rechts und links auf allen Ebenen Hunderte Hennenköpfe streckten. Das Ende der Reihen verschwamm im Federstaubnebel. Dieses unvorstellbare Ausmaß, Zwergenhaftes und Riesiges Seite an Seite, die existenzielle Macht der Größe.

Manche Farmen hatten Stacheldraht, andere einen Schließcode. Manche ließen einen gepanzerten Truck um das Gelände patrouillieren, andere hatten ein verbeultes Schild »Zutritt verboten« aufgestellt. Cleveland verschaffte ihn sich, den Zutritt. Geradezu virtuos. War ein Stall abgesperrt (die meisten waren es nicht), wusste sie, wo die Schlüssel waren. Wenn sie es nicht wusste, warf sie einen Blick ins Betriebsprüfungsprotokoll und hatte innerhalb von Minuten einen Schlüssel oder Code. Ein weiterer Blick in die Unterlagen verriet ihr, wann die Nachtbesatzung abwesend war. »Die Arbeit meines Lebens«, sagte Cleveland zu Janeys beeindrucktem Grinsen.

(»Die Arbeit unseres Lebens«: ihre Mutter, Tuch auf dem Kopf, auf einen Wischmopp gestützt, über den sonntäglichen Hausputz.)

Unfassbar fand Janey die exzentrischen Leute aus der Jugend ihrer Mutter, erst ihr Vater, und jetzt dies hier. Und doch ...

Sie hörte das Echo der Stimme ihrer Mutter.

»Für die Hennen ist der Stall die Welt, Janey. Erde, Sonne, Nahrung, Regen.«

(Ihre Mutter, in einer ihrer letzten Sprachnachrichten: »Du bist meine Welt, Janey. Meine Sonne, meine Nahrung. Wie soll ich dir denn sonst noch sagen, dass es mir *leid* tut?«)

Wann bekäme die alte Janey mal Gelegenheit, »Cleveland« zu sagen? Vielleicht auf einer Party in Red Hook. Die alte Janey lehnt an einem Ofen und macht dem nächstbesten Gesicht schöne Augen, einem Typen, der aussieht, als gehöre er zu einer Band, Frisur passend zur neuesten Musik. Er sei aus Ohio, sagt er, und sie, pseudoflirtend oder pseudogelangweilt (ist da ein Unterschied?), fragt: »Cleveland?«, weil das die einzige Stadt in dem Staat ist, die ihr einfällt. Unterdessen drückte im selben Moment, exakt tausend Meilen entfernt, die neue Janey eine gackernde gerettete Henne an ihre Brust und sagte: »Cleveland?«, weil die so Benannte irgendeine »Zuwiderhandlung« dokumentierte (total irr!) und Janey wollte, dass sie damit aufhörte und herüberkäme und ihr den Sack aufhielte, damit sie diese Henne hineinstecken konnte.

Zum ersten Mal hatte sie das Gefühl, dass ihr das Treiben *dieser* Janey weitaus lieber war als alles, was die andere machte, die Ostküstenjaney, egal, mit welcher gesetzestreuen Belanglosigkeit die ihre Zeit vergeudete. Bestimmt war sie inzwischen irgendwo Praktikantin, schleimte sich bei irgendeinem Arschloch ein oder verfasste Unternehmens-Tweets. Die neue Janey hingegen war eine Piratin, ein Robin Hood, eine Gesetzlose im besten Sinn, die klammheimlich einzelne Hennen in Sicherheit brachte.

Was für eine Erleichterung. Sie hatte gedacht, sie werde sich nie wieder lebendig fühlen. Sie hatte gedacht, sie sei für immer zermalmt, sei eine der vielen planierten Personen geworden, denen man tagtäglich begegnet, einbetonierte Pappfiguren.

Also gib's zu, du hast versucht, dein Licht unter, jedenfalls hinter den Scheffel zu stellen. Die Sehnsucht klein zu machen. Die Wut klein zu machen. Klein zu werden. Gib's zu, dass das seit Jahren so gegangen ist, und dann passiert auf einmal *das* – es begegnet dir so etwas, und du machst mit. Du lebst ein bisschen auf, immerhin. Du machst das Kleinwerden klein.

JANEY KAM GÄHNEND aus ihrem Zimmer. Donutschachtel auf dem Couchtisch, Fernseher stummgeschaltet, Vater auf seinem Platz.

»Was wird das?« Janey hob ein riesiges Gummiband vom Tisch hoch.

»Her damit«, sagte er. »Das macht man jetzt. Heutzutage trainiert jeder damit, Stunden.«

Janey warf es ihm zu und griff in die Donutschachtel.

»Gibt's einen Grund, warum du dich so freust?«

»Was?« Janey erschrak. »Ich freu mich doch nicht.«

»Nein?«

»Nein, ich freu mich nicht.«

»Dann hab ich mich wohl verschaut.« Er dehnte das Band über dem Kopf.

»Pass bloß auf, Mann. Du zerschlägst noch ein Fenster.«

»Was freut dich denn so? Hat es was damit zu tun, dass du jeden Tag mitten in der Nacht heimkommst?«

»Nicht jede Nacht.«

»Oft genug, dass ich mich frage: Warum kommt sie jede Nacht so spät heim? Um drei Uhr früh? Und wie bist du dann drauf, wenn du morgens zur Arbeit gehst?«

»Ich freue mich *nicht*, okay? Mach dir keine Sorgen.«

»Warum sollte ich mir Sorgen machen, wenn du glücklich bist? Sorgen mach ich mir, wenn du unglücklich bist.«

»Also gut, dann mach dir halt weiter Sorgen.«

Warum sagte sie nicht einfach, dass sie mit Cleveland unterwegs war? Wenn sie sagte, dass sie nachts mit ihrer Chefin loszog, musste sie ja nicht gleich zugeben, dass sie heimlich in Legebatterien eindrang. Es wäre so einfach. Er wäre zufrieden.

»Hast du den Typen in der Arbeit kennengelernt?«

»Welchen Typen?«

»Wirst du eines Tages heimkommen und mir verkünden, dass

ich Großvater werde? Lass mich dich zum Traualtar führen, bevor's dazu kommt.«

»Eher lasse ich abtreiben.«

Janey aß ihren Donut und sah ihm bei seiner Stretchbandübung zu. Er ächzte. Sie empfand ein beginnendes Schuldgefühl, riss diesen Keim aber gleich wieder aus. Sie wollte nichts sagen. Was sie mit Cleveland tat, ging ihn nichts an.

»Was passt dir denn nicht? Hast doch einen guten Job, oder?«

»Na klar, Tiere quälen, die sich nicht wehren können.«

Sie hatte Angst, den Zauber zu brechen, das war der Grund.

»Du hast gesehen, dass sie College-Stipendien vergeben? Nicht schlecht, oder?«

»Ich scheiß aufs College. Pass du jetzt mal auf mit dem Ding. Am Ende geht noch der Fernseher drauf.«

SIE NANNTEN ES NICHT »stehlen«, weil das geklungen hätte, als klauten sie Notizblöcke aus dem Materiallager, und weil Cleveland darauf beharrte, dass es zu ihrem Job gehörte. Auch »befreien« und »freilassen« waren verboten. Wo könnten sie die Vögel hinbringen, wenn sie »frei« wären? Diese Hühner waren derart überzüchtet, dass sie keinen natürlichen Lebensraum mehr hatten. »Um befreit zu werden, brauchst du einen Ort, an dem du frei sein *kannst*«, sagte Cleveland. Aber Janey war nicht so sicher. Diese Hühner, diese geflügelten Tiere, die immerhin kurze Strecken fliegen können, diese *Vögel* waren nicht *frei wie ein Vogel*, sondern vogelfrei, rechtlos, und taugten nicht zur Freiheit. Aber Cleveland blieb eisern. Ebenso wenig infrage kam das hyperbolische »retten«.

Wie also sollte man es nennen?

»Freisetzen« klang nach Umweltvergiftung.

»Erlösen« hatte einen religiösen Beiklang.

»Verlegen« hörte sich nach einem Euphemismus an.

»Exodus.« Jetzt wurde Janey albern.

Cleveland entschied sich für das unpolitische, unsentimentale »entnehmen«.

Sie entnahmen die Tiere dem Geltungsbereich der Betriebsprüfung.

Das Haushuhn. Nicht ganz Vogel, aber auch nicht ganz Nichtvogel. Gewaltige Flügel, Körper schmaler als der bei der Ente, dennoch konnte das Vieh kaum fliegen. Es schaffte einen flatternden, vielleicht meterhohen Aufschwung vom Boden und eine unbeholfene Landung. Nicht das Bild, das einem als erstes bei dem Wort »Vogel« in den Sinn kommt. Und der Vogel an sich ist irgendwo zwischen Säugetier und Reptil angesiedelt, wie eine launische Mischung aus beidem – warmblütig und mitteilsam, aber auch eierlegend und von den Dinosauriern herstammend.

Sie pickten nach ihren Schuhbändern, hüpften auf einen Hocker, stupsten mit dem Schnabel ihren Hintern, blickten ihr ins Gesicht. *Gallus gallus domesticus.* Die Säugetierseite zahm, das Gesicht immer noch reptilisch wild.

Wohin mit ihnen? Das war tatsächlich ein Problem. Auf Nebenstraßen brachten Janey und Cleveland die entnommenen Hennen bei Nacht und Nebel ins nächstgelegene Tierasyl, das sich fernab vom Highway in einem Flickenteppich von Feldern versteckte. Sie hievten einen Vogelkäfig aus dem Auto und stellten ihn an der Straße neben dem Postkasten ab. Aber das war unpraktisch und dauerte zwei Stunden länger, und bis die Hennen gefunden wurden, drohten Frostschäden, zumal in den kalten Februar-, dann Märznächten. Daher kamen sie auf das kleine Tierschutzbüro in der Stadt zurück und stellten sie wieder dort ab. Die Person, die für das Büro zuständig war, schwor ihnen schriftlich Rache. Cleveland war sicher, dass es eine Frau war, die mit einer der Farmen in einer Beziehung stand, doch der einzige Mensch, den man je dort sah, war ein Mann und hieß Dill, wie sie erfuhren. Eines Nachts, als sie wieder mal dort aufkreuzten, war das Schild nicht mehr da, und im Schaufenster hing ein Plakat, auf dem »Zu vermieten« stand. Janey wölbte ihre behandschuhten Hände und hielt sie an die Scheibe. Drinnen war alles leer bis auf ein paar herumliegende Kartons. Sie machten Dill in einem ehemaligen Farmhaus zehn Meilen außerhalb der Stadt ausfindig. Sie stellten die Vögel im Innenhof ab.

Beim nächsten Mal wurden sie erwischt. Janey wollte gerade eine Kiste auf die Veranda des Hauses stellen, damit die Hennen vor dem eisigen Wind geschützt wären, als die Tür aufschwang und ein schlaksiger rothaariger Typ herauskam. Stinkwütend. Janey erstarrte. Cleveland saß bei laufendem Motor im Auto, das am Fuß der Veranda stand. Der Typ trat auf Janey zu und entwand ihr die Kiste. »Haltet bloß das Maul«, sagte er. »Ihr weckt das ganze Haus auf.« Dann verschwand er wieder und warf die Tür hinter sich zu. Janey brach in Gelächter aus.

ETWAS SCHIEN ZU FEHLEN, irgendein Teil von ihr machte sich aus dem Staub. Die alte Janey war es, die entschwand. Das Leben, das sie hätte führen sollen, das Leben, in dem sie erwachsen und zu der Person wurde, die alles war, was sie immer hatte sein wollen (was eigentlich?), verblasste allmählich und verschwamm.

Den Job als Betriebsprüferin zu bekommen war der erste Plan gewesen, oder der erste *Pseudo*plan, denn der Job als solcher interessierte sie nicht, sie hatte nur Cleveland kennenlernen wollen. Den Job als Betriebsprüferin zu *machen* war der zweite Plan, der zweite Pseudoplan, denn der Job war bescheuert, und sie hatte nicht die Absicht, ihn gut zu machen. Dann hatte sie zusammen mit Cleveland mit den »Nachtprüfungen« angefangen – dritter Plan und ebenso pseudo, obwohl sie ihn irgendwie witzig fand.

In Wahrheit war keiner dieser Pseudopläne der erste, zweite oder dritte. Es gab Hunderte davon, vielleicht Tausende. Sie hatte sich seit Jahren nichts als Pseudopläne ausgedacht, denn jeder Plan, der irgendwie mit diesem Leben im Mittleren Westen zusammenhing, war pseudo. Schon der Plan, überhaupt hierher zu kommen, war pseudo und als solcher nicht besser als eine Gutenachtgeschichte, der Traum eines jungen Mädchens, das seinen Vater kennenlernen will. Die einzige *echte* Idee war ihr, soweit sie sich erinnerte, an dem Tag gekommen, an dem sie beschlossen hatte, ihre Mutter anzurufen und zu ihr zurückzukehren. Seitdem bewegte sie sich zwischen Schichten verschiedener, verwandter Zustände: nichts ernst nehmen, das Nichtsernst-Nehmen ernst nehmen, ernsthaft abhauen. Sogar in ihrer Vorstellung, sogar in den Fantasien von jener anderen Person, die sie weit entfernt an der Ostküste wäre, sah sie sich als zu cool für was-auch-immer, denn egal, wo sie war oder was ihr passierte, war ihr wesentlichster Charakterzug: dass sie sich lustig machte.

Aber das verflüchtigte sich jetzt. Der Plan, nur Pseudopläne zu haben, löste sich auf, kam ihr auf einmal vor wie ein falscher Plan, der sich breit auf den echten gesetzt hatte. Auf dem Weg dorthin waren viele Planschichten zu durchstoßen oder beiseitezuschaffen, und genau das passierte: Ein Plan tauchte als der echte auf – schnell, schneller, als sie (diejenige, die das alles wie von außen beobachtete, die Überjaney) mitkam. Ist es das, was man »erwachsen werden« nennt? Und ist dies, die Rettung einzelner Legehennen mitten in der Nacht, Janeys Version davon?

Herzklopfende Wesen, gebrochen, fortgetragen von Janeys kleinen Händen.

Darüber dachte sie nach in jener Nacht, in der Cleveland die Tür zu einem weiteren Stallgebäude aufschloss und Janey hereinwinkte.

Doch der Originalplan, keinen Plan zu haben, der war immer noch da, tappte hinter ihr her, klopfte ihr auf die Schulter, wollte sie stoppen. Achte nicht auf den neuen »echten« Plan! Das ist nicht loyal, erinnerte sie der alte Plan, nicht loyal gegenüber deiner Mutter, der Einzigen, die mit Fug und Recht deine eigentliche Aufmerksamkeit beanspruchen kann.

Aber sie achtete doch auf ihn. Sie war machtlos dagegen. Alle Pseudopläne wurden beiseitegeschoben wie Gestrüpp, als suchte sie sich einen Weg durch Waldesdickicht. Genau so kam es ihr vor in jener Nacht, als sie hinter Cleveland herging, an der irrsinnigen Maschinerie vorbei, den irrsinnigen gurgelnden Förderbändern und den wie in einem Strom vorbeitreibenden Eiern. Wie Zweige auf dem Waldboden zerknickten die Pseudopläne unter ihren Schritten. Sie war rastlos. Ein Monat war vergangen, seitdem sie Cleveland nächtlicherweise in flagranti erwischt hatte. Was jetzt? Waren sie an der Betonwand angelangt, an der Clevelands Traum endete? Was war auf der anderen Seite?

»Schau dir das an. Der ganze Stall ein einziger Verstoß. Siehst du das, Janey? Jede einzelne Henne hier.«

Janey betrat einen Gang und blieb stehen, als hielte sie mitten im Wald inne, um dem Vogelgezwitscher zu lauschen. Wie gewaltige Bäume türmten sich die Käfigetagen vom Boden bis in lichte Höhen, und die Vögel summten und gurrten und riefen.

Sie sah es. Den Wahren Plan, wie eine Vision: Die Käfige fallen auseinander, die Hennen purzeln heraus, prallen gegen Stahlgestänge wie Eierschalen, schütteln ihre Käfige ab, springen aus dem Gitterdraht wie aus einem Nest. Sie sah das Dach sich öffnen und den Sternenhimmel über dem Baldachin schwankender Käfige und Äste. Sie sah die Hennen, Hunderttausende, mit einer für Hühner unerhörten Kraft auffliegen, hinaus aus dem Stall und davon in die Nacht.

»Cleveland«, flüsterte sie, obwohl Cleveland sie nicht hören konnte, »wir nehmen sie alle«, denn jetzt war die neue Janey da.

»ICH MEINE ES ERNST, einen ganzen Legestall«, sagte Janey. »Einen Massentransport Hennen. Eine Entnahme in unvorstellbarem Ausmaß.«

»Ich meine, wozu sollen diese wahllosen Zufallsentnahmen gut sein?«, sagte sie. »Es merkt doch nicht mal jemand, dass wir sie mitnehmen.«

»Fünfzig Menschen, hundertfünfzigtausend Hennen«, sagte Janey. »Es wäre zu schaffen.«

»Ein ganzer Stall. Stell dir die leeren Käfigreihen vor. Stell dir das Gesicht des Farmers vor.«

Janey Flores, einst im Debattierteam und im Schachclub, Verfasserin einer halben Facharbeit über die frühen Reden von Malcolm X, Enkelin eines Streikführers für die Rechte der Arbeiter, diese Frau hatte Talente. Rhetorik, logisches Denken, Zivilcourage: Diese Lichter brannten alle noch. Sie wusste, dass sie denken musste wie ihr Gegner. Was geht im Gegner vor? Was ist seine Sprache? Welcher Gedankengang ist anfechtbar?

»Ich meine, wer ist hier verantwortlich?«, fragte Janey. »Wer macht denn die Betriebsprüfungen? Du oder sie?«

»Du hast es selber gesagt«, sagte sie. »Jede Henne ist ein Verstoß.«

Aber das war es noch nicht. Es zündete nicht.

»Du bist diejenige, die es tun muss, Cleveland. Wenn irgendwer es kann, dann du.«

»Lach nicht. Ich meine es ernst.«

Sie probierte es mit einer Zeile aus den verdammten VEP-Richtlinien, die sie wieder und wieder hatte lesen müssen. »Farmen, die bei der Betriebsprüfung durchfallen, haben mit Konsequenzen zu rechnen, stimmt's? Wer entscheidet über die Konsequenzen?«

Aber auch das war es nicht. Welcher Blickwinkel entging ihr?

DAS MÄDCHEN WAR VON SINNEN.

»Wir sind doch keine Guerillaorganisation«, sagte Cleveland. »Das sind keine Geiseln. Wir stellen keine Forderungen.«

»Janey, es gibt einen Namen für Entnahmen dieser Größenordnung. Das nennt sich industrielle Landwirtschaft.«

»Wir und wer noch?«, fragte Cleveland. »Man stellt keine Suchanzeigen für Dissidenten ins Netz.«

»Wenn ich mir ein Farmergesicht vorstellen wollte, hätte ich einen geheiratet, Janey.«

Cleveland besaß ihrerseits eine Reihe von Talenten. Ihre Talente waren Regeltreue, diktatorische Unbeirrbarkeit. »Nein, Janey, die Richtlinien darf man *nicht* nach Belieben ändern.«

Auch gedächtnismäßig war sie spitze; was sie sich einmal eingeprägt hatte, wusste sie. »Farmen, die bei der Betriebsprüfung durchfallen, entwickeln in Zusammenarbeit mit den VEP einen Plan«, zitierte Cleveland. »Am Problemlösungsprozess ist der Betriebsprüfer nicht beteiligt.«

Es war aber auch eines ihrer Talente, dass sie mit Höchstgeschwindigkeit auf ein Ziel zusteuerte, nicht links und nicht rechts schaute, nicht an Tempo verlor. Verdiente Konsequenzen, dramatische Folgen, große Gesten, universale Fragen – das gefiel ihr. In einer Sekte wäre sie groß gewesen. Sie hasste Ungenauigkeit, hasste es, wenn der Regionalleiter ihr nicht zuhörte. Janeys Argumente waren *interessant*, aber nicht überzeugend.

Janey war nicht klar, dass die eine tatsächlich zwingende Argumentation für Cleveland Janey selbst war.

SIE WACHTE AUF. Wo war sie? Noch war Nacht, der Ehemann neben ihr schlief. Ein Gedanke, ein Traum, eine Erinnerung lief ihr davon, und sie rannte über die Trümmer in ihrem Geist hinweg hinterher.

Janeys Miene, das Lächeln (nicht zu fassen, es ist tatsächlich das allererste Mal, dass dieses Mädchen sie anstrahlt). Das war Clevelands Werk, sie hatte Janey dieses Lächeln abgerungen, wie Olivia es einst mit Cleveland geschafft hatte. Dieses Gesicht arbeitete noch im Schlaf in ihr. Wo hatte sie es gesehen?

Dieses lächerliche Mädchen, das ihr die Käfige auf und ab gefolgt war, mit einem riesigen Getränkebecher in der Hand, das mit den Haaren in Hennenkrallen geraten war und gellend aus dem Fenster geschrien hatte, die stümpernde, unfreundliche, widerborstige Tochter der langgliedrigen, lang vermissten, liebreizenden Olivia. Dieses Mädchen war, aus ihrer unangemessenen Verachtung heraus, auf diese Idee gekommen. Ein Einfall, der genau so auch von Olivia hätte kommen können (darin hatte Cleveland gewiss Unrecht). Wie ein Kraut, das im Morgengrauen aus dem Boden schießt. Olivia, zum Leben erweckt. Sie war die ganze Zeit da gewesen.

Unbeirrbarkeit hat etwas Stures. Bei Cleveland war die Frage, was am Ende die Oberhand gewinnen würde: die VEP-Richtlinien oder Olivia (übertragbar auf die Tochter)?

Sie stand auf, zog den Bademantel an und trat hinaus auf die Terrasse. Zu warm für März. Die grässliche Sicherheitsleuchte der Nachbarn schien über den Zaun und warf lange grelle Lichtgebilde herüber. Der Garten schimmerte feucht; anscheinend hatte es, während sie schlief, geregnet und wieder aufgehört. Der Himmel war jetzt klar, öffnete sich, der Tag nahte, war aber noch ein Stück entfernt.

Cleveland wusste genau, wie es klappen könnte. Die Happy

Green Family Farm. Sie hatten dort jemanden, der ganz sicher schon auf dieselbe Idee gekommen war.

Sie ließ sich auf dem Liegestuhl nieder, zog die Wolldecke über sich und zückte ihr Telefon. Sie schrieb an Janey: *Es müsste eine ganze Farm sein.* Sie schloss die Augen, lauschte dem leisen Brummen der nachbarlichen Sicherheitsleuchte, das dem leisen Brummen in ihrem Kopf nicht unähnlich war. Olivia nickte aus dem Grab, dankbar. Cleveland rollte sich seitlich zusammen und blieb so liegen, bis ihr Mann, als es schon hell war, die Glastür aufschob und fragte: »Was machst du denn hier draußen?« Die einzige Antwort, die ihr einfiel, war: »Träumen.«

JANEY KONNTE ES NATÜRLICH nicht wissen, aber wenn sie geblieben wäre, ihre Mutter nicht verlassen hätte, sich nicht in den Kopf gesetzt hätte, davonzulaufen und ihren Vater zu suchen, wäre ihre Mutter trotzdem an jenem Tag bei einem Autounfall gestorben. Janey hätte neben ihr gesessen. Sie wären auf dem Weg zu Ikea gewesen, um Blumentöpfe und Stühle für die Veranda zu kaufen, doch hätte Janey ihre Mutter sterben sehen und selbst weitergelebt. Sie wäre nicht nach Iowa gezogen (hätte ihren Vater aber schließlich doch noch kennengelernt, und sie wären beide – als Janey bereits dreißig war – zweimal miteinander in einem IHOP essen gegangen, das eine Mal so peinlich wie das andere), sondern zur besten Freundin ihrer Mutter, zu Judy, die keine Tochter hatte, und es hätte nicht Wut, sondern eine große Trauer alles eingefärbt, was sie tat. Sie hätte an Schachwettkämpfen teilgenommen und wäre bis zum Highschool-Ende im Debattierteam geblieben, dann ans College gegangen, hätte Politikwissenschaften und Philosophie studiert und sich schließlich fürs Jurastudium beworben.

Als Studentin an der Environmental Law Clinic der Columbia University hätte sie an einer Klage gegen die EPA mitgearbeitet, die Umweltschutzbehörde, die es verabsäumt hatte, vier Legehennenfarmen in Iowa zur Einhaltung der Bestimmungen des Gesetzes zur Wasserreinhaltung zu zwingen. Diese Betriebe blasen mit mannshohen Ventilatoren für die industrielle Landwirtschaft massive Mengen Kot und Federstaub und Chemikalien in die Bäche und Flüsse der Umgebung und verseuchen das lokale Wasser. Unter den Farmen, gegen die sich die Klage richtete, sind – Zufall, Schicksal oder göttliche Fügung – drei Betriebe, die Janey und Cleveland bei ihren nächtlichen Streifzügen aufgesucht haben. Daher wäre Janey, allen anderslautenden Behauptungen zum Trotz, auch ohne ihre jugendliche Flucht nach Iowa am Ende vermutlich eine mehr oder weniger ähnliche Person geworden. Und so oder so hätte sie diese Farmen nicht in Ruhe gelassen.

Die Klage gegen die Umweltschutzbehörde ging auch ohne Janey ihren Gang. Die Kläger verloren den Prozess. Weitere Verfahren folgten. Und es werden immer weitere folgen. Gewonnen wird kein einziges. Diese Ventilatoren bezwingt niemand.

Mit anderthalb Metern Flügelspannweite (pro Flügel, wohlgemerkt), einem Gewicht von 130 Kilogramm, Aluminiumschuppen und einer hautartigen Maschendrahtummantelung sind diese Industrieventilatoren die sehr fernen Nachkommen des Urvogels *Archaeopteryx*. Ihre Verwandten, die warmblütigen Hennen, werden mit dem Ventilatorlärm geboren und wachsen mit ihm auf, sie verbringen ihr Leben mit ihm. Für die Hennen sind die Ventilatoren der Klang der Erde – wie für Meeresschildkröten das Rauschen des Ozeans und für Menschen der Klang der Luft. Außer der eigenen Stimme ist der Ventilationslärm das letzte Geräusch, das Hennen hören, wenn sie am Ende ihrer Legeperiode in den Kohlendioxidtank gesteckt werden (der gemäß den VEP-Richtlinien »raschen Bewusstseinsverlust bis zum Eintritt des Todes« bewirken soll, wobei nicht definiert ist, wie lang »rasch« ist – und strebt nicht alles Leben rasch dem Tode zu?)

Tatsächlich werden die Ventilatoren eines der letzten Dinge sein, die verschwinden.

In den kommenden Jahrzehnten wird die Erde sich weiter aufheizen, zuerst unregelmäßig und schubweise, dann kontinuierlich. Es wird Energieengpässe geben, gefolgt von Energiekrisen. Familien werden mehr Geld für die Energieversorgung ausgeben als fürs Wohnen. In späterer Zeit werden Klimaanlagen illegal und ohnehin kaum mehr finanzierbar. Nur die reichsten zehn Prozent (also keine Sorge!) werden noch in angenehmer Kühle zusammensitzen und plaudern können (allerdings werden sie nicht viel zum Reden kommen, wenn sie, das Gesicht nur Zentimeter vor dem Bildschirm, sich gegen alle Welt wehren müssen). Kastenventilatoren, Tornadoventilatoren, Turmventilatoren, Deckenventilatoren, alle möglichen Belüftungsspezies werden sich entwickeln und die Häuser füllen.

Ein Architekturbüro, dessen Leiterin zufällig eine Nachfahrin von Victor Gruen ist, wird einen Wohnkomplex entwerfen, dessen Nordwände aus Industrieventilatoren bestehen. Davor lassen sich Rolltore herunterfahren wie vor einer Garage. Ventilatorwandhäuser werden Schule machen, ringsum wird die Landschaft ein Luftgewoge sein. Nord- und Südamerika werden sich weitgehend in Wüsten verwandeln und die Inseln im toten Meer versinken.

In den letzten Jahrzehnten wird dieser Ton, ein tiefes pulsierendes, mächtiges Summen, die Herrschaft übernehmen, von der Erde aufsteigen, alles, was noch da ist, übertönen.

Dann werden eines Tages sämtliche Ventilatoren verstummen.

2

IN DER NACHT, als die Betriebsprüferinnen zum ersten Mal auftauchten, saß Dill im Dunkeln am Erkerfenster und dachte, dass er alles verloren hatte. Da lag er jedoch falsch. Er sollte noch sehr viel mehr verlieren. Tatsächlich verlor er mit jeder Nacht, in der die Betriebsprüferinnen auftauchten, ein bisschen mehr, so dass jeder nächtliche Besuch die Zeit strukturierte, jeder ein Schritt abwärts war, denn dieses Jahr war Dills Verderben. Die Außenhaut, die ihn hielt, löste sich in Schichten, die sich lockerten und abfielen, und als das äußere Gewebe weg war, zerlegte es ihn selbst, ein Stück nach dem anderen wurde demontiert und abtransportiert.

Als die Betriebsprüferinnen zum ersten Mal aufkreuzten (damals wusste er noch nicht, wer sie waren), brachten die Autoscheinwerfer den aufgewirbelten Kiesstaub auf der Zufahrt zum Leuchten, was wie eine nahende Rauchwolke aussah. Er saß allein am Fenster, während sein Mann und die Hunde und die anderen Tiere im Haus schliefen. Bis dahin hatte er lediglich seinen Job als Chef der Undercover-Ermittlungen verloren; arbeitslos war er jetzt seit ein paar Wochen und hatte sich beinahe daran gewöhnt, ungebraucht, ungenutzt, unbeachtet zu sein. Allerdings war er ein paar Stunden zuvor am Ortsbüro Iowa vorbeigefahren und hatte gesehen, dass das Schild weg war. Das erst ließ es real werden: Sie machten anderswo ohne ihn weiter.

Er spähte aus der Dunkelheit des Zimmers nach dem Fahrzeug, das auf halbem Weg zum Haus anhielt. Zwei Gestalten sprangen heraus und zerrten irgendwelche Kisten vom Rücksitz. Wahrscheinlich zwei seiner Ermittler, die Bescheid wussten oder auch nicht. Vielleicht auch ehemalige Ermittler auf der Durchreise. Vielleicht sogar die *ganz* alten Ermittler, von der ursprünglichen Gang, die kamen, um Partei zu ergreifen, *für ihn*. Acht Jahre lang hatte Dill die ungestüme Kraft verdeckter Ermittler überwacht und gesteuert, die sich als Farmmitarbeiter tarnten und heimlich mit der Kamera die verschiedenen Kategorien routinemäßiger Misshandlung und Vernachlässigung von Tieren dokumentierten. Inzwischen war er nicht mehr geblendet und erkannte an ihren Bewegungen – es waren nur Silhouetten sichtbar –, dass sie keine Ermittler waren. Kein Ermittler stand so da. Außerdem tauchten Ermittler nie zu zweit auf; sie waren Einzelwesen, mehr Frankensteins Monster als Don Quijote.

Er hatte keine Ahnung, wer diese Leute waren.

Sie stellten ihre Kisten einfach in den Hof, zwischen Bäumen, unter sternenklarem Himmel, bei Kälte und nächtlichem Tau. Sie stiegen wieder ins Auto und fuhren davon.

Als sie eine Woche später zum zweiten Mal auftauchten, waren sie dreister, und er, Dill, war noch schlechterer Stimmung. Sie fuhren bis vors Haus, ließen ihre Scheinwerfer durch die Fenster leuchten. Einige Hunde (insgesamt gab es sieben) hoben den Kopf von den Fliesen. Die übrigen träumten weiter, mit zuckenden Pfoten. Miserable Wachhunde. Dill stand vom Küchentisch auf und ging hinaus, weil sein Mann, ein Banker, mit dem er seit sechs Jahren verheiratet war, die Nase voll hatte von Dills »irren Tierschützern«, aber noch nicht ganz von Dill selbst; das kam erst in der dritten Nacht, in der die Betriebsprüferinnen auftauchten.

In dieser zweiten Nacht fragte sich Dill, ob es dieselben Arschlöcher waren wie letzte Woche, die ihm Kisten mit verbrauchten Hennen hingestellt hatten, damit er sich darum kümmerte, oder ob es neue Arschlöcher waren. Er trat auf die Veranda hinaus, wo die eine Gestalt, eine junge Frau, mit ihrer Kiste schon halb die Treppe heraufgekommen war. Sie erstarrte.

Er hob eine Hand. »Lady, egal, was Sie mir andrehen wollen, ich lehne ab.«

Das war doch ein Gackern, was da aus der Kiste kam? Es waren also dieselben Arschlöcher. Sie hob das Kinn über die Kiste. »Die Mädels hier sind ausgerissen.«

»Wir sind kein Wohlfahrtsverein.«

Und endlich zählte er zwei und zwei zusammen. Das waren dieselben Arschlöcher, die ihm ständig Hennen vors Büro gestellt hatten. Natürlich. In letzter Zeit war er wohl ein bisschen unkonzentriert.

Er trat näher und sah sich die beiden genauer an. Die andere, älter, stieg jetzt aus dem Auto. Sie hatten Uniformen an, aber keine Farmarbeiteruniformen. Diese hier waren keine Ermittlerinnen, auch keine Informantinnen, keine von der üblichen Kundschaft, die zu beliebigen Tages- und Nachtzeiten aufkreuzte und herumprotzte oder klagte oder weinte.

Oh, jetzt war's ihm klar. Beschissene Betriebsprüferinnen. Verdammte Scheiße.

»Haltet bloß das Maul«, sagte er und entwand ihr die Kiste. »Ihr weckt das ganze Haus auf.« Er verschwand im Haus und warf die Tür hinter sich zu. Er trug die Kiste durch die Küche, um die Hennen durch die Hintertür hinauszubringen.

Als sie zum dritten Mal auftauchten und die Scheinwerfer ins Schlafzimmer leuchteten, stahl sich Dill aus dem Bett, wo er sich schlafend gestellt hatte, Normalität und Zurechnungsfähigkeit mimend – ein verzweifelter Trick, den der Banker ihm ohnehin nicht glaubte –, und zuckte zusammen, weil der Banker auf Anhieb erwachte und sich geblendet die Augen beschirmte. »Wieder Freunde von dir?«

Dill rannte hinaus auf die Veranda, zog währenddessen seine Jacke an und wedelte mit den Armen, *aus, aus*, damit sie ihr *Scheißlicht aus*machten, und dann wedelte er weiter, *hintenrum, hinters Haus, Idioten*, und folgte zu Fuß dem Auto bis zum Stall und zur Scheune, wohin der Banker im Verlauf des Abends Dill und seine Habseligkeiten und zumal seine elf Tiere zu verbannen gedroht hatte, Begründung: »Kein Mensch auf der Welt kann noch mehr davon ertragen.«

»Noch mehr von was?«, fragte Dill, denn wenn er wusste, welcher Teil der schlimmste war, konnte er ihn ja vielleicht zum Schweigen bringen oder abschaffen oder aufgeben.

»Mehr von dir.« Was wirklich unfreundlich war.

Des Bankers Wertschätzung befand sich in unaufhaltsamem Niedergang. Das Ausgangsniveau war allerdings so hoch gewesen und der Abstieg so langsam (nach Dills Vermutung hatte er wenige Tage nach ihrer ersten Begegnung begonnen), dass sie viele Jahre gebraucht hatten, um am gegenwärtigen Punkt anzulangen. Selbst wenn Dill es fertiggebracht hätte, sich der praktisch übernatürlichen Version seiner selbst, die sich der Banker bei ihrem Kennenlernen zurechtgelegt hatte, wenigstens halbwegs anzunähern, wäre ein gewisser Höhenverlust unausweichlich gewesen. Man kennt das. Dazu kam, dass Dill damals auf dem Zenit seiner beruflichen (und daher sexuellen) Kraft gewesen und noch nicht durchgeknallt war – zum Ermittlungsleiter in genau dem Monat ernannt, in dem er und Annabelle sechs neue Ermittlungen abgeschlossen hatten und auf allen Nachrichtenkanälen gewesen waren. In jenem Jahr war ihr Team eine kleine, frische, handverlesene Rebellentruppe gewesen, nicht ganz ehrenwert, aber auch besser als ehrenwert. Hammermäßig erfolgreich. Nach jenem glanzvollen Monat, während ihre kleine Truppe wuchs, sich ausdehnte, an Stärke gewann, sich *organisierte*, sich unter ihm hervorarbeitete und zu einem gigantischen Nonprofit-Godzilla entwickelte, begann Dill seine Zugkraft zu verlieren, und es war ein entsetzlich langer Abstieg von dem, was der Banker zu bekommen geglaubt hatte. Die anhaltende (wahrscheinlich lebenslange) Enttäuschung, die Dill dem Banker bereitet hatte, kann man sich nur vorstellen. Seinetwegen würde der Banker die Welt fortan anders und schlechter sehen, als etwas, in dem Schönheit verdächtig ist und Liebe voller Mängel. Tja, blöd gelaufen, dachte Dill. Willkommen in der Welt, Arschloch. Ich hab nie von dir verlangt, mich auf diese Weise zu lieben.

Deshalb wähnte er sich beim dritten Auftauchen der Betriebsprüferinnen wirklich ganz unten angekommen, auf dem Meeresboden, tiefer, dachte er, ginge es nicht: Vom Platz geschickt, mit Sack und Pack in Schande des Hauses verwiesen, ein Häufchen Asche in den Augen des Bankers, stand er vor der Vertreibung aus dem (zugegeben: felsigen) Paradies seiner Ehe. Diesmal wusste er genau, wer sie waren – Cleveland Smith, 34, und Janey Flores, 20 –, denn er hatte seine Recherchen gemacht und ihre

Autonummern gecheckt; schließlich war er nach wie vor ein verdammter Profi.

Immerhin war er nicht mehr auf Droge. Das musste für irgendwas gut sein. Kein Sockel, kein Sponsor. Sich unterzuordnen war noch nie seine Sache gewesen. Aussöhnung kam nicht infrage: Für den Banker war es endgültig, soviel hatte er ihm klargemacht. Verzeihung konnte Dill allenfalls von der größeren Öffentlichkeit zuteilwerden, sofern sie dazu bereit war. Dill hatte geglaubt, clean zu sein machte es besser. Weit gefehlt: Schlimmer konnte es jetzt nicht mehr werden.

Aber da lag er immer noch falsch.

Er ging hinüber zur Scheune, in der Annabelle einst die neuen Ermittler trainiert hatte, indem sie Hohlblocksteine nach ihnen warf; was der Zweck dieser Übung gewesen war, konnte Dill rückblickend nicht mehr sagen.

Sie stiegen aus dem Auto. Echte Betriebsprüferinnen – Annabelle hätte sich gekringelt vor Lachen!

Ob sie getarnte FBI-Leute waren? Allerdings – was konnte das FBI noch von ihm wollen? Früher vielleicht, als er noch in allen Farmen Ermittler postiert hatte, aber heute ... Außerdem schienen die beiden nicht zu wissen, dass man ihn rausgeschmissen hatte, und deshalb konnte das jetzt nur die unfähige Agrargroßindustrie sein, nicht das FBI. »Noch ein paar für eure Revolution«, sagte die Ältere, Cleveland Smith. Sie dachte, sie hätte es mit dem Boss zu tun, und Dill fiel es im Traum nicht ein, ihr die Illusion zu nehmen. Wozu?

»Seit wann macht die Betriebsprüfung auch Lieferservice?«, fragte er, um sie wissen zu lassen, dass er genau wusste, wer sie waren.

»Süß«, sagte sie. »Ein Komiker.«

»Sagt mir eines«, sagte Dill. »Wozu braucht es überhaupt Betriebsprüfer? Ihr schaut doch nur und macht nichts.«

Sie hob Hühner aus dem Auto und entließ die flatternden Vögel in die Scheune.

»Die Lebensmittelwirtschaft muss vor Terrorismus und Sabotage geschützt werden, oder? Homeland Food Defense, so nennt ihr das«, fuhr er fort. »Ich wette, ihr habt diese Hennen aus einem drei Meter hohen Haufen Scheiße gezogen. Ist es das, was ihr schützt?«

Währenddessen schabte die Jüngere mit einem Stück Karton die Exkremente vom Rücksitz. »Was ist aus den Handtüchern geworden? Ich hab doch extra Handtücher ausgelegt«, sagte sie.

Außerdem hatten sie diesmal verdammt viele Hennen mitgebracht, verdammte Scheiße. Jetzt holten sie auch noch welche aus dem Kofferraum.

»Ich kann mir nicht vorstellen, wofür das gut sein soll.« Er lehnte sich ans Auto. »Für was lasst ihr euch die Autositze vollkacken?«

Cleveland ließ den Kofferraumdeckel zufallen. »Das sind Zufallsentnahmen.«

»Oh, wie schön«, staunte er. »Was um der allerheiligsten Scheiße willen soll das heißen? Hört sich sehr nach euch Schwachköpfen an.«

Immerhin waren sie keine Aktivisten. Gott bewahre ihn vor den Aktivisten.

Die Jüngere umrundete die Scheune.

Als sie zum vierten Mal auftauchten, wussten sie schon, dass Dill gefeuert war. Er wohnte jetzt in der Scheune, wohin ihn der Banker verbannt hatte – er hatte ihm ein paar Taschen voll Zeug hinübergeschleppt und verkündet: »Ich sage nicht, dass es vorbei ist. Ich sage, es ist fast vorbei« – und wo in der guten alten Zeit Annabelle die Knopflochkameras ausgepackt und den Ermittlern eingeschärft hatte: »Ausrüstungsregel Nummer eins: Macht nicht die Ausrüstung kaputt.«

Die Betriebsprüferinnen fuhren vor, und die eine sagte: »Wie man hört, bist du gar nicht mehr der Obermacker.«

Dill zuckte die Achseln. »Die Bewegung spuckt Leute aus.«

Allerdings. Die Landschaft des Tierschutzes ruht auf dem Friedhof gefallener Helden. Gründervätern stellt sich die Alternative Kampf oder Obsoleszenz. Für die alte Garde ist oft kein Platz.

Er sagte ihnen nicht (schließlich war er nach wie vor ein verdammter Profi), dass sie sich im Irrtum befänden, wenn sie meinten, sie seien die Einzigen, die noch zu ihm kämen. Nach wie vor tauchten gelegentlich Ermittler bei ihm auf (wohin sollten sie sonst, die elenden kleinen Scheißkerle?), wenn auch seltener, und nach wie vor hinterließen sie ellenlange Nachrichten auf seiner Mailbox: »Ich muss mit dir reden ...«, wenn auch seltener, denn es war natürlich nicht mehr sein Job, jemals wieder mit irgendwem zu reden. Seine Standardantwort an alle war: Außer Dienst. Außer Betrieb. Ausverkauf beendet. Verpisst euch. Und die Ermittler gehorchten, einer nach dem anderen (das war Annabelles Werk – sie hatte ihnen beigebracht, Aufträge auszuführen).

Aber die Betriebsprüferinnen kamen nach wie vor. Und ein kleiner Teil von ihm war froh darüber.

Beim fünften Mal – oder war es schon das sechste? – riefen sie vorher an. Inzwischen hatte sich Dill hinten in der Scheune so etwas wie einen Wohnraum eingerichtet, bettähnliches Lager, einwandfreier Wasserhahn, Kaffeemaschine, Hunde im Hof, Hennen freilaufend, im Kopf eine Abfolge kurz aufblitzender Erinnerungen: Annabelle, die von den Ermittlern Liegestützen und Reifenschleppen verlangt. Der Banker, der die Fliegengittertür aufstößt und »Jemand Lust auf einen Drink?« über die Wiese ruft, in einem Solidaritäts-T-Shirt mit Huhn (ach, damals hatte ihn der Banker noch geliebt), während die Azubis sich auf zwölfstündige Arbeitstage einstimmen, zwölf Stunden, in denen sie sich, auf dem Boden kniend, über Käfige beugen, Kot schaufeln, jemand zu sein vorgeben, der sie nicht sind, und Enttarnung fürchten. Sozusagen ein Ausbildungslager für die *Kunst des Krieges*. Ermittler sind verkrachte Soldaten.

Am früheren Abend, vor jenem fünften oder sechsten Betriebsprüferinnenbesuch, war der Banker über die ungemähte Wiese vom Haupthaus zu ihm herübergekommen. Dill hatte das Scheunentor offenstehen, um das letzte Spätmärzlicht des Tages hereinzulassen, und war dumm genug gewesen, sich zu freuen, dass er zu ihm kam. Es warf ihn auf die Liege zurück, in Streifen fiel das Licht auf ihn. Ringsum pickten ein paar Hühner. Als der Banker aber vor ihm stand und Dill seine Miene sah, wurde ihm schwer ums Herz, weil er sich mit den Augen des Bankers sah: ein nur halbwegs nüchterner, arbeitsloser, zornloser Mann. Dill war nie unkompliziert gewesen, und jetzt konnte der Banker im besten Fall immer nur mehr vom selben erwarten – Jahre, oder wie lang es eben dauerte, wenn es überhaupt dauerte. Er stand auf der Schwelle und sagte zu Dill: »Ich sehe nicht, dass sich hier irgendwas bessert.«

»Wem sagst du das«, sagte Dill.

Es sei eine Sache, erklärte der Banker, dass Dill die letzten Jahre so wenig verdient habe, noch dazu mit einem erdrückenden, geistesgestörten Job. Zumindest habe er früher ein Ziel und eine Überzeugung gehabt. Eine ganz andere Sache sei die Gegenwart. Keine Vision, keine Pläne, keine Aussichten. Wer könne sagen, ob er auf Droge sei oder nicht, schließlich sei er ein Meisterlügner. Die gesamte Branche rede nicht mehr mit ihm.

»Öffentlich«, warf Dill ein.

»Gibt's noch was anderes? Die Definition von Rede ist meines Erachtens, dass sie öffentlich ist.«

»Sie reden viel, wenn niemand hinschaut.«

»Ich will dich nicht fallenlassen wie alle anderen.«

»Mir scheint, dass *gerade* du mich nicht fallenlassen sollst wie alle anderen. Ist das nicht der Sinn der Eheschließung?«

»Mir ist das zu destruktiv. Zu jeder Tages- und Nachtzeit tauchen Leute auf. Ich weiß nicht, ob sie Drogen bringen oder Tiere oder was. Woher kommen jetzt diese ganzen bescheuerten Hühner? Wir hatten es besprochen. Wir hatten eine Vereinbarung. Ich halte das nicht mehr aus.«

»Was glaubst du, wie's *mir* geht?«

»Hast du mal über Umziehen nachgedacht?«

»Das hast anscheinend schon du für mich erledigt.«

»Äußerst ungern, glaub mir.«

»Das hilft enorm.«

»Tja.«

Und damit war der Banker zum Haupthaus zurückgekehrt und hatte die Lichter ausgeschaltet, ohne ein Winken, ohne ein »Gute Nacht!«, und Dill lag da und dachte *Scheiße, scheiße, scheiße.*

Stunden später, vom Handyvibrieren aus dem Schlaf gerissen, überkam ihn beim Anblick der Nummer eine derartige Erschöpfung, eine derart klare Erkenntnis seines emotionalen Niedergangs, dass er nicht glaubte, reden zu können, ohne zu weinen.

»Nicht schon wieder ihr«, sagte er.

»Hey, sei nett! Du hast gesagt, wir sollen vorher anrufen. Das tun wir hiermit. Wir kommen.«

»Danke für den Anruf. Kommt nicht.«

»Wir sitzen in der Klemme.« Es war die Jüngere, Janey.

»Eure Klemmen sind mir egal.«

»Unsere Klemmen sind ihm egal«, sagte Janey zu der anderen.

»Erzähl ihm von den Vögeln«, hörte er die andere sagen. Cleveland und Janey. Was für dämliche Namen.

»Du solltest sie sehen, die Hennen. An die zwanzig.«

»Bitte sucht euch einen anderen Nebenjob.«

»Habt ihr Durst, Mädels? Ich glaube, sie haben Durst.«

»Ich lege auf.«

»Bis in einer Stunde.«

»Eine *Stunde!* Wo seid ihr? Es ist doch schon nach eins!«

»Tja, und *wir* müssen morgen wieder früh aufstehen und in die Arbeit.«

Natürlich musste es Leute wie diese zwei geben. Die Leute machen alle möglichen komischen Sachen.

»Das macht ihr nicht noch mal mit mir«, sagte er.

Er legte auf, als er sie lachen hörte.

Es war drei Uhr morgens, als das Auto endlich holpernd die Zufahrt heraufkam. Wahrscheinlich hatten sie sich verfahren auf diesen schmalen, unbeleuchteten Straßen. Nichts als Gefängnisse und Viehbetriebe da draußen im Dunkeln und ZUTRITT-VERBOTEN-Schilder, die als Schießscheiben benutzt wurden.

Sie rollten auf den Stall zu, die Hunde trabten herbei, der eine oder andere ließ ein mattes Bellen hören – die mimten nicht mal Wachhunde, die elenden Viecher. Dill spähte durch das Rückfenster. »Hättet ihr sie nicht rauslassen können? Waren sie die ganze Nacht im Käfig?«

»Eher das ganze Leben«, sagte Cleveland.

Sie trugen die Käfige in die Scheune.

»So, jetzt hört mal zu«, sagte er. »Das war das letzte Mal.« Er konnte die Betriebsprüferinnen nicht ansehen, konnte sich nicht mal vor sie hinstellen, sonst hätte es ihn womöglich an Ort und Stelle in Teile zerlegt.

So fühlt es sich an, wenn man ganz unten ist, dachte er. Jetzt weiß ich's. Aber das stimmte nicht; das war ihm im selben Moment klar. In schmutzigen Klamotten und zerrissenen Schuhen kniete er auf dem Betonboden und zog die Hennen heraus, eine nach der anderen, und vor seinem geistigen Auge sah er sich noch viel tiefer sinken, wenn er erst von diesem Anwesen vertrieben wäre, obdachlos und allein.

Er werde nicht mehr lang hier sein, erklärte er. Es sei denn, es fiele ihm schleunigst eine Lösung ein, was allerdings keine seiner Stärken war. War noch nie der Fall gewesen. Er gehörte eher zur beratungsresistenten Sorte. Stur. Halsstarrig. Man könnte es auch »beharrlich« nennen, aber nicht in seinem Fall. Jetzt konnte es täglich so weit sein, dass der Banker aus dem Haupthaus kam und Dill anwies, sein Grundstück zu verlassen. Er hätte dabei zwar kein Gewehr in der Hand, aber der Typ brachte einen Tonfall zustande, der schlimmer war als eine Knarre am Kopf. So oder so müssten künftige Hennen anderswohin.

Währenddessen hob er behutsam Henne um Henne auf und setzte sie mit Abstand zueinander wieder ab, weil sie sich in einer Stallecke zusammenzudrängen begannen. Er habe keinen Rat für sie, sagte er. Er selber habe die meisten Hennen zum Gnadenhof gebracht, obwohl sie ihm dort gesagt hätten, er dürfe auf keinen Fall wieder herkommen. Das bekomme er heutzutage mehr oder weniger überall zu hören. Ob sie, die Betriebsprüferinnen, sich vorstellen könnten, wie satt er das alles habe, er sei total erschöpft. Scheiß drauf. Und jetzt schaut euch das an, die Scheißhennen ballen sich schon wieder. Seht ihr das, wie sie sich zusammenklumpen? Das tun sie immer, wenn sie herkommen. Sie sind die Käfigenge so gewöhnt, dass sie in dem weiten Raum Todesangst kriegen, so viel Luft, das Dach so fern und darüber der Himmel, schreckliche Freiheit, Todesangst, und deswegen bilden sie einen Pulk, und jede will in die Mitte. Und dann ersticken sie. Jedes Mal sind ein paar Hennen tot. Ob sie das wüssten, die Betriebsprüferinnen? Sie tun es jedenfalls *nicht* aus Dummheit, wie der Banker behauptet. Tatsache ist, dass der Laie ganz schön schockiert wäre, wenn er gewisse Fakten über Vögel wüsste. Es gibt Intelligenzen unter den Hennen, über die ihr staunen würdet. Glaubt ihr, wir können in ein paar hundert Jahren wegzüchten, wofür die Natur ein paar hundert Millionen Jahre gebraucht hat? Nein. Es braucht aber Geduld. Wenn man sie durch die erste Nacht und den ersten Tag bringt, sind sie über den Berg, sie fangen an, sich zu gewöhnen, klumpen sich jeden Tag ein bisschen weniger zusammen. Dann ist alles im grünen Bereich. Manchmal muss man einfach *dableiben*, um zu verhindern, dass sie sich umbringen. Ob die Betriebsprüferinnen wüssten, dass er nach jeder Lieferung die ganze Nacht bei ihnen sitze und den größten Teil des folgenden Tages, genau wie Annabelle damals, man muss sie vorsichtig voneinander herunterheben – und sie sind so leicht, nichts als kleine Federbällchen sind die Legehennen (ganz anders ihre sanftmütigen dicken Schwestern, die »Broiler«, was für eine widerliche Bezeichnung für Tiere) – und innerhalb von Tagen kennen sie seine Hände und seine Stimme so gut, dass sie ihm auf Schritt und Tritt nachlaufen, wenn er ihnen die Trinkgefäße und Futternäpfe füllt. Wisst ihr das? Und dass sie alle einen Namen haben, wenn sie so weit sind, dass sie in den Gnadenhof können? Sie legen ihre Eier überallhin. Sie sind nicht fürs Brüten gezüchtet, aber manchmal tut es eine, und neulich wollte eine überhaupt nicht mehr aufstehen. Dill musste das Futter zu ihr hinbringen, weil sie noch nie im Leben gebrütet hatte und man ihr ansah, dass sie um nichts auf der Welt bereit war, wieder aufzustehen. Dill war in Tränen ausgebrochen, als er sie schließlich doch von ihrem Ei hochheben musste, um sie zum Gnadenhof zu bringen, war in Tränen ausgebrochen, weil sie ein so intelligentes, so uneinsichtiges Vögelchen war und sich einbildete, es sei ihr Job, hier zu sitzen und zu brüten und *nicht von der Stelle zu weichen.*

Wie Annabelle immer in der Nähe war und mit ihnen redete. Annabelle hatte immer viel zu sagen.

Als er schließlich zu den Betriebsprüferinnen blickte, wusste er nicht, wie viel von alledem er tatsächlich gesagt hatte. Nicht alles; wahrscheinlich sogar das Wenigste. Ihm war ein bisschen schwindlig. Die Betriebsprüferinnen strahlten. Sie redeten, als hätten sie kein Wort gehört – vielleicht hatte er wirklich kein Wort gesagt.

»Wie kann dieser Typ hier irgendeine Hilfe sein? Der ist doch auf Drogen.«

»Scheiße, bin ich *nicht*«, widersprach Dill. »Zum letzten Mal, ich bin *nicht* high.«

»Hör mal, wir haben diesmal mehr als nur Hühner.«

Er setzte sich zurück auf die Fersen. »Also Platz für einen Scheißesel hab ich hier nicht.«

»STIRBT ER, oder ist ihm nur schlecht? Lässt sich schwer sagen.«

»Nein, er kommt wieder runter. War bestimmt irgendwas Selbstgepanschtes von Neuntklässlern aus ihrem Privatlabor.«

»Hilf mir mal, ihn hochzuhieven.«

Das Vogelhirn. Der Vogel ist ein Tier, dessen Hirn sich über zweihundert Millionen Jahre entwickelt hat.

Jemand hielt Dill am Ellenbogen und führte ihn in den Stall, obwohl er in der Scheune hätte bleiben müssen.

Um die Hennen zu entklumpen.

»Eine Viertelstunde halten sie schon durch. Los, komm.«

Säugetierhirn und Vogelhirn haben sich auf zwei verschiedenen Bahnen entwickelt. Und es war ein dynamisches Vorwärtsstreben, kein echsenhafter Stillstand. Das Vogeldenken taucht tief in den Kortex hinunter, schlängelt sich nicht in dicken, klumpigen Hirnwindungen an der Oberfläche entlang wie beim Menschen. Wie sollte ein Vogel mit einem großen dicken Kopf fliegen können? Das Vogelhirn ist kompakt, es hat auf kleinem Raum mehr Neuronen als jedes andere Hirn.

Dill ließ sich zu einem Stuhl führen und dort hinsetzen (warum nicht mal ein melodramatisches Arschloch sein?), aber als die eine mit einer Tüte Fastfood ankam, schnellte er hoch. »Was soll das?«, schrie er. »Ihr tanzt hier an mit euren Hennen in der einen Hand und einer Tüte Rind in der anderen? Wagt es ja nicht, diese Scheiße auf meinem Tisch abzuladen.«

Sie legte ihm einen Stapel Servietten hin. »Hey, wann hast du das letzte Mal was gegessen?«

»Ihr macht mich total krank«, sagte Dill heiser und wich zurück. »Haut bloß ab.«

»Du siehst aus wie ein Junkie. Du bist doch völlig zugedröhnt. Setz dich hin.«

Vögel. Ihr Scharfsinn und ihre Schläue, ihre Sprache, ihr Werkzeuggebrauch, ihre lokalen Kulturen, ihr langes Gedächtnis, ihr verblüffendes Charisma, ihre individuellen Persönlichkeiten. Manche Vogelspezies bestehen routinemäßig Intelligenztests, bei denen Schimpansen und Hunde und menschliche Kinder aussteigen.

»Glaubst du, wir wüssten nichts über dich?«, sagte die eine. »Das sind schwarze Bohnen und Tomaten. Ein Schuss Guacamole. Kein Fleisch. Kein Käse.«

»Die saure Sahne musst du halt weglassen«, sagte die andere.

Er ließ die Hände fallen. »Taco Bell? Diese geschmacklose Scheiße? Ich hab ein Glas Erdnussbutter, wenn ihr was essen wollt.«

Was für eine Nervensäge, dieser Typ, sagte die Kinnbewegung der Jüngeren.

Und sie *fliegen*.

Er setzte sich und aß.

Er hatte drei schmierige Burritos und eine Handvoll Pommes intus. Das Gefühl, jeden Moment umzukippen, war weg. Die Frauen – Janey und Cleveland, erinnerte er sich – schienen ein bisschen baff angesichts seiner Verwandlung. »Wow, jetzt siehst du aus wie frisch einer Calvin-Klein-Werbung entstiegen.«

Das war ihm klar. So war er schon immer, er konnte ein Auftreten hinlegen, das besagte: Ich habe alles im Griff. Zurückgestrichenes Haar, Ihr-könnt-mich-mal-Schultern, Macho-Bartstoppeln.

»Du warst am Verhungern, du Idiot.«

Er lehnte sich zurück. Das Haar fiel ihm in einer lässigen Strähne über ein Auge. »Schon gut. Ich höre. Was ist eure großartige Idee? Spuckt es aus.«

Sie waren eine seltsame Kombi, diese zwei. Die Ältere, Cleveland, räusperte sich. »Wir meinen, wir kriegen es besser hin als in diesen Zweiergruppen wie seinerzeit bei Noah.«

»Sorry, bin nicht bibelfest. Wovon redet ihr?«

»Die Sache mit 9/11 ...«

Die Jüngere blickte skeptisch.

»Ich verstehe nicht, worauf ihr hinauswollt«, sagte Dill.

»... war eine große Geste«, fuhr Cleveland fort. »Troja. Pearl Harbor. Da lässt sich nichts missverstehen.«

»Klingt ziemlich radikal.«

»Wir meinen, du wärst vielleicht interessiert an einer großen Geste. Und wir sind vielleicht interessiert, eine durchzuziehen.«

Er winkte ab. »Tausende Leute umbringen? Klar, große Geste. Aber komm! Ist doch nicht machbar. Wo kriegt ihr Tausende Leute her? Außerdem – wozu soll das gut sein? Jeder macht das. Total unkreative Köpfe. Dieselben Köpfe, die Parkhäuser bauen. Die Köpfe, die in Malls shoppen gehen.«

Die andere, Janey, hob die Hände. »Moment. Wo seid ihr zwei? Wovon redet ihr?«

»Woher soll ich das wissen? Sagt ihr's mir.«

»Pearl Harbor ...«, sagte Cleveland angewidert. Sie beugte sich vor. »Okay, hör zu. Auf rätselhafte Weise verschwinden sämtliche Hühner von einer Farm, jedes einzelne.«

»Das sind Millionen.«

»Kleine Farm. Sagen wir, eine Million.«

»Ihr entnehmt ganz nebenbei eine Million Vögel. Was macht ihr mit einer Million Hennen?«

»Den Amerikanern ein bisschen Angst einjagen.«

»Das erschreckt sie nicht. Es verwirrt sie nur.«

»Sie werden es sich vorstellen«, sagte Janey. »So viele Vögel. *Vermisst.* Das ist aberwitzig, das ist bestürzend, das ist schön. Es hat was.«

»Was denn?«

»Eine Botschaft.«

»Die Vögel sind weg?«

»Die Vögel sind frei«, sagte Cleveland.

»Befreit die Vögel«, korrigierte Janey. »Jesusmaria. *Ein* Slogan. Wird man sich doch merken können.«

»Befreit die Vögel«, sagte Cleveland. »Das ist poetisch.«

»Das ist bescheuert«, sagte Dill. »Was macht ihr mit den Hühnern?«

»Das gehört dazu, das Rätselhafte«, sagte Janey. »Was ist aus ihnen geworden? Auf einmal haben Hühner was zu sagen.«

»Was *wird* aus ihnen?«

»›Befreit die Vögel.‹ Stellt euch vor. Es ist ein öffentlicher Auftrag.«

»Ihr könnt nicht eine Million Vögel hierherbringen.«

»Da arbeiten wir noch an einem Plan.«

»Einem Plan für eine Million Vögel.«

»Wir lassen uns was einfallen. Du hilfst uns.«

»Ich helfe euch nicht. Befreit die Vögel. Gottverdammte Scheiße.«

»Wir meinen, das ist ziemlich eingängig.«

»Seit wann geht's euch um Botschaften? Ich dachte, da steht ihr drüber.«

»Wir machen es nicht wegen der Botschaft. Das ist *dein* Anliegen.«

»Ganz sicher nicht. Aber warum macht *ihr* es?«

Janey sah Cleveland an, die ein bisschen hustete und sagte: »Sie haben die Betriebsprüfung nicht bestanden.«

Dill sagte nichts.

»Farmen, die bei der Betriebsprüfung durchfallen, muss der VEP-Status aberkannt werden«, sagte Cleveland steif. »Oder es braucht andere Maßnahmen.«

Status aberkannt ...?

»Das Betriebsprüfungsding ist nicht notwendig«, sagte Janey.

»Natürlich ist es notwendig«, sagte Cleveland.

Was zum gottverdammten Teufel ...

»Wir haben schon einen Betrieb im Sinn«, fuhr Cleveland fort. »Einen, wo wir jemanden kennen. Insiderin.«

»*Du* kennst jemanden.«

Oh.

Verstehe. Gottverdammich. Natürlich.

»Das Problem ist nur«, sagte er schließlich, »dass sie keine Insiderin mehr ist. Offensichtlich.«

»Du könntest sie fragen.«

»Wir haben nicht die geringste Ahnung, wo sie ist.« Er benutzte immer die erste Person Plural, wenn er log. »Außerdem würde sich niemand auf so was einlassen. Mit euch. Vor allem nicht sie.« Er merkte, dass seine Stimme lauter wurde. »Weil es unmöglich ist. Unmöglich zu organisieren, unmöglich, die Hennen alle rauszuholen, unmöglich, sie irgendwo unterzubringen. Und weil es sinnlos ist. Sie bestellen einfach neue Hennen. In der Woche drauf ist die Farm wieder voll. Außerdem bin ich mit dem Irrsinn durch. Ich hatte weiß Gott genug Irrsinn in meinem Leben.«

»Das sehe ich. Hab ich dir nicht gesagt, dass er es nicht kann? Ja oder nein, Janey?«

»Ich muss euch gar nichts beweisen«, sagte er.

»Tust du nicht, keine Sorge.«

»Wisst ihr was? Ich will kein Wort mehr hören. Wir sind fertig. Hört auf, eure verdammten Hühner herzubringen und eure verdammten Industrie-Tacos, und im Übrigen könnt ihr mich mal.«

»Okay«, sagte Cleveland und raffte sich auf. »Komm, Janey.«

Janey stand ebenfalls auf, zweifelnd.

Dann sprang Dill plötzlich auf. »Haut jetzt endlich ab, damit ich die nächsten zehn Stunden die Viecher, die ihr hergebracht habt, entklumpen kann.«

»Sollen wir ihm helfen?«, fragte Janey.

Cleveland war schon aus der Tür. »Ruf uns an, wenn du so weit bist.«

»Das wird nie passieren.« Er folgte ihnen ins Freie.

»Doch«, rief Cleveland zurück. »Du brauchst uns.«

Er hob eine Handvoll Kies auf und warf sie nach ihrem Auto, als sie einstiegen. »Vergesst, dass ich hier lebe!«

»Heilige Scheiße, was kommt als Nächstes?«, war das Letzte, was er den Davonfahrenden nachbrüllte.

Und am Morgen, nach vielen Stunden des Entklumpens, trat er in den Sonnenschein hinaus. Er war erschöpft und wieder hungrig, aber er hatte alle Burritos aufgegessen. Sein Rücken schmerzte. Einige Hennen vom letzten Besuch der Betriebsprüferinnen machten ihren Morgenspaziergang und rannten draußen herum. Sie erspähten Dill und liefen auf ihn zu.

Wie sie mit ihren dünnen Köpfen und runden Augen, ihren ausdruckslosen Gesichtern in einer Reihe am Zaun entlanggingen, sahen sie wie Botschafterinnen von einem anderen Planeten aus, allerdings eindeutig in freundlicher Mission unterwegs. Bislang wusste noch keine Seite so recht, wie man jenseits scherzhafter Höflichkeiten miteinander kommunizieren sollte, aber immerhin waren sie alle hier, beisammen. Als sie Dill schließlich erreicht hatten, fragte er sie: »Na, was wollt ihr?« Sie scharten sich um ihn und blickten auf die Felder hinaus.

DER BANKER WAR IM BÜRO. Dill schlich sich durch den Keller ins Haupthaus zurück, wie jeden Tag, genehmigte sich ein paar Handvoll Getreideflocken, stellte fest, dass der Banker Kuhmilch im Kühlschrank hatte – der Heuchler heuchelte nicht mehr. Er setzte sich an den Computer und scrollte sich durch seine üblichen Seiten. Er nutzte einen Ghost Browser, damit keines der zahllosen Arschlöcher auf der ganzen Welt seine Aktivitäten verfolgen konnte. Es war Dills Job zu erkennen, was bestimmte Arschlöcher vorhatten, und deren Job war es, ihrerseits über Dill Bescheid zu wissen.

Vielmehr war es Dills Job *gewesen*.

Während er seinen Geist über die Seiten streifen ließ und alles Gegrübel in den Off-Modus geschickt hatte, ging die Tür auf, und der Banker kam herein. Er sah Dill. Seufzte.

Dill seufzte zurück. Nahm die Hände von der Tastatur. »Ich geh schon.«

»Egal.«

»Na gut.«

»Ich wollte sowieso zu dir.«

Oh-oh.

»Ich hab dir was zu sagen.« Der Banker setzte sich auf die Kante des Sofas. »Ich bin beauftragt, eine Niederlassung in Ägypten zu eröffnen.«

Dill brauchte eine Weile, bis ihm *Bank* wieder einfiel. Eine Niederlassung der *Bank*.

»Ich bin sechs Wochen weg.«

»Okay.«

»Dürfte genug Zeit für dich sein, um dir was Neues zu suchen.«

Aha, jetzt war's also raus. Endlich.

Er hatte so lang darauf gewartet, dass er geschockt war, wie heftig der Schmerz war, als seine morsche Brust sich verengte und knackte und die Gliedmaßen brachen.

»Ich möchte, dass du weg bist, wenn ich wiederkomme.«

Der Banker, sein kleiner Körper, seine Wimpern, sein Mund. Der Banker, der Dill noch so lange bleiben ließ. Gott, Dill liebte ihn dafür.

»Okay«, sagte Dill.

»Du *und* die Tiere.«

Eines der Tiere gehörte allerdings dem Banker – dieser verdammte Fettsack von Katze. Wenn Dill weg war, würde der Banker das Vieh garantiert rauslassen, und das war dann das Ende der Singvögel im weiteren Umkreis. Die Vorstellung, wie es in ein paar Jahren hier aussehen würde – oh weh. Pool, Rosengarten, Golfrasen. Schlechten Ideen sind keine Grenzen gesetzt.

»Tut mir leid«, sagte der Banker jetzt. »Du wirst es dir ja gedacht haben. Wir haben es beide gewusst. Zwischen uns stimmt es schon seit Jahren nicht mehr, und ...«

Seine Stimme, sein Stöhnen, sein Summen beim Kochen, seine braune Haut. Seine Anzüge, ja, sogar seine Anzüge. Seine Hände. Dill liebte die Hände des Bankers. Seine Versöhnlichkeit, Jesus, wie oft er ihm verziehen hatte. Dill hatte keine Ahnung gehabt, wie sehr er das brauchte. Sein Humor – von dem hatte man in letzter Zeit nicht viel mitbekommen, aber der Banker konnte irrsinnig witzig sein, der Schlauberger.

Dev hieß er – Dev und Dill –, aber Dill hatte ihn von Anfang an insgeheim den Banker genannt, zuerst weil die Kombination so kurios war, er mit einem Banker!, dann aus Zärtlichkeit und zuletzt als Zeichen der wachsenden Entfremdung zwischen ihnen, *der Banker.*

»Wir sind nicht hilfreich füreinander. Das ist das Problem. Wenn ich der Meinung wäre, ich könnte helfen – aber das funktioniert ja nicht.«

Dill hörte schon nicht mehr zu. Sein Geist schweifte ab, erst in die Vergangenheit, die Finger des Bankers in seinem Haar, dann, nach diesem kurzen Aufblitzen, in die Zukunft und was sie für ihn bereithielt, Horror. Und dann stellte er fest, dass er eine Entscheidung traf. Mehr noch, dass er sich schon längst entschieden hatte.

Na komm, das war doch eine Superidee. Selbstverständlich war es eine Superidee.

»Das Leben geht weiter, für uns beide.«

Dill konnte also noch sechs Wochen bleiben. Massenhaft Zeit. Am besten war er immer, wenn er ein Projekt hatte.

»Wer weiß. Es ist auch meine Schuld. Ich hab dir ja immer völlig freie Hand gelassen ...«

Die Betriebsprüferinnen hatten Recht. Sie brauchten Annabelle. Die Green Farm war perfekt. Nur Annabelle konnte die Leute zusammentrommeln, die sie brauchten. Nur sie konnte die Leute in die Sorte Wahnsinn versetzen, den es brauchte, um die Fäden dieses Teppichs zu ziehen. So war das, ohne sie ging es nicht. Könnte er sie überzeugen? Die Betriebsprüferinnen meinten, ja.

Aber nein.

Unmöglich. Keine Chance.

»Vielleicht könntest du eine Zeitlang bei Freunden unterkommen, bis du wieder auf den Beinen bist.«

Aber wenn er die Betriebsprüferinnen hinschickte? Direkt zu ihr nach Hause, denn natürlich wusste er, wo sie wohnte. Annabelle musste sie sehen, musste sich die beiden anschauen in ihrer Aufmachung, sich von Angesicht zu Angesicht den Vorschlag unterbreiten lassen – und bei ihr zu Hause, denn diese Scheune, das war doch nichts! Dill würde sie genau instruieren, was sie sagen sollten und was nicht (wer sie schickte, vor allem; Dill sollten sie erst ins Spiel bringen, wenn Annabelle schon zugestimmt hatte. Sie käme nie auf die Idee, dass er fähig wäre, ihre Adresse zu verraten.)

Sie musste nur neugierig genug werden, um zuzuhören, um es sich vorzustellen.

Damit hätte er immerhin eine Beschäftigung, während sein Leben in die Brüche ging.

»Hey, hörst du mir zu?«, fragte der Banker.

Um den Betriebsprüferinnen eine Chance zu geben, ja, nicht um einen Finger auf die Waagschale zu legen oder ihnen ein Ass in die Hände zu spielen, sondern um ihnen wenigstens eine winzige Chance zu geben.

Der Banker hatte es ihm praktisch in den Schoß gelegt und gesagt, bitte schön. So kannst du's machen. Hier ist alles bereit.

»Siehst du, das meine ich. Das ist genau das, was mir so was von gar nicht fehlen wird.«

Nachts im Stall schrieb er ihnen also eine Nachricht, *Lasst uns reden*, und als sie kamen, erhielten sie Wegbeschreibung und Anweisungen. Um den Betriebsprüferinnen eine Chance zu geben, und, yeah, er gab es zu, auch um dem Banker triumphal den Mittelfinger zu zeigen und, klar, vielleicht auch um Annabelle einen kleinen Gruß zu schicken, ein spielerisches Winken (klopf, klopf, wer da?), eine Geste in Gestalt zweier Betriebsprüferinnen, die er ihr hinschob, um ihr mitzuteilen: Ich durchschaue dich und dein inszeniertes Abtauchen, und um dich herauszufordern, schicke ich dir zwei Betriebsprüferinnen (»Du traust dich ja doch nicht!«), und auch – das erkannte er, nachdem sie wieder gefahren waren und nachdem der Banker seinen Koffer gepackt und gesagt hatte: »Also abgemacht, ja?« (hey, selber schuld, wenn er mit Dill tatsächlich noch mal was »abmachen« wollte) und mit einem Taxi davongefahren war und Dill eine ganze Weile nichts hörte, weder von den beiden noch von ihm, ihr oder sonst jemandem, und mit seinen siebzehn Tieren allein war (ein paar Hennen hatte er behalten) –, um zu sagen (aber zu wem?), zu flüstern: Komm zurück.

A: Nein, ich fühle mich nicht »wohl«. Sagen Sie mir, wie das gehen soll in meiner Lage.

F: Das war eine Höflichkeitsfrage.

A: Warum verzichten wir nicht auf Höflichkeiten?

F: Okay. Können wir Ihnen irgendwas anbieten, bevor wir loslegen?

A: Jetzt fangen Sie schon wieder an. Was könnten Sie mir unter den gegebenen Umständen anbieten? Bringen wir's hinter uns. Was wollen Sie wissen? Sie kamen an, die beiden, und fragten mich, ob ich mithelfe, und ich sah keinen Grund, nicht zu helfen. So war das.

F: Haben Sie sie erwartet?

A: Nein, die größte Überraschung war, dass sie überhaupt aufgekreuzt sind. Ich war ja schon mehr als ein Jahr lang da draußen, und kein Mensch hat mich gefunden.

F: Haben Sie sich versteckt?

A: Ich habe mich ... ausgeruht.

F: Sie haben sich »ausgeruht«. Auf einem von Chemieabfällen kontaminierten Gelände.

A: Ja, und als ich sie da draußen im Nebel sah, dachte ich: Das war's, jetzt bin ich geliefert. Verstehen Sie, ich hab sie erst für Sie gehalten. Nicht für Sie speziell, aber eben für, na ja, Leute von eurem Verein. Die kommen, um mich für meine Sünden büßen zu lassen. Ich dachte, es hat sich rumgesprochen. Mein Name stand ja auf der Liste. Überrascht hat mich, womit die beiden gekommen sind – einem Plastikfloß, kaum besser als ein Schlauchboot.

F: Was haben Sie sich denn vorgestellt?

A: Na ja – jedenfalls nicht, dass ihr helikoptermäßig vom Himmel herabschwebt.

F: Ist nicht unser Stil. Das ist ein Mythos.

A: Schon klar. Trotzdem hätte ich sie mir professioneller vorgestellt. Aber weit gefehlt. Fahren die einfach die Schotterstraße entlang an dem Schild vorbei, auf dem Betreten verboten steht, sonst wächst Ihnen ein Extrafinger. Lassen die tatsächlich ihr Auto im Geröll stehen und tragen das Floß durchs Schilf zum Fluss. Der eiskalt und verschlammt ist. Mit meinem Namen in der Hand stießen sie sich mit ihren Plastikpaddeln vom Ufer ab und trieben zwischen tiefhängenden Wolken und braunem Wasser bis dorthin, wo ich stand, weil ich das unverkennbare Paddelgeplätscher gehört hatte. »Leise«, sagte ich zu den Vögeln und schaute mich um. Der Nebel riss tatsächlich auf, und ich sah sie schräg auf mich zukommen. Ich war bereit für sie und sie für mich. Wir beäugten einander – wissend –, und deshalb waren keine Spielchen nötig, als sie die Paddel aus dem Wasser hoben und das Floß die letzten Meter über das ölige Wasser zum Ufer treiben ließen.

F: Und sie trugen Tarnkleidung?

A: Ja, mir war schon klar, dass ihr so was wie Uniformen habt, aber ich hab sie mir anders vorgestellt. Vielleicht Roben oder so.

F: Roben? Wie bei einer Promotion?

A: Nein. Eher nicht.

F: Mehr so Duschvorhang?

A: Ach, egal. Ich rief jedenfalls: »Das sind echt scheußliche Clownskostüme. Wollt ihr Kinder zum Heulen bringen?«

F: Klingt nach Geblödel.

A: Das verkraften die schon.

F: Sie kamen also zu Ihrem ... Haus?

A: Erst nicht. Das Floß prallte an die Uferwand und prallte wieder ab, bevor sie Halt fanden. Ich musste lachen. »Lenkt euer Plastikteil hier herum«, sagte ich. Ich habe (Entschuldigung, *hatte*) in meinem kontaminierten Fluss ein Boot startklar und noch ein paar weitere in den verschiedenen Stadien der Un-Schrägstrich-Tauglichkeit, wie ich sie mag, beschriftet mit den Namen meiner Vögel, Poquito Más, Wayway, Waygo. Ich hielt also den beiden ein Brett hin, damit sie sich dran festhalten konnten, und sagte bisschen großspurig: »Seid ihr endlich da!«, damit sie wussten, dass ich wusste, was Sache war, und keinen Aufstand vorhatte, sondern anstandslos mitgehen würde, denn wozu unser aller Zeit verschwenden. Wir waren alle maßlos höflich. Als sie an Land kamen, entschuldigten sie sich, weil sie mein Kleid mit Flusswasser nassgemacht hatten.

F: Ihr Kleid?

A: Das Blaue mit dem Spitzenbesatz. Das perfekte Kleid für diese Gelegenheit, dachte ich, und ich hatte noch nicht mal gewusst, dass sie kommen würden.

F: Irgendwie können wir Sie uns nicht in einem Kleid vorstellen.

A: Dann haben Sie aber nicht viel Fantasie. Recherchieren Sie nicht? Ich trage immer Kleider. Jetzt natürlich nicht, aber das ist ja was anderes.

F: Sie kamen also in Ihr »Haus« und machten Ihr »Kleid« nass.

A: Ja, ich bot ihnen Platz am Küchentisch an und schenkte ihnen Rum ein, weil ich gern Leute mit einem Drink in der Hand sehe. »Ihr seid ein bisschen früher als erwartet«, sagte ich.

Da staunten sie. »War denn klar, dass wir kommen?«, fragten sie.

»Ich hatte so eine Ahnung«, sagte ich. »Ich wusste nur nicht, wann. Ich hatte Symptome. Kopfschmerzen, Aussetzer. Aber es ist okay. Ich bin hier sowieso fertig.«

Sie rutschten auf ihren Stühlen herum und duckten sich unter Roy. Ich hatte die Fenster ausgehängt. Es war – was? die erste Aprilwoche? Ungewöhnlich warm jedenfalls, und Roy kreiste und kreischte, durchs Fenster raus und wieder rein. Sie kamen mir so nervös vor, dass ich ihnen gern gesagt hätte, macht euch mal locker, wenn sich irgendwer Sorgen machen muss, dann bin ich das. Die Zikaden hörten sich an wie Sprinkler.

»Sagt mir erst mal, was als Nächstes passiert«, sagte ich und faltete die Hände. »Ich wüsste gern, wie das jetzt läuft.«

Sie sahen einander an. »Deswegen sind wir zu dir gekommen«, sagten sie. »Wir brauchen deine Hilfe.«

Meine Hilfe wollten sie? Und duzten mich? Ich sah sie scharf an und war irritiert. Hilfe bei was?

Moment.

Meine Auffassung davon, dass ich kapierte, was los war, drehte sich um neunzig Grad von *ja* zu *vielleicht* und gleich darauf um weitere neunzig Grad zu *nein*, dann wieder um neunzig Grad zurück zu *vielleicht*, bis mir dämmerte, worum es ging, und es wurde mir leicht schwummrig. Verdammte Scheiße. Ehrlich, ich war fast enttäuscht.

Dill. Diesmal hatte er mich kalt erwischt. Offenbar hielt er große Stücke auf diese zwei, wenn er ihnen verraten hatte, wo sie mich fanden. Für ihn dürften sie so was wie die Wiederkunft Christi gewesen sein. Was, finde ich, das Mindeste war, wenn er dafür meine Sicherheit aufs Spiel setzte, das Arschloch. Ganz und gar reizend, wirklich. Ich hatte die jähe – und wehmütige – Erkenntnis, dass ich sehr weit weg sein wollte, weg von meinem Haus und weg von diesem Land, der einzigen Erde, die ich kenne.

»Oh, ich dachte, es geht um was anderes«, sagte ich.

Natürlich war ich schon eine ganze Weile von der Bildfläche verschwunden, wie man so sagt. Schwer auffindbar zu sein ist echt schwer. Aber das lag mir sozusagen im Blut, für mich war es kein Problem, nicht da zu sein. Als ich anfing, benutzten wir falsche Namen. Man dachte sich eine Vergangenheit aus, das gehörte dazu, man frisierte die Dokumente. Heute macht man das nicht mehr. Heutzutage bleiben die Ermittler die ganze Zeit legal, von der Wiege bis zur Bahre – oder, wie sie immer sagen, von der Farm auf den Tisch. Aber für mich war es leichter, mich einfach rauszuziehen. Käptn-Nemo-mäßig abtauchen und auftauchen und wieder abtauchen und das Wasser überm Kopf zusammenschlagen lassen, tausend Meilen in die Tiefe sinken, und an der Oberfläche wogt es nur leicht.

F: Inzwischen war Ihnen also klar, dass sie nicht wir waren.

A: Genau. Jetzt wusste ich, wer sie waren. Ich hatte von den beiden schon gehört, und sie sahen auch entsprechend aus in ihren Uniformen. Wie Briefträgerinnen.

F: Sie hatten von ihnen gehört, obwohl Sie »von der Bildfläche verschwunden« waren.

A: Ich höre allerlei. Dreh nicht jeden Hahn ab. Einer kann ruhig noch tröpfeln.

F: Was haben Sie also gesagt?

A: »Aha, Sie sind die Betriebsprüferinnen. Okay.« Anders als erwartet, aber sicher erwartet jeder was anderes, wenn er in einem vermüllten Fluss fischt, erwartet was anderes von der Welt und von sich. Allerdings lernen wir bald, dass Erwartungen was für Amateure sind.

»Ihr habt also die Seiten gewechselt«, sagte ich. »Kann ich respektieren. Zumindest kann ich was damit anfangen. Was wollt ihr von mir?«

Sie unterbreiteten mir ihren Plan. Eine Farm leeren; sie erklärten eine Weile, wie. »Das«, sagte ich, »ist die allerschrägste Idee, die ich je gehört habe.«

Die Dünne sah sich ostentativ um und sagte: »Das bezweifle ich.«

F: Sagten sie, wie sie es anstellen wollten?

A: Genau das habe ich auch gefragt. »Wie wollt ihr so eine Nummer stemmen?«

Die Dickere riss sich die Kappe herunter. Warf sie zwischen uns auf den Tisch. »Wir heben sie auf und tragen sie raus«, und ich fragte: »Wieso?«, und sie sagte: »Was ist denn das für eine Frage?«, und ich sagte: »Wenn ihr darauf keine Antwort habt, was wollt ihr dann von mir?«, und sie drauf: »Warum wäre ich hier, wenn ich keine Antwort hätte?«

Die Dünne kippte ihren Rum.

»In Ordnung«, sagte ich. »Wie viele Ermittler werdet ihr brauchen?«

»Sag du's uns.«

»Wie wollt ihr die vielen Vögel transportieren?«, fragte ich.

»Willst du Fragen beantworten oder welche stellen? Denn bisher verschwendest du nur unsere Zeit.«

Ich sagte: »Was bringt euch auf die Idee, dass ihr nicht meine verschwendet?« Ich stand auf. »Also raus.«

F: Woraufhin sie abgezogen sind?

A: Nein, nein, ich bin aufgestanden, um die Rumflasche zu holen und noch eine Runde einzuschenken. Alte Gewohnheit. Die Gastgeberinnenversion von »Lasst die Hände da, wo ich sie sehen kann«. Ich setzte mich wieder, und wir waren alle ein bisschen entspannter. Roy hockte sich auf die Rückenlehne meines Stuhls.

»Habt ihr eine Farm im Sinn?«, fragte ich.

»Ja«, sagten sie, »klar«, und weiter nichts.

Wir saßen da, und ich ließ die ganze Geschichte sacken. Ich wusste es. Die Green Farm. Ich fühlte die Luft an mir vorbeizischen, das Wasser wirbeln und davonrauschen, den Himmel vorübersausen, als wäre ich abrupt gestoppt worden und die Erde hätte sich ohne mich weitergedreht.

F: Das Gefühl kennen wir.

A: Yeah, diesmal hatte Dill mich tatsächlich erwischt. Ich war den Brotkrümeln seines Geistes gefolgt. Ist ja nicht so, dass mir nicht auch schon der Gedanke gekommen wäre.

Sie warteten auf eine Antwort. »Auf Dill«, sagte ich schließlich und hob mein Glas. Sie waren peinlich berührt. »Was – hat er gedacht, ich wüsste nicht, wie ihr zu mir gekommen seid?«, fragte ich.

»Na ja, wir ...«, sagte die eine, und die andere stoppte sie mit einer Geste. »Also machst du's?«

Ich stellte mein Glas ab. »Was wird aus den Hennen?«

»Dieser Teil ist noch ein bisschen unklar«, räumte die eine ein.

»Du entscheidest«, sagte die andere.

Ich verzwirbelte mein Haar zu einem Knoten und überlegte.

»Was gehen mich eure Botschaften an. Vögel sind Freiheit und Schöne Helena und alles.«

»Befreit die Vögel«, sagte die eine.

»An der Botschaft können wir noch arbeiten«, sagte die andere.

»Keine Botschaft«, sagte ich. »Ihr nehmt ein Huhn und sagt es niemandem. Das ist eine Sache zwischen euch und dem Huhn und Gott. Es ist das Einzige, was mir an euch zweien gefällt und an der Idiotie, die ihr in den Hühnerställen getrieben habt.«

»Woher weißt du davon?«

»Schau«, sagte ich, »es ist meine Farm. Meine Familie. Wir nehmen sie. Deswegen machen wir's. Nicht damit sich die Amerikaner uns auf YouTube anschauen können.«

»Aber geht's nicht genau darum?«, sagten sie.

»Es geht darum, sie nicht zu benutzen. Eine einzelne Scheißstunde lang. Ist das so viel verlangt? Nicht für die Eier, nicht als Essen, nicht für Botschaften«, sagte ich. »Stimmt ihr mir zu?«

Sie stimmten zu.

Ich schenkte ihnen noch einen Rum ein, und wir gingen raus auf die Veranda und sahen der Sonne beim Untergehen zu. Die Vögel kreisten kreuz und quer über uns, Roy sah vom Geländer aus zu. Die Betriebsprüferinnen zogen sich die Mützen über die Ohren. Es wurde kalt.

Am gegenüberliegenden Flussufer beginnt die untergegangene Zivilisation. Sie hat die Bäume erfasst und breitet sich über zwei Meilen Gelände, über das Dorf, das nach der Kontaminierung geräumt wurde. Stahl und Beton, morsches Holz, alle Verwandtschaftsgrade der Plastikfamilie, eingebrochene Gipswände, geborstene und aufgeworfene Gehsteige, Schutthaufen. Es gibt noch Spuren einer früheren Anlegestelle – Betonpfosten und ein paar zersplitterte Planken.

Mein Haus sieht aus wie ein leckgeschlagenes Schiff, das ans diesseitige Ufer getrieben wurde und hier gestrandet ist, halb im Wasser, mit einem Dach aus Blechstreifen. Zum Teil ist es Wald und zum Teil Müllhaufen, ein nestartiges Gebilde aus allem Krempel, den ich in der Umgebung gefunden habe. Es verschmilzt mit der Landschaft wie manche Tiere und Insekten. Es imitiert seine Umgebung – der lebenslange Traum der Architekten. »Kein Haus hier«, denkt sich der Besucher, während er mit dem Blick das Ufer absucht. »Moment, da ist doch wer. Sieh an, ein Licht.« Nasses Laub, träge fließendes Wasser, ein paar krumme Bäume vor rotem Himmel. Zu einer bestimmten Stunde färbt die Verseuchung die Luft. Mein Haus neigt sich, als könnte es jeden Moment in den Fluss kippen, als krallte es sich in die Erde und hielte sich mit letzter Kraft. Sieht eigentlich aus wie ein Foto von einem Erdrutsch. Aber worüber haben wir geredet?

F: Die Betriebsprüferinnen.

A: Ah ja. Wär's okay, wenn wir kurz Pause machen? Ich würde ganz gern meine Beine ausstrecken, wie sie nun mal sind.

F: Sicher.

A: Danke. Ah, das tut gut. Dauert es noch lang? Ich muss womöglich weiter ...

F: Lassen Sie sich Zeit.

A: Wo sind wir überhaupt?

F: Wie lang sind die Betriebsprüferinnen denn in Ihrem »Haus« geblieben?

A: Eine ganze Weile. Lassen Sie mich überlegen. Erst hab ich noch ihre Schuhe in Ordnung gebracht.

F: Ihre Schuhe?

A: Ja. Ich sagte: »Ich sag euch mal was. Mit diesen Schuhen müsst ihr was machen. So könnt ihr nicht auf den Farmen herumspazieren.«

»Was ist denn mit unseren Schuhen?«, fragten sie.

»Die Sohlen sehen aus wie frisch aus der Fabrik. Mit solchen Schuhen findet euch jeder. Was ihr braucht, ist eine anständige Feile, um die Sohlen aufzurauen.« Ich zeigte ihnen die Sohlen meiner Spangenschuhe.

Dann ging ich zum Werkzeugkasten und suchte nach was Passendem. Inzwischen dämmerte es, die Nachtvögel hoben an, der Himmel senkte sich. Wind kam auf, Kälte, Roy suchte seinen Schlafplatz auf. Mir war klar, dass sie bald gehen mussten, wenn sie nicht durch stockfinstere Nacht paddeln und sich womöglich verirren und für immer verschollen bleiben wollten. Aber ich hielt sie noch eine Zeitlang zurück. Momentan bin ich lieber Solistin, aber hier machte ich eine Ausnahme.

F: Na gut, Sie haben also ihre Schuhe »in Ordnung gebracht«.

A: Genau. Ich hab sie gefeilt und ein paar Kerben gemacht, damit sie nicht ausrutschen. Ich könnte auch Ihre Schuhe in Ordnung bringen, wenn Sie irgendein passendes Werkzeug haben.

EINE FRAU MIT LANGEM DUNKLEM HAAR und kariertem Kleid kam zu Fuß die Zufahrt herauf. Sie schob einen kleinen Rollkoffer neben sich her. Die Hunde sprangen ihr entgegen. Sie bückte sich, um sie zu begrüßen, dann ging sie weiter. Am anderen Ende der Zufahrt saß ein Mann auf der Veranda. Er hatte rötliches Haar, und jungenhafte Grübchen kamen zum Vorschein, als er die Augen zusammenkniff und der nahenden Gestalt entgegenblickte. Er hatte die Füße hochgelegt, doch sobald er sie kommen sah, nahm er sie herunter. Dann schien er sich zu besinnen und legte sie wieder hoch. Diese Position behielt er bei, bis die Frau am Fuß der Verandastufen angelangt war. Sie ließ den Koffergriff los. Die Hunde stellten sich in einer Reihe hinter ihr auf.

»Was meinst du?«, fragte er.

»Ich erwäge.«

»Hab ich gehört. Hab auch gehört, dass wir dabei sind.«

»Die Sache ist zu groß. Wir können sie nicht selber planen.«

Er zögerte, überlegte; dann schüttelte er den Kopf. »Nein. Auf gar keinen Fall.«

»Er wüsste, ob es machbar ist.«

»Wir werden nicht die gesamte Bande wieder zusammentrommeln. Außerdem hat er nie wirklich dazugehört.«

»Er hat auch nicht nicht dazugehört.«

Der Mann sagte nein, die Frau sagte ja. Und der Mann sagte nein, und die Frau sagte ja. Wie früher.

Beide wandten das Gesicht zum Himmel.

FLIEGENDE SPATZEN. Eine ganze Schar, in welligen Schleifen am Himmel kreisend. Ist es instinktiv, dieses Ovale, Spiralige, dieses Kehrtmachen auf eiförmiger Bahn? Bewegen sich alle Tiere, ja alle Naturphänomene auf diese Weise, ist ihnen gemeinsam, dass alles, was wir sehen, in Bewegung ist, aber nirgendwohin gelangt? Das Sonnensystem, die Zeit, vom Himmel fallendes und wieder aufsteigendes Wasser, Geburt und Tod, Arbeit und Freizeit, Vater und Sohn ballwerfend im Garten, Huhn, Ei, Huhn, Ei, Zahlen, die immer wieder auf die ursprünglichen zehn zurückgreifen, wobei die Ziffern links außen sich spät dazugesellen, langsam wie ein alter Farmer, der nach seinem Schlaganfall mit Gehhilfe den Krankenhausflur auf und ab wandert. Einzig das Universum ist ein langes Ausatmen.

In der Natur wandern Hühner in krummen Kreisen durch ihre kleinen Dörfer, schreiten ihr Revier ab, klettern nachts auf Bäume und morgens wieder herunter, umtanzen einander beim Spiel, bei der Balz, beim Kampf, während die rangniedrigsten Hühner die Peripherie bilden und von Räubern weggeholt werden. Ihre eierlegenden Kolleginnen hingegen, die inhaftierten Kusinen, drehen keine Schleifen wie der Rest der Schöpfung. Sie stehen, quetschen sich ein, zwei Schritte zwischen Zellengenossinnen hindurch, um ein paar Tropfen Wasser zu ergattern, und das Stahlgitter schneidet in ihre zarten Füße.

Welcher Version ähnelt der Mensch mehr: dem freien Wanderer auf seinen schleifenförmigen Streifzügen – Pausenhof, Campus, Stadtviertel? Oder dem gentechnisch modifizierten Monster – wenn wir durch unsere Boxen eiern, an unsere Plastik- und Metallteile geklammert, in Schuhen stöckeln und stolzieren, auf knappem Raum nach einander schnappen, unsere diversen Maschinen einsetzen, die rotieren, leuchten, sich öffnen in Nachahmung von Aktivität, »Zerstreuung«, »Sport«, »Arbeit«, »Liebe«?

Die Erde ist einen weiten Weg gefallen in Hunderten Millionen Jahren, während sie in ihren Gletschern dahinsauste, ihre Lava ausspie, funkelte und blau, weiß, grün wurde, ihre Tiere von den Vorderfüßen hob oder aus den Bäumen herunterholte oder in den Himmel hinaufschickte.

Der früheste Vogel, der *Archaeopteryx*, trat während der langen Erdzeitalter Jura und Kreide in immer erstaunlicheren Variationen auf und verschwand zusammen mit den übrigen Dinosauriern – doch im Paläozän schwang er sich wieder empor und davon in die Zukunft.

Gallus, das wilde Kammhuhn des frühen Eozäns und Vorfahr des heutigen Haushuhns, rannte auf dem Boden zwischen den Bäumen dahin. Das Eis wuchs empor und wich zurück, und das Kammhuhn teilte sich in Arten und Unterarten, breitete sich in zunehmend differenzierten Konstellationen aus, bis vor nur neuntausend Jahren eine Gruppe seiner Abkömmlinge, *Gallus gallus domesticus*, im Gefolge der großen Forschungsreisenden, die nach neuen Horizonten strebten, die Welt umrundete.

Um das Jahr 1600 u. Z. ging schließlich *T. Rex'* hübsche kleine Nichte von Bord eines Segelschiffs und betrat die nassen sandigen Gestade Nordamerikas.

DREIZEHN JAHRE BEVOR Cleveland die Henne mitnahm, begegneten Jonathan Jarman jun. (24) und Annabelle Green (18) einander zum ersten Mal, und zwar als er mit seiner neuen Erfindung auf die Farm ihres Vaters kam.

Im Kofferraum hatte er sein Demo-Modell sowie die dazugehörigen Hochglanzbroschüren, zwei Pakete à fünfzig Stück. Zum Beweis dafür, dass seine Erfindung keine bloße Abwandlung des in England gebräuchlichen Käfigdesigns war, sondern eine substantiell verbesserte Version für eine amerikanische Zielgruppe, war jeder Broschüre die Nummer beigefügt, unter der seine Erfindung zum Patent angemeldet war, auf dass sie dereinst hoffentlich (an dieser Stelle steckten Farmer, die ihn imitierten – harmlose Neckereien, wenn seine Familie nicht anwesend war –, in einer Parodie von Nervosität einen Zeigefinger in den Kragen und zerrten daran) das Gesicht der amerikanischen Eierproduktion verändern werde.

Jonathan Jarman jun., einziger Sohn der Jarman-Egg-Farm-Familie, zog hausierend von Farm zu Farm.

Das Wort *hausieren* beschwört das Bild eines mit Hut und Warenkoffer von Tür zu Tür wandernden Mannes herauf, doch in dieser Industrie läuft es natürlich völlig anders, wie Jonathan sehr wohl wusste. Hühnerfarmen hielten zwischen einer und zwanzig Millionen Vögel, und sie sahen aus und hörten sich an wie militarisierte Städte im Kleinformat; die größten hatten zur Abwehr von Bioangriffen einen Sicherheitskordon aus patrouillierenden Lkws, Zäunen und Kontrollpunkten: Da fuhr man nicht einfach vor und bat an der Tür um ein Glas Limonade und wohlwollenden Empfang. Nein, Jonathan hatte alles richtig gemacht und war dem Rat seines Vaters gefolgt. Richtig hieß: Man musste sich einem Forschungsprojekt anschließen, über Jahre hinweg seine Erkenntnisse auf Ei-Kongressen präsentieren, ungezählte Farmerhände schütteln – das alles hatte Jonathan getan, während er außerdem zahlreiche Design- und Ingenieursdiplome erwarb –, und am Ende musste man jeden Farmer einzeln fragen, ob man mal vorbeikommen und sein Projekt vorstellen dürfe.

Anfangs hatte er den Fehler gemacht, die Sache »Verkaufsgespräch« zu nennen, was die Farmer nervös machte. Er sagte, er wolle sein Modell vorführen und erklären, warum der Farmer und überhaupt alle Eierproduzenten ihre konventionellen Käfige (vulgo »Batterien«) durch das neue »bereicherte« Jarman Star Cage System ersetzen sollten. Aber er hatte sehr, sehr wenig Erfolg allein bei der Terminvereinbarung, und das lag an der unglücklichen Fügung, dass es auf der ganzen Welt keinen Grund gab, weshalb ein Farmer zu Jarmans neuem bereichertem Käfigsystem wechseln sollte. Es sei ein enormer Aufwand, erfordere massive Umbauten, die aberwitzig teuer seien, Zehntausende Dollar *pro Stall*, und außerdem, so die Farmer, gehe es den Hennen mit dem gegenwärtigen Modell gut! Nicht mal Jonathans *eigener Vater*, Jarman sen., sei auf den Entwurf seines Sohns umgestiegen. Mit denselben Argumenten. Davon abgesehen – wer wisse denn, ob unter dem Druck der Tierschutzaktivisten nicht irgendwann ein Gesetz verabschiedet würde, das jegliche Käfighaltung verbiete, alter, neuer und eingebildeter Art, und jeden Produzenten zur kommunistisch käfigfreien Haltung zwinge? Folglich sei es sinnlos, jetzt auf diese hochtrabenden Käfige umzusteigen. Deshalb hatte niemand Lust, ihn kommen und seine Verkaufspräsentation halten zu lassen.

Schließlich intervenierte Farmer Jarman sen. auf Betreiben seiner Gattin und überzeugte seinen Sohn, nicht von »Verkaufsgespräch« zu sprechen, sondern von »Beratung«, was die Sache erheblich aufwerte. Und er rief alle seine Kollegen im ganzen Land an und nötigte sie, sich die Erfindung seines Sohns zeigen und ihn seinen Bericht schreiben zu lassen, mehr nicht, die Kosten würden vorwiegend von Jarman sen. getragen. Na gut, sagten die Farmer, so gesehen, okay. Sie hatten Verständnis für den Vater und sein Dilemma, sie hatten selber Kinder und wussten, wie schwer es ist, heutzutage Farmkinder großzuziehen. Alles nicht mehr wie früher. Na ja. Was soll man machen? Vielleicht hatte schon Adam solche Probleme gehabt. Und bestimmt machte auch Jesus seinem Vater das Leben schwer. Hey, lasst den Jungen doch kommen und seine Präsentation machen, tut doch keinem weh! Die Farmer wollten ihrerseits ein bisschen Eigenwerbung machen und dafür sorgen, dass der Junge ein paar Tage lang ein Dach überm Kopf hätte und jede Menge Rührei mit Toast zum Frühstück bekäme. Sie wollten ihn aufnehmen, als gehörte er zur Familie, und für seinen Endbericht einen kleinen Höflichkeitsscheck ausstellen. Die Welt der Farmer habe sich verändert, wohl wahr, aber Loyalität und Zusammenhalt unter Farmerfamilien, die gebe es noch.

Aber um Missverständnissen vorzubeugen: Natürlich würden die Farmer dem Sohn keine echte *Zeit* widmen. Sie hätten genug zu tun, sagten sie, und auf jeden Fall wollten sie sich nicht von einem Kind sagen lassen, was sie anders machen sollten, zumal das aberwitzig viel kosten sollte. Dieser Knabe sei schon ein Kaliber. Schließlich hätten sie zwölf oder zwanzig oder sogar dreißig Stallgebäude mit je hundertfünfzigtausend Hennen zu versorgen. Sie versuchten, bis zu vier Millionen Eier täglich auszuliefern. Und sie hätten eigene Sorgen. Was glaubte Farmer Jarman sen., was *ihre* Kinder im Schilde führten? Große Helfer seien sie nicht gerade. Wenn der Knabe unbedingt kommen wolle, gut; aber müssten sie dann auch noch dasitzen und ihm zuhören?

Farmer Jarman hatte eine Idee: Wie wär's denn, wenn Jonathan jun. seine Präsentationen vor den Sprösslingen der Farmer hielte, von denen viele mehr oder minder im selben Alter seien? Sie könnten sich gegenseitig herumführen und miteinander beraten und Berichte schreiben und, wenn der Konferenzraum nicht für Betriebsangelegenheiten genutzt wurde, Meetings veranstalten. Ähnlich wie früher die Spieltreffen der Kinder, nur seien jetzt eben alle ein bisschen älter und müssten nicht mehr im selben Maß beaufsichtigt werden. Es sei doch nur gut, wenn sie was zu tun hätten. Fast wie in einer Jugendgruppe, beim Bibelstudium, im Wissenschaftsclub. Und wer weiß, vielleicht werde ja beim einen oder anderen das Interesse am Eiergeschäft geweckt. (Damit wollte nämlich der gesamte Nachwuchs nichts zu tun haben, und das war doch sehr traurig.) Manche könnten dabei, meinten die Farmer im Stillen, sogar einen passenden Ehepartner finden, denn die Dates, die sie gegenwärtig anschleppten, waren, gelinde gesagt, lächerlich.

(Zu dem Zeitpunkt konnten die Farmer nicht wissen, dass der Plan nach hinten losgehen würde, weil der Nachwuchs, geschult von Jonathan Jarman jun., der im Lauf der Zeit ein ziemlich überzeugender Typ wurde, ganz zu schweigen von Annabelle, mit den Neuerungen, die er, der Nachwuchs, nach der Betriebsübergabe umsetzte, den väterlichen Karren an die Wand fuhr. Diese beiden, Jonathan und Annabelle, setzten eine beachtliche und kostspielige Bewegung in Gang, hin zu erst bereicherter Käfig-, dann Boden-, dann Freilandhaltung, die, als die Jungfarmer erwachsen wurden und die Betriebe übernahmen, über das Land hinwegfegte. Einige Söhne und Töchter kehrten dem Geschäft angewidert den Rücken. Manche wurden verdeckte Ermittler für Annabelle. Andere kombinierten ihr Gewissen mit einer lebenslangen Liebe zur großen weiten Welt und fuhren auf Piratenschiffen zur See, machten Jagd auf Walfänger und Schleppnetzfischer, und die Vätergeneration sah fassungslos zu und gab Farmer Jarman die Schuld an allem. Aber das war viel später.)

An diesem warmen Septembernachmittag also kam Farmer Robert Green sen. zur Rezeption, um Jonathan Jarman jun. gefälligkeitshalber zu empfangen. Beide Männer, Jonathan jun. und Farmer Green, waren optimistisch gestimmt: Jon. jun., weil die Happy Green Farm mit nur einer Million Hennen klein war und womöglich auf Wachstum setzte, was eine neue Stallanlage mit seinen Käfigen bedeuten könnte; und Farmer Green, weil er seine Tochter Annabelle überredet hatte, Jon. jun. herumzuführen. Annabelle bekundete aggressiv wenig Interesse an der Landwirtschaft (Massentierhaltung, je nach Perspektive), allerdings immer noch mehr als Farmer Greens einziger Sohn, Robbie jun., der Würgelaute ausstieß, wann immer der Senior das Thema zur Sprache brachte. Farmer Greens Überlegung war, dass Annabelles Interesse womöglich wüchse, wenn er sie mit einem intelligenten, gutaussehenden Mann wie Jon. jun. zusammenbrachte, und dass Jonathan sich womöglich ganz besonders intelligent und gutaussehend zeigte, wenn er auf Annabelle traf, die, achtzehnjährig, zur Schönheit erblühte.

Vater Green ging nicht fehl in seinen Überlegungen. An jenem warmen Septembernachmittag, als er seine liebreizende Tochter ins Spiel brachte, beobachtete er befriedigt Jonathan jun.s Gesicht. Annabelle lächelte schüchtern.

»So, ich lass euch zwei jetzt mal allein«, sagte Farmer Green, händereibend. »Ich bin sicher, ihr werdet einen tollen Plan für uns ausbaldowern.« Er schlug Jonathan jovial auf den Rücken, legte ihm nahe, Essensquittungen aufzubewahren, und scheuchte die beiden hinaus.

Die Möglichkeit, dass Jonathan nach eineinhalb Minuten in Annabelles Gegenwart irreversibel in sie verliebt wäre und, beflügelt von ihrer Schönheit, heroische Reden im Namen der Hennen schwänge, in denen er während der nächsten paar Tage mit größerer Beredsamkeit als jemals zuvor seinen Plan zur Bereicherung des Hennenlebens darlegte, hatte Farmer Green nicht bedacht. Jonathan jun. überzeugte sie – und sich – vom individuellen Temperament, von den Wünschen und Gelüsten und wenig bekannten Traurigkeiten, von den Freundschaften und der überraschenden Konversationskunst der Hühnervögel (was übrigens alles zutrifft). Er brachte es fertig, dass Annabelle die Hennen in neuem Licht sah, im Licht ihrer beider Liebe. Annabelle, die von Haus aus zu zärtlichen Gedanken über die Tierwelt neigte, Geflügel inklusive, war tief beeindruckt von diesem etwas älteren Mann und fühlte sich vom Schicksal erkoren, ihn und die Hennen zu lieben und für ihr Recht auf Bereicherung zu kämpfen. Jonathan brachte es außerdem fertig, den Präsentationsprozess von drei Tagen auf zwei Wochen zu dehnen, indem er mehrere Evaluationsebenen einführte, die er sich fieberhaft spätnachts ausdachte, um seinen Aufenthalt bei den Greens verlängern zu können. Und nach fünfzehn Tagen, als die zwei den großväterlichen Legehennenbetrieb besuchten, den Originalstall, der (infolge einer chemischen Kontamination der Umgebung) stillgelegt und aufgegeben worden war, nahm er Annabelle zwischen Wald und Fluss (romantischer Fleck für zwei verliebte Abkömmlinge von Eierproduzenten, trotz der Toxizität ringsum) das Versprechen ab, ihn zu heiraten. Eine Woche später trat er an Farmer Green heran und hielt förmlich, farmlich, um ihre Hand an.

Dass ihr Vater ja sagte, grenzte für Annabelle und Jonathan an ein Wunder, sie war schließlich erst achtzehn; doch für die beiden Familien war es ein Coup. Beider Eltern waren überglücklich und beglückwünschten einander telefonisch (heimlich: aus Furcht, die Jungverlobten könnten das elterliche Entzücken mitbekommen und ihre Entscheidung bereuen, weil jeder Einfall, der bei den Eltern auf Zustimmung stieß, aller Voraussicht nach nichts taugte). Die Eltern konnten es kaum erwarten, die beiden Betriebe durch Eheschließung zusammenzulegen, die jungen Leute in das Familiengeschäft einzuzementieren und am Ende beide Farmen zwei Nachfolgern zu hinterlassen, die inzwischen ein schier unglaubliches Interesse an Eiern entwickelt hatten (in Wahrheit interessierten sie sich nicht für die Eier, sondern für die Hennen) und enthusiastisch die Optimierung ihrer Betriebe planten (Jonathans Käfigdesign, das innerhalb weniger Wochen zunehmend avantgardistisch geworden war, hatten die Familien sträflich wenig Beachtung geschenkt, hatten es eigentlich mehr oder minder vergessen). Die Zukunft beider Betriebe war gesichert.

Die Familien ließen das glückliche Paar sechs Monate auf die Hochzeit warten, was ein Gebot nicht nur der Besonnenheit war – schließlich kannten sich die beiden erst seit drei Wochen –, sondern auch der Mütter, die ausreichend Zeit haben wollten, um die, eben, unbesonnenste, spektakulärste Hochzeit in der Geschichte der Legehennen zu planen. Und die Jarman-Green-Hochzeit in jenem Frühjahr wurde tatsächlich ein Großereignis. Die gesamte Mitgliedschaft der Vereinigten Eierproduzenten war geladen. Aus allen Landesteilen flogen Farmer herbei. Ganze Flugzeuge voller kommerzieller Eierproduzenten samt Ehefrauen und Kindern landeten auf dem Rollfeld und fuhren mit Limousinen zur Farm. (Dazu gehörte auch die kleine, aber wachsende Gruppe des schlauen, noch jugendlichen Nachwuchses, über den die älteren Farmer Jahre später sagten, er sei von Jonathan »gehirngewaschen« worden – nicht nur von Jonathan, sondern auch von Annabelle, die in jenen ersten Jahren eine hin- und mitreißende Werbetrommlerin für das Käfigdesign ihres Ehemannes war, bis sie die Nutztierhaltung insgesamt zu verurteilen begann und sich zusammen mit einigen von den anderen auf die Suche nach radikaleren Strategien machte.)

Die Hochzeit war ein überwältigender Erfolg.

Es kam sogar Farmer Bristole, Repräsentant des einzigen großindustriellen Legehennenbetriebs in Maine (in dem sechs Jahre später das FBI nach einer von Annabelle durchgeführten Undercover-Ermittlung eine Razzia vornahm: Farmer Bristole wurden vierzehn Fälle von Tiermisshandlung zur Last gelegt, und Temple Grandin von CBS News nannte seinen Betrieb »eine völlig verdreckte, widerliche Sauerei«).

Es kam auch Farmer Parlin (er ging bankrott, nachdem ein Video der Undercover-Ermittlung von Annabelle und ihrer bösen Brut sich virusartig verbreitet hatte und sämtliche Großkunden Parlins nacheinander absprangen und sich neue Lieferanten suchten, heißt: unter den anderen Hochzeitsgästen).

Sie alle und viele weitere kamen an jenem Frühlingsnachmittag zur Happy Green Family Farm, füllten die Pensionen der Umgebung, klatschten und johlten, als der Bräutigam die Braut küsste.

Während der ersten drei Ehejahre hätte das Leben für die zwei Turteltäubchen nicht besser sein können, darin waren sich die vereinten Familien Green & Jarman einig. Auf den ersten Sprössling aus dieser Ehe warteten die Familien allerdings mit wachsender Ungeduld – obwohl sie Annabelle ihr jugendliches Alter zugutehielten (neunzehn, dann zwanzig, dann einundzwanzig) –, aber auch mit wachsendem Unbehagen angesichts der Ideen des jungen Paars, die sich unter den Kindern der Eierfarmer ausbreiteten wie geplatzter Dotter.

Eines Tages, heißt es, sah man jedoch den Sohn unrasiert und finsteren Blicks durch die Stadt fahren, obwohl das Paar gut dreißig Minuten entfernt lebte. Er fuhr hinaus zur Happy Green Family Farm und stellte sich auf den kleinen Parkplatz davor. Den Verwaltungsangestellten zufolge, die ihn durchs Fenster beobachteten, saß er nur da, den Kopf auf dem Lenkrad. Der Nachmittag ging ins Land, die Sonne wanderte über den Himmel, die Farmmitarbeiter umrundeten scheu sein Auto auf dem Weg zu ihrem eigenen, und er saß immer noch da. Schließlich kam Farmer Green heraus. Er setzte sich auf den Beifahrersitz. Niemand hörte, was sie redeten, doch es war klar, dass die Ehe in Trümmern lag.

Was immer Jonathan und Farmer Green an jenem Tag beschlossen hatten, wurde unmittelbar darauf vom Rest der Familie widerrufen. Beide Seiten (denn die Familien kehrten rasch von der Einheit zur Zweiheit zurück) machten der jeweils anderen heftige Vorwürfe.

Ihrer Familie zufolge hatte sie ihn verlassen, und das war gut so.

Seiner Familie zufolge hatte er sie rausgeworfen, weil sie geistesgestört war.

Ihrer Familie zufolge hatte er sie in den Wahnsinn getrieben mit seinen bizarren Ideen von Hühnern, die beste Freundinnen haben und Figurentanz machen und rechnen können. Er hatte sie beschädigt, vielleicht für immer.

Seiner Familie zufolge konnte er nichts für seine irre Ehefrau, und überhaupt war er derart am Boden zerstört, dass er sich vollständig aus der Branche hatte verabschieden und zu seinem Postgraduierten-Programm zurückkehren müssen. Er verlegte sich auf die technischen Spezifizierungen des Flaschendesigns. Genauer: Er überwachte gewisse Sicherheitsfunktionen bei gängigen Behältnissen für Gin, Wodka und Weinmischgetränke. Später entwarf er auch noch eine Produktlinie für türkischen Rum.

(TATSÄCHLICH ERFUHR ER von ihrer Absicht, ihn zu verlassen, am selben Tag, an dem er erfuhr, dass er Krebs hatte. Ich sterbe, wollte er ihr sagen, als er heimkam. Aber sie weinte, ehe er reden konnte. Dass sie von ihm fortwollte, hatte er gespürt, auch wenn er keine Ahnung hatte, warum, und sie ihm schon seit Monaten ein Rätsel war, und wenn er ihr in dem Moment gesagt hätte, dass er dem Tod nah war, hätte es die Lage womöglich geändert, denn so schlimm war es zwischen ihnen geworden, dass er auf den Tod hoffen musste, damit sie bei ihm bliebe, aber bevor er etwas sagen konnte, sagte sie, sie müsse mit ihm reden.

Im ersten Moment dachte er, sie wolle ihm mitteilen, dass sie in die Army eintreten werde, woraufhin er sie fesseln und in den Kleiderschrank sperren würde. Dann dachte er, sie wolle ihm mitteilen, dass sie Jesus gefunden habe und in die Mission gehen werde. Dann – Gott steh' ihm bei wegen dieser heimlichen Sehnsucht –, dass sie ihre Meinung geändert habe und ein Baby wolle.

Dann die Erkenntnis: Er hatte keine Ahnung, was sie sagen wollte. Er wusste überhaupt nicht mehr, was in ihr vorging.

Dies alles geschah innerhalb von rund drei Sekunden, denn kaum hatte sie gesagt, dass sie ihm etwas sagen müsse, sagte er: »Sag's nicht. Ich will es nicht hören«, weil er so oder so ahnte, dass sie sagen würde: »Ich gehe«, und wenn sie es nicht sagte, konnte sie es auch nicht tun. Wie konnte man jemanden verlassen, ohne es ihm mitzuteilen? Sein Fehler. Natürlich war das Härteste am Verlassen das Sagen-Müssen. Wieso kam ihm das nicht in den Sinn? Wenn sie nichts sagte, könnte er ihr vielleicht von dem Krebs erzählen, und dann könnte sie ihn nicht mehr verlassen. Wie konnte man jemanden verlassen, der an Krebs starb?

Aber er brachte es nicht über sich, ihr vom Krebs zu erzählen, weil er es nicht verkraftet hätte, wenn sie deshalb geblieben wäre.

Daher saßen sie schweigend beisammen, sie ein bisschen weinend. Am nächsten Tag war sie fort. Er hatte keine Gelegenheit, ihr zu sagen, dass er tot sein könnte, ehe sie zurückkäme.

Tatsache war, dass er nicht starb. Es war ein Irrtum. Wer erhält genau an dem Tag einen falschpositiven Befund, an dem die eigene Ehefrau – übrigens die einzige Frau, die er je liebte – einen zu verlassen beschließt?

Also war er ein Sterbender, und sie war fort. Ein paar Tage später war er kein Sterbender mehr, und sie war fort. Was für eine Welt.

»Sie ist geisteskrank«, sagte sein Vater.

»Wir sind alle geisteskrank«, sagte der ihre.)

JONATHAN JARMAN JUN. stand in seiner Kochnische.

Er dachte: Das macht sie nicht noch mal mit mir, das lasse ich nicht zu.

Jetzt stand dieser humorfreie Mann, der nach einem Küchenkraut benannt war, mit zwei Gleichgesinnten vor seiner Tür, klopfte und wurde auch noch laut: »Wir wissen, dass du dort drin bist, Jarman. Wir haben dich auf dem Parkplatz gesehen.«

Jonathan wusste längst, dass sie ihn auf dem Parkplatz gesehen hatten. Als er von der Arbeit nach Hause gekommen war, hatten sie ihn erwartet, alle drei in ein uraltes Auto gequetscht, mit den Gesichtern an den Fenstern. Er hatte gesehen, dass sie ihn gesehen hatten. Und er wusste, dass sie sich auch nicht von der Stelle rühren würden, wenn er gleich laufen ginge – und laufen ging er, um sich zu vergewissern, dass es stimmte, was er sah. Als er zurückkam, waren sie tatsächlich immer noch da. Er ging hinauf in seine Eigentumswohnung, nahm verschiedene Plätze in verschiedenen Räumen ein – »Kochnische«, »Sonnenecke«, »Nasszelle«, seine entwaffnend bezaubernden Räume –, wischte sich mit einem Handtuch den Schweiß vom Gesicht und dachte: Das lass ich nicht zu, ich halte es nicht mehr aus... – bis es klopfte. Er reagierte nicht. Stand nur erstarrt auf der anderen Seite der Tür, wartend und beschwörend.

Durch die Tür hörte er die zwei Frauen flüsternd streiten.

»Ist es schlau, die Sache mit Leuten durchzuziehen, die nicht miteinander reden?«

»Es war deine Idee, vergiss das nicht.«

»Wird das jedes Mal deine Ausrede sein? Dass es meine Idee war?«

Dill rief über sie hinweg: »Wir gehen nicht weg, Jarman.«

Jonathan öffnete die Tür einen kettenweiten Spalt und ließ ein Lichtdreieck in den Flur fallen. »Was wollt ihr?«

Es war zwei Jahre her, dass sich Annabelle zuletzt gemeldet

hatte. Er dachte, er habe sich endlich von ihr befreit, sei entronnen, gerettet. Aber hier stand ihr Handlanger, ein bisschen abgezehrt und mager. Dill.

»Wir haben vor, ein paar Hennen zu verlegen, Jarman.«

»Da seid ihr an der falschen Adresse. Hennenfänger sind draußen unterwegs, bei Wind und Wetter.«

»Das reicht nicht. Wir brauchen einen Ingenieur«, sagte Dill.

Jonathan seufzte. Er hatte keine Wahl, er musste sie hereinlassen, Dill und die zwei Frauen, die eine Art Uniform trugen. Er schloss die Tür hinter ihnen, damit die Nachbarn nicht sahen, dass er mit ihnen redete, und es dann womöglich gegenüber Joy erwähnten. Was hätte er sagen sollen? Dass es Missionare waren? Dass sie ihm irgendwas verkaufen wollten? Er hatte ihr das eine oder andere erzählt, aber in Wahrheit hatte sie keine Ahnung, wie tief das Loch war, aus dem er geklettert war, um zu ihr zu gelangen. Die drei setzten sich aufs Sofa. Wo hatte er diese Uniformen schon mal gesehen?

»Damit eines klar ist«, sagte er. »Ich mach das nicht mehr.«

»Sie meint, du könntest vielleicht eine Ausnahme machen.«

»Das kann sie vergessen. Sie hat kein Recht mehr, irgendwas von mir zu erwarten. Sagt ihr das.«

Die Frauen sahen ihn verwirrt an. Und er fand es unfassbar, dass sie die beiden tatsächlich zu ihm geschickt hatte, ohne sie darüber aufzuklären, was Sache war.

»Annabelle«, sagte Jonathan, »ist meine Frau.«

»Exfrau«, sagte Dill. »Geschieden.«

Ihre Mienen zeigten eine Reaktion, doch sie hatten sich schnell wieder im Griff. »Spielt ja keine Rolle«, sagte die Hübsche, hübsch genug, um ins Fernsehen zu kommen. »Wir reden hier von einer Entnahme im großen Stil.«

»Bist du überhaupt schon achtzehn?«, fragte er sie. »Wozu hat sie dich überredet?«

»Frag lieber, wozu ich *sie* überredet habe.«

»Noch schlimmer.«

Dill sagte: »Jarman, wenn's nach mir gegangen wäre, hätte ich deine blasierte Fresse nie wiedergesehen. *Sie* will es.«

Jetzt fiel es ihm wie Schuppen von den Augen: Betriebsprüfer-
uniformen. Das war's. Diese beiden waren Auditorinnen. Jesus.
Diesmal hatte sich Annabelle wirklich auf eine große Scheiße
eingelassen. Das war alles überhaupt nicht machbar, unmöglich.
Diesmal landete sie bestimmt im Knast. Er war fuchsteufelswild.
Und ermattet.

»Warum ist sie nicht selber gekommen?«, fragte er.

»Unabkömmlich«, sagte Dill.

»Bin ich auch.« Jonathan stand auf. »Sind wir fertig?« Er musste sich bewegen. Er wollte nicht, dass sie sahen, wie er zitterte.
»Wenn sie was von mir will, reicht es nicht, ihre Soldaten auszu-
schicken, da muss sie sich was Besseres einfallen lassen. Richtet
ihr das aus.« Er ging zur Tür. »Sagt ihr, sie soll herkommen und
brav bitte sagen. Ihr Daddy hat ihr schließlich Manieren beigebracht.«

ALS SIE FORT WAREN, ging Jonathan ins Bett, lag dort im Dunkeln und sagte sich, dass sein Leben wahrscheinlich wieder mal vorbei war. Sie ruinierte es ihm jedes Mal, wenn sie auftauchte.

Am Abend zuvor war er bei seiner Freundin gewesen, bei Joy, und er war so glücklich, so erleichtert gewesen, ohne sich dessen bewusst zu sein, so verblüfft von ihren zwei kleinen Mädchen, die ihm, offen gestanden, ein bisschen Angst machten. Joy hatte das eine Mädchen in den Pyjama gesteckt, wobei sich das Oberteil verhedderte und ein Arm durch den Halsausschnitt stach. Und er sah zu, wie daraus ein urkomisches, köstliches, chaplineskes Spiel wurde, über das er lachen musste, bis er Joys Miene sah und begriff: Nein, falsch, es ist überhaupt nicht komisch. Sie hatte dieses Spiel zu oft gespielt, und er fragte: »Kann ich helfen?«, in einem Tonfall, der, wie er hoffte, nicht fremd und unbeteiligt war, denn der Plan, den sie besprochen hatten, war, dass er »an Familienaktivitäten teilnahm«, damit er Anschluss fände und nicht einfach am Rand baumelte wie ein Kletterer an der Felskante, sondern einbezogen würde und schließlich einziehen könnte, und ein Weg dorthin, hatten sie gemeinsam beschlossen, war eben, dass er »half«. Daher fragte er jetzt, ob er etwas tun konnte.

Sie blickte dankbar auf und sagte: »Könntest du mit ihr Zähneputzen gehen?« und meinte das andere Kind, denn das hatte er schon mal geschafft, halbwegs erfolgreich, so dass es, wenn es noch einmal gutging, vielleicht künftig sein »Job« sein könnte. Das Kind lief voraus ins Bad, riss sich sämtliche Kleider vom Leib – durfte er jetzt noch allein mit dem Kind im Bad sein? – und hüpfte auf die Toilette. Unsicher stand er in der Tür. Er sollte jetzt wohl besser nicht hineingehen, oder? Er konnte rasch kehrtmachen und Joy fragen, aber ließ man ein so kleines Kind allein auf dem Klo sitzen? (Bei einer vergleichbaren Situation auf dem KidZ-DanZ-Parkplatz hatte er es vermasselt und dafür schockierte, wütende Worte von Joy kassiert.)

Wie unschuldig sie alle gewesen waren!

Jetzt, im Bett seiner modernen Eigentumswohnung, in der jedes Haushaltsgerät, jede Wand, jede Fliese, jedes Rollo im selben Eierschalenweiß gehalten war, dachte er an jenen Moment am Abend zuvor, in dem die Dunkelheit seines Lebens um Haaresbreite verschwunden wäre. Geradezu umwerfend, die Vorstellung, dass seine Probleme in Zukunft auf die Frage hinauslaufen könnten: Wie verhält man sich gegenüber einer Vierjährigen? Damit war's jetzt aus und vorbei. Seit der Sekunde, in der er Dill auf dem Parkplatz erspäht hatte, wusste er, dass sein Leben mit Joy gefährdet war.

Am Morgen schrieb er ihr eine Nachricht: *Sehen wir uns heute Abend, meine Schöne?* Und in der Mittagspause tat er etwas Impulsives. Er fuhr zu einem Juwelier und kaufte einen Verlobungsring und – was soll's, machen wir doch gleich Nägel mit Köpfen! – ein ganzes Trauungsset für 14 000 Dollar, und als der Verkäufer fragte, ob er eine Inschrift wolle, sagte er ja, im Ring für den Bräutigam: NUR NOCH FREUDE, denn dass seine Verlobte-in-spe »Freude« hieß, schien ihm Omen und Beschwörung zugleich. Spät abends, als die Kinder schon im Bett waren, fuhr er zu ihr. Heute brauchte er Joy. Freude, nur Freude. Sie machte ihm die Tür auf und ließ ihn herein. Sie gingen ins Bett, und er lag mit blutendem Herzen im Dunkeln und hielt sie fest an sich gedrückt.

ER DACHTE, wenn er Glück hätte, wäre die Sache damit ausgestanden, doch am nächsten Abend kam sie selbst. Als er aus dem Auto steigen wollte, schon einen Fuß auf dem Boden hatte, sah er sie in einer Regenjacke, die Kapuze auf dem Kopf, allein im Regen stehen. Er konnte die Spitzen ihrer Haare und den Saum ihres Kleids sehen, ihre Gummischuhe. Er gestikulierte zur Tür der Wohnanlage, doch sie schüttelte den Kopf – sie war wirklich eine paranoide Tusse, wahrscheinlich glaubte sie das Haus verwanzt –, weshalb er ihr die Beifahrertür aufmachte. Sie stieg ein. Sie saßen im Dunkeln und lauschten dem Regen.

»Schön zu wissen, dass du lebst«, sagte er. »Hättest ja mal eine Postkarte schicken können.«

»Ich hab dir was Besseres geschickt als eine Postkarte, aber du wolltest nicht.«

»Woher weißt du, dass du den beiden trauen kannst? Wieso bist du überzeugt, dass sie nicht vom FBI sind? Diese Uniformen sehen aus wie festgetackert.«

»Ich hab sie überprüft. Sie sind okay.«

»Die sind von der Sorte, die dich ins Gefängnis bringt. Oder Schlimmeres.«

»Mir wär's lieber, du würdest mir nicht sagen, was ich tun soll.«

»Mir wär's lieber, du würdest dich nicht aufführen wie ein Teenager.«

»Rede nicht mit mir, als wärst du ein Vater.«

Er wollte sagen: »Ich *bin* ein Vater, fast jedenfalls.« Aber fast ist bei Weitem nicht genug.

»Vergiss es«, sagte sie. »Ich weiß nicht, warum ich geglaubt habe, du würdest helfen.« Sie öffnete die Tür.

Jesus, die Frau machte ihm Kopfweh.

»Bleib«, sagte er. »Komm schon. Hör auf damit.«

Sie schloss die Tür wieder.

»Was brauchst du?«

»Ich dachte, sie hätten es dir gesagt. Wir verlegen ein paar Hennen.«

»Wofür braucht ihr da mich? Du weißt, wie man eine Henne verlegt.«

»Es sind sehr viele Hennen.« Sie streifte die Kapuze nach hinten und hob ihr Haar an, um es freizuschütteln, und, Gott steh ihm bei, er liebte sie immer noch. Der Kauf der Ringe erschien ihm jetzt wie eine Verzweiflungstat, denn egal, was er tat oder was geschah, er würde immer alles tun, was sie verlangte. Er hatte ein feierliches Versprechen gegeben, vor ihrem und seinem Vater und den versammelten Eierproduzenten (sein Herzblut, egal, wie sehr er sich dagegen wehrte), das Versprechen, dieses verdammte gesprungene Ei zu beschützen, und er musste es tun.

»Sind die beiden beteiligt?«

»Es werden viele Leute beteiligt sein.«

»Ich dachte, du hasst Leute.«

»Wann soll ich das gesagt haben?«

»Du hast es gesagt.«

»Na ja, stimmt.«

»Ich dachte, du machst so was nicht mehr.«

»Hab ich auch nicht.«

»Jetzt anscheinend schon.«

Der Aufprall der Tropfen erzeugte Regensterne auf der Windschutzscheibe.

Er stieß die Luft aus. »Ich muss was davon haben«, sagte er schließlich.

»Was willst du?«

»Wir machen dieses letzte Ding, und dann hörst du auf. Für immer.«

Die Fenster glänzten.

»Okay.«

»Okay was?«

»Ich hör auf. Ich bin damit durch. Ich steig aus. Nach diesem letzten Mal.«

Er wusste nicht, was er sagen sollte. »Echt?«

»Ja.«

Was mochte das bedeuten? Er war nicht sicher; für eines aber konnte er die Hand ins Feuer legen: dass sie immer ihr Wort hielt, und deshalb fragte er jetzt: »Was willst du von mir?« Dabei gab es noch etwas, wofür er die Hand ins Feuer legen konnte, und das hätte er inzwischen wirklich wissen müssen: dass er dieser Frau nichts versprechen durfte, denn dann sagte sie ihm, was sie von ihm wollte.

A: Ja, ich verstehe zwar nicht, inwiefern das alles relevant sein soll, aber ja, so in etwa ist es abgelaufen.
F: Er hat eingewilligt.
A: Mehr oder weniger. Er wollte Dill nicht dabeihaben. Das hab ich abgelehnt. Ich habe alles zusammen mit Dill gemacht, von Anfang an, seitdem wir uns kennen.
F: Wo habt ihr euch denn kennengelernt?
A: In einer Ökoterroristenbar außerhalb von X. Er beugte sich zu mir und fragte: »Was bist du denn, FBI?«
»Besser als FBI«, sagte ich. »Ich bin Agrarindustrie.«
Dill war derjenige, der mir alles erzählte, die ganze Geschichte, wie alles den Bach hinunterging. Die ALF, die Animal Liberation Front, das war schon mehr als ein Jahrzehnt her. Nichts mehr übrig außer Vandalismus und Selbstüberschätzung und Trümmer. Es gab Open-Rescue-Aktionen – Leute filmten sich, wie sie Tiere entnahmen. Das ist kaum mehr als Hausfriedensbruch und total wirkungslos. »Ich sag dir was«, sagte ich. »Meiner Industrie ist euereiner nicht gewachsen.« Ich hatte andere Vorstellungen, andere Fachgebiete, eine andere Herangehensweise.
F: Nämlich?
A: Mitarbeitergestützte Ermittlung. Das war was völlig Neues. Wir stellten unsere ersten zwei Mitarbeiter ein und bildeten sie aus. Ermittlungen schlossen wir innerhalb von Monaten ab. In den ersten drei Jahren machten wir sechsunddreißig Ermittlungen in achtzehn Bundesstaaten. Wir erzwangen Verurteilungen, Razzien, neue Gesetzgebung, bekamen mehr Presse, als wir je für möglich gehalten hätten.
F: Und Ihr Mann?

A: Er war der Zahlenmensch. Er war gut.

F: Was ist schiefgelaufen?

A: Na ja. Die Scheidung. Danach wollte er nicht mehr.

F: Nein, was ist bei den Ermittlungen schiefgelaufen?

A: Was meinen Sie? Nichts.

F: Aber ...

A: Wir sind gewachsen. Wir hatten Einfluss. Im ganzen Land schossen Ermittlerteams aus dem Boden. Nichts ist schiefgelaufen. Nichts läuft schief.

F: Sie sind ausgestiegen. Sie haben sich, wie sagten Sie, »ausgeruht«. Auf einem chemisch verseuchten Gelände.

A: Ach das, na ja ...

SIE TRAFEN SICH zu viert, sie rauschte in ihrem Kleid herein, er marschierte zum Tisch, Janey und Cleveland in Uniform hinterdrein. Sie setzten sich an einen Kartentisch in Dills Stall. Dann debattierten Dill und Annabelle eine Stunde lang.

Zuerst debattierten sie darüber, wie viele Lastwagen sie brauchten. Dann darüber, wie viele Ermittler. Dann, wie viele Stunden. Dann, wie viele Hennen in einen Lkw passen. Dann schienen sie über simple Multiplikation zu streiten. Dann fingen sie an zu behaupten, dass ihren Rechnern nicht zu trauen sei. Die Rechner »hörten zu«, auch wenn sie ausgeschaltet waren, woraufhin sich Dill an Janey und Cleveland wandte und sagte: »Ihr habt eure Handys im Auto gelassen, ja?« Die eine hob beide Hände: »Wie oft noch?«, während die andere sagte: »Das ist doch hoffnungslos«, sich wieder den Ausdrucken von der letzten Betriebsprüfung zuwandte und mit Leuchtstift Zeilen markierte.

Als nächstes debattierten sie über die Dimensionen der Stallanlagen. Annabelle sagte, vier von einer Sorte, zwei von einer anderen und zwei einzelne. Dill sagte, von den acht Ställen seien sechs jetzt gleich. Annabelle sagte, sie kenne sich auf dem Gelände besser aus als Dill, zwangsläufig, und Dill sagte: »Denk an Gemperlee«. Annabelle reckte das Kinn und sagte: »Denk an Norco.« Sie beugen sich über den Tisch und starrten einander an, bis Dill blinzelte.

Cleveland mischte sich ein. »Wenn ihr dann fertig seid: Das letzte Audit ist hier.« Sie hielt ihre Mappe hoch.

»Gib her«, sagte Annabelle und griff danach.

Nun kam auch Jonathan, in legerem Khaki. »Wo ist dein Mann, Dill?«, fragte er. »Der war immer so sympathisch«. Dill schnitt eine fürchterliche Grimasse.

Dill und Annabelle saßen einander gegenüber, mit trotzig verschränkten Armen. Und mit grimmiger Miene. Jonathan warf einen Blick auf seine Uhr.

»Das steht so da.« Dill zeigte auf eine Seite.

»Weiß ich. Hab ich gesehen.«

»Was?«

»Stall 7 und 8 werden leer sein.«

»Ja, ganz genau«, sagte Janey bestimmt. »Räumung in der Woche vor unserem Stichtag.«

»Hier sind die Daten zu den Unterbringungen«, sagte Cleveland und schob Jonathan die Mappe zu.

»Fuck, welchen Sinn hat es, eine Farm leeren, die zu einem Viertel leer ist?«, fragte Dill.

»Den gleichen, wie eine volle Farm zu leeren«, sagte Jonathan. »Gar keinen.«

»Warten wir halt. Verschieben wir's um, sagen wir, drei Wochen.«

»Nein, der Zeitpunkt ist gut«, sagte Annabelle. »Ricardo macht immer Ende April Urlaub und besucht seine Mutter in Puerto Rico.«

»Wer ist denn Ricardo?«, fragte Janey.

»Ach, den habt ihr nicht in eurer Akte? Ricardo. Der war schon immer da. Nachtwächter.«

»Na, das ist ja toll«, sagte Dill. »Zwei leere Ställe. Das reduziert es auf neunhunderttausend. Nicht mal eine Mio.«

»Viel mehr, als ihr je gemacht habt«, sagte Janey.

»Moment.« Jonathan blätterte. »Nein, das ist gut.«

»Ist ja klar, dass du das sagst.«

Er blickte zu Annabelle auf. »Jetzt ist es möglich. Ihr könntet es durchziehen.«

»Okay, wenn ihr fünfzehnhundert Vögel pro Stunde entnehmen könnt...«, sagte Jonathan.

»Ja, aber so machen wir es nicht.«

»Dachte ich mir.« Er seufzte.

»Die Idee ist: Wir wollen, dass jede Henne beidhändig aufgehoben wird, eine nach der anderen.« Cleveland demonstrierte es mit den Armen. »Das verlangsamt die Sache.«

»So ist es.«

»Schauen wir mal, womit ihr aufwarten könnt«, sagte Dill.

»Eine Henne pro Hand?«

»Eine Henne pro zwei Hände. Bist du taub?«, fragte Janey.

»Das dauert länger. Wie viele sind käfigfrei?« Jonathan hatte die Papiere vor sich ausgebreitet.

»Zwei Ställe. Daher brauchen wir Leerer *und* Fänger.«

»Weiß nicht, ob das geht«, sagte Jonathan. Er fuhr mit dem Zeigefinger die Seiten abwärts. »Wahrscheinlich nicht. Lässt sich das ein bisschen verkürzen?«

»Zum Beispiel wie?«

»Wie wär's mit einem Staubsauger? Für die käfigfreien Ställe?« Dill schüttelte den Kopf. »Zu viele Verletzungen. Sowieso sind das Volieren. Staubsaugen geht nicht.«

»Staubsaugen?«, fragte Janey.

»Ja«, sagte Annabelle. »Die Hühner werden von einem heulenden Gebläse in diese riesigen rotierenden Gummibürsten eingesaugt und auf ein Förderband hinausgeschossen.«

»Ich muss ein paar Berechnungen machen. Die Frage ist«, sagte Jonathan, »wie viele Vögel pro Minute die Ställe verlassen müssen.«

Annabelle zog einen Notizblock hervor.

»Warum nicht gleich Hammer und Meißel?« Er stand auf. »Ich hol meinen Laptop.«

»Genauso gut können wir das FBI anrufen und hierher einladen.« Annabelle warf einen Stift auf den Tisch. »Alles auf Papier.«

Jonathan verdrehte die Augen zur Decke.

»Woher kriegt ihr die ganzen Lkws?«, fragte Jonathan. »Ihr werdet Geflügel-Lkws mit Batteriegestänge brauchen. Habt ihr darüber nachgedacht? Ihr braucht – Moment ... schieb das mal rüber, bitte.« Er zog den Block zu sich her. »Der Stift schreibt nicht. Hat jemand was zum Schreiben? Okay, wie viele Lkws ...«

»Ich habe schon zwölf bereitstehen«, sagte Dill.

»Zwölf?«, fragte Jonathan. »Schau, das ist das Problem mit euch. Ihr scheitert an simpler Mathematik. Was ihr braucht, sind« – er nahm einen Stift von Cleveland – »mindestens vierzig Lkws. Wie viele Hennen passen in einen Lkw?«

»Die neuen fassen bis zu neunzehntausend Legehennen oder achttausend Masthühner«, sagte Cleveland.

»Die haben wir hier natürlich nicht«, sagte Jonathan. »Also neunzehntausend pro Stück.«

»Wir können keine kommerziellen Lkws verwenden.«

»Ist nur für ein paar Stunden. Wir laden sie schnell wieder aus.«

»Wir stopfen keine neunzehntausend Hennen in einen Lkw.«

»Na gut, wie sieht's mit fünfzehn aus? In dem Fall brauchen wir...« Jonathan kritzelte. »Sechzig Lkws. Damit geht's vielleicht.«

Alle sanken auf den Stuhl zurück. Dill pfiff.

Jonathan warf den Stift auf den Tisch. »Zwölf hast du? Ich wüsste gern, wo du die restlichen achtundvierzig herkriegst.«

Niemand atmete.

»Ich kann sie beschaffen«, sagte Janey.

Alle sahen sie an.

»Ich kenn jemand.« Sie zuckte die Achseln.

JANEY HIELT SICH ZURÜCK. Sie wusste, dass es ohne die anderen nicht ging. Aber sie hoffte, dass nicht alles ein großer Fehler war. Die anderen übernahmen die Führung, und Janeys Autorität ebbte ab. Sie hatte ihre Vision in andere Hände gelegt und war nicht sicher, ob sie dort gut aufgehoben war.

Am Abend zuvor war sie zu Hause bei ihrem Vater gewesen. Einmal hatte sie vom Laptop aufgeblickt und ihn betrachtet, wie er sichtlich gealtert vor dem Fernseher saß. Sie dachte, wie bestürzt er wäre, wenn sie im Gefängnis landete. Er gäbe sich die Schuld daran.

»Was ist, hab ich Krümel im Gesicht?«, fragte er. Mit dem Handrücken fuhr er sich über die Nase.

Also ja, sie wollte was beitragen (obwohl die ganze Idee zuallererst ihre Idee gewesen war, ihr Traum). Zugegeben, *das* hätte sie nicht anbieten sollen. Zwar hatte sie drei Jahre lang als Lkw-Disponentin gearbeitet, aber sie war gekündigt worden, mit jeder Menge Gründe und jeder Menge Feinde.

Sie hatte an Manny gedacht. Ihren ehemaligen Chef. Denkbar, dass er bereit war zu helfen. Er nannte sich einen Revolutionär des Arbeiters, lachend. Redete von Gewerkschaft. Von politischem Kram. Er war ein paar Monate vor ihrem Rausschmiss gegangen und hatte ihre schlimmsten Eskapaden gar nicht mehr mitbekommen. An dem Abend entdeckte sie ihn im Netz und machte sich am folgenden Nachmittag auf den Weg. Sie fuhr durch ein paar Kleinstädte und zuletzt entlang einem Maschendrahtzaun auf rissigem Asphalt auf ein niedriges Gebäude und ein Schild zu, auf dem stand:

NOY'S TRUCKS
VERTRAGSHÄNDLER FÜR DIE LANDWIRTSCHAFT
VON IOWA

Und Manny. Ihn sah sie durch die Fensterscheibe hinter der Theke sitzen. Als wäre eine Ewigkeit seit ihrem letzten Treffen vergangen, so alt kam er ihr vor. Sie empfand das Gewicht von Traurigkeit, hier draußen in dieser Ödnis, die gesprenkelt war von Lkws und leeren Lkw-Hülsen – sie sahen aus wie Krustentiere, die nach dem Zurückweichen der Meere zurückgeblieben waren. Als sie einander zum letzten Mal gesehen hatten, hatte sie Wörter gezählt und von der alten Janey geträumt. Die Welt zeigte sich dann größer als erwartet, hatte Platz für mehr, als sie sich vorgestellt hatte. Die alte Janey war kaum mehr zu erkennen. War sie überhaupt noch da, zugeschüttet, ein überschriebenes Palimpsest? Mit geschlossenen Augen lehnte Janey den Kopf an das Lenkrad und versuchte sie zu sehen, wo immer sie war. Doch die alte Janey war ein behütetes Kind, der neuen nicht ebenbürtig. Janey schickte sie fort. Halt, nein – sie brauchte beide. Sie holte sie wieder zurück.

Sie stieg aus dem Auto.

Sie trat ein, beim Öffnen der Tür erklang eine Kundenglocke. »Schau, wer zu Besuch kommt«, sagte sie. Und versteckte ihre Nervosität hinter einem Grinsen.

Manny drehte seinen Stuhl um die eigene Achse und stoppte. Lächelte. »Wo kommst du denn auf einmal her?«

»Nett hast du's hier.«

»Wie geht's dir, Mädchen?«

»Ist nie besser gegangen.«

»Was kann ich für dich tun?«

»Frag lieber, was ich für dich tun kann.« Sie ging auf ihn zu. »Ich hab *die* Chance für dich.«

Er blinzelte, grinste. »Nö, danke.«

»Möchtest du bei was dabei sein, das größer ist als du?«

»Bin ich schon«, sagte er. »Ich bin das Kleinste, was ich mir vorstellen kann.«

»Komm schon, Manny. Ich weiß, dass du einer bist, der die Welt verändern will.«

»Die Welt verändert sich in jeder Minute, ob ich dabei bin oder nicht.« Er reckte sich, zurückgelehnt, die Arme hinter dem Kopf verschränkt, amüsiert.

»Also ich hab einen Plan zur Weltverbesserung.«

»Schlechte Idee. Immer wenn jemand versucht, die Welt besser zu machen, endet es im Desaster.«

Mistkerl. Sie gab sich einen Schubs, rückte heraus mit der Sprache.

Er lachte. »Was soll ich glauben, wofür du so viele Lkws mit Gestellen brauchst?«

»Es ist ein ganz normales Geschäft, Manny. Nichts Illegales. Wir bezahlen dafür.«

»Keine Chance«, sagte er. »Ich kann nicht so viele Lkws auf einmal auftreiben.«

»Für vierundzwanzig Stunden? Doch, kannst du. Ich weiß, wie es läuft.«

»Nein, danke. Ich passe.«

Verdammter Mistkerl! Ein Bild durchzuckte sie: wie sie mit leeren Händen zur Gruppe zurückkam. *Sorry. Ihr habt mich mit einem Auftrag losgeschickt, und ich hab nach hundert Sekunden aufgegeben.*

Draußen donnerte ein Lkw auf das Firmengelände. Irgendwo in der Ferne war ein Geschrei wie das Kriegsgebrüll des vormodernen Menschen. Sie dachte an den Hennenstaat. Eine ganze Generation. Sie dachte an die Vision, Hunderttausende Hennen, die ihre Käfige verlassen und in die Nacht davonfliegen.

Knapp zwei Meter von ihm entfernt ging sie im Geist rasend schnell alle Berechnungen und Wahrscheinlichkeiten durch, wie es gelingen konnte. (Malcolm X, mit erhobener Faust seine Muslimbrüder aufrufend. Die Königin, über das Schachbrett stolzierend. Ihre Mutter, mit aufgerissenen Augen, sich reinhängend.) Janey legte den Kopf schief, schürzte die Lippen. Hatte noch einen Trumpf im Ärmel. Sie trat einen Schritt vor. Ihr Gesicht hatte sich anscheinend schon verändert, denn er wich vor ihr zurück. »Hast du gedacht, du bist aus dem Schneider, weil du ein paarmal das Motelzimmer gezahlt hast? Was würde Carol wohl denken?« Sie verschränkte die Arme.

Er erbleichte.

Sie wäre beinahe schwach geworden. »Es ist für einen guten Zweck«, lenkte sie ein. »Ich schwör's.«

Er rieb sich die Stirn. »Wer soll die Lkws fahren? Zugelassene Fahrer?«

»Natürlich.« (Sie durfte nicht vergessen, Dill danach zu fragen.)

»Habt ihr das Geld dafür? Achtundvierzig Lkws mit Gestellen, das kostet was. Genauer: jeder eins-fuffzig am Tag. Du weißt, wie es läuft. Keine Sonderkonditionen.«

»Das macht – Moment ...«

»Rund sieben Riesen. Plus Steuer und Diesel. Und Versicherung.« Er schüttelte den Kopf. »Wozu braucht ihr so viele Lkws?«

»Ist sauber.«

Er zählte an den Fingern. »Ich schätze, ich kann sie euch zum Selbstkostenpreis geben. Das senkt den Preis auf eins-null-fünf pro Stück plus Versicherung. Komm mir auf halbem Weg entgegen. Du gibst mir sechs Riesen und versprichst mir, dass du nur zugelassene Fahrer bringst. Ich schau, was sich machen lässt.«

»Okay.«

»Und du gibst sie vollgetankt zurück.«

»Klaro.«

»Ich will nix in den Nachrichten darüber hören.«

»Wirst du nicht, Manny.«

»Und du erpresst mich nicht. Ist das klar?«

»Natürlich nicht, Manny.«

Er seufzte. »Jesus, Janey.«

Sie ging hinaus zu ihrem Auto und rief Dill an. »Wir werden Bargeld brauchen.«

»Gut«, sagte Dill. »Mein Mann ist regelmäßiger Spender.«

»Wir brauchen sechstausend Dollar.«

»Ich hab Zugriff aufs Notfallkonto«, sagte er. »Danach natürlich nicht mehr, ist klar.«

ES WAR NICHT IHRE SCHULD, dass sie sich nie einigen konnten, was aus den Hennen werden sollte, nicht *aus jeder einzelnen*. Es waren einfach zu viele. Nur neunhunderttausend, wegen der zwei leeren Ställe, aber trotzdem. Man musste sie wohin bringen, wo jemand gewillt war, sich zu engagieren. Man hätte sechzig Lkws mit jeweils fünfzehntausend Hennen, wobei man davon ausgehen musste, dass fünf Prozent dabei draufgingen, also sagen wir vierzehntausend plus Ausfälle, mehr oder weniger. Alles nur grob geschätzt.

Sie hatten Kontakte. Annabelle kannte Leute auf jedem Gnadenhof, in jeder Anlaufstelle des Landes, dennoch blieb es eine haarsträubende Zahl. Sie und Dill stellten eine Liste zusammen. Die meisten Auffangstationen waren nicht für Vögel eingerichtet; viele waren mehr Bildungseinrichtung als Flüchtlingslager. Es gab dort in erster Linie repräsentative Exemplare: Man hatte seine Schweine, seine Kühe, seine Truthennen. Immer auch einen netten, fetten Hühnerhof, klar. Gut hundert Hennen im Freilauf.

»Vierzehn, sagst du? Bring sie her. Wir machen Platz für sie.«

»Ähm. Es sind vierzehntausend.«

»*Tausend?*«

»Die eine oder andere wird wohl unterwegs sterben.«

»Du willst sie *hierher* bringen?«

Es gab Gnadenhöfe für Pferde, Altersheime für Zirkustiere, Wildtierauffangstationen für den einen oder anderen verirrten Kojoten oder ans Fenster geknallten Vogel. Die einzige Möglichkeit, diesen Einrichtungen eine Henne aufzudrängen, war Gewalt: wenn beispielsweise ein Ermittler mit einem Lkw auftauchte und sich entgegen allen Aufforderungen nicht mehr von der Stelle rührte – eine Maßnahme, für die sich Annabelle und Dill nicht zu schade waren. Oder wenn jemand die Hennen einfach nachts in der Auffangstation aussetzte. Auch für so was waren sie sich nicht zu schade. Verzweifelte Lage, verzweifelte Maßnahmen.

»Heilige Scheiße. Vierzehntausend! Irre Story. Wessen Exklusivrecht? CBS, stimmt's?
    »Ist keine Story.«
    »Wie bitte?«
    »Keine Publicity.«

Einen Platz gab es, weit abgelegen in den Bergen Kaliforniens, in einem langen Tal voller Blumen, wo es ein Asyl ausschließlich für aussortierte Legehennen gab. Die Betreiber hatten Tausende solcher Ladys. Zwar war die Höchstzahl, die sie je beherbergt hatten, viertausend, aber einen vollen Lkw, der es so weit geschafft hätte, nähmen sie sicher auf.
    Einmal beförderte eine Dame aus Woodstock elfhundert Hennen in einem Frachtflugzeug.
    Ein Gnadenhof in Michigan hatte einen brandneuen Stall, der hundert Hennen fassen konnte, vielleicht hundertzwanzig.
    Bei einer anderen Einrichtung konnte man fünfzig Dollar zahlen und bekam ein Foto von einer geretteten Henne oder Ziege oder Pute. Wenn man zweihundert zahlte, durfte man eine benennen. Fünfhundert, und man wurde mit Namen an einer Wand verewigt, damit alle Tiere es sehen konnten.

»Wollt ihr sie abwerfen?«
    »Wir haben Leute, die sie ausladen.«
    »Einmal hat jemand fünfzig Hennen hergebracht. Jemand anderes zehn. Nie hat mir einer hundert gebracht. Geschweige denn ... wie viele, sagst du? Darf ich fragen, woher ihr achtundzwanzigtausend Hühner habt?«

Waren zwei Aufnahmestationen halbwegs nah beieinander, konnten sie sich eine Lkw-Ladung teilen, so Annabelles Überlegung. Die eine konnte alle vierzehntausend aufnehmen, und während sich der leere Lkw bei Nacht und Nebel aus dem Staub machte, würde die andere Station die Hälfte in der darauffolgenden Woche nach und nach zu sich holen.

»Womit? Einem Eiswagen vielleicht? Einem Schubkarren? Wie genau sollen wir siebentausend Hennen befördern?«

Manche sagten nein und legten kopfschüttelnd auf. Manche dachten noch darüber nach, auf dem Klo, und riefen eine Stunde später zurück. Manche sagten nein und schworen sich, nie, nie wieder mit Annabelle oder Dill etwas zu tun zu haben. Diesmal definitiv! Was für ein verantwortungsloses Arschloch musste man sein, um diese irrsinnige Zahl von Hühnern aufzunehmen – siebentausend? Zwölftausend?

Aber überraschend viele sagten zu.

»Hört mal«, sagte Annabelle. »Jetzt wird's ernst. Wir haben den Höhepunkt der mitarbeitergestützten Ermittlungen erreicht. Es bricht alles auseinander. Die Farmer haben uns auf dem Kieker. Sie sind nicht die Schnellsten, aber sogar sie kriegen das eine oder andere mit. Sie legen ihre Datenbanken zusammen. Sie haben Gesichtserkennungssoftware, scannen Fingerabdrücke. Sie haben die Regierung in der Tasche, mehr denn je. Die Knebelgesetze sind fest verankert, und das ist erst der Anfang. Die Wände rücken näher, die Flure werden kürzer, wie im Cartoon. Es ist Zeit für extreme Maßnahmen.«

»Bringt sie, wir kriegen das irgendwie hin«, sagten sie. Die Großzügigkeit rührte womöglich daher, dass die Tierasyle von einem Potpourri grimmig entschlossener Tierrechtsaktivisten betrieben wurden, von aufstrebenden Jungermittlern bis hin zu ehemaligen Untergrundkämpfern der achtziger und neunziger Jahre.

»Weiter so«, sagten die Veteranen. Sie waren in der Zeit der Betriebssabotagen aktiv gewesen, hatten Anlagen zertrümmert und Reifen aufgeschlitzt. »Wir sind zahm geworden. Herdentiere.«

»Bringt sie«, sagten die Jungen. »Dafür sind wir angetreten. Nicht dafür, dass wir Touris durch Truthahnbetriebe führen.« Sie hatten sich schwer ins Zeug gelegt, waren monatelang von Tür zu Tür gezogen. Hatten gewonnen, gefeiert und dann die verwässerten Kompromisse erleben müssen. Die lächerlichen Flächenzuwächse. Die mangelnden Kontrollen. Eifreie Donuts, fünfundzwanzig Quadratzentimeter mehr Käfigfläche, fünfzehn Jahre Zeit für die Umsetzung des Fortschritts, die Hennen vertreten von Leuten in Anzügen.

Tierschutz war heutzutage mehr Kapitalismus mit Gewissen als Revolution.

»Was ist los mit uns, dass wir uns vom Feind planieren lassen, während wir herumeiern und höflich erklären, dass wir nicht einverstanden sind?«

Sie hatten die Fastfood-Kämpfe mitgemacht, hatten gejubelt, als McDonald's sich zu dem Zugeständnis hatte breitschlagen lassen, in Zukunft Eier aus Bodenhaltung zu verwenden. Jetzt waren sie in der grotesken Position, dass sie den *Verzehr von Eiern bei McDonald's* gutheißen mussten.

»Vierzehntausend? Na, das ist doch mal ein Wort!« (Von den anderen achthundertsechsundachtzigtausend wussten sie noch nichts, weil man diesen Leuten kein Geheimnis anvertrauen konnte.)

»Wir waren mal radikal, als wir angefangen haben, und zu diesen Wurzeln müssen wir zurück«, sagte Annabelle. »Das ist ein Ruf zu den Waffen, eine Revolte, die längst überfällige Wende von der bürgerlich-reichen Mitte zur rebellischen Linken, wo wir hingehören.«

»Bringt sie her! Bringt sie her!«

Es war an der Zeit, das kindische Geplänkel zu beenden; da waren sich alle einig. Zeit, den Unterdrückern die Macht zu entwinden. Wenn das alles war, was sie erreichen konnten, dann war die westliche Zivilisation konzeptionell erledigt. Amerika mochte die erste moderne Demokratie hervorgebracht haben, aber es hat auch sechs der zwölf größten Übel erfunden, die diese Erde je gesehen hat.

»Weg mit der sogenannten Renaissance! Die Arschlöcher brauchen Dada!«, riefen sie.

Es war schon zu spät. Sie wussten es alle. Der Feind hat klar gesiegt. Vom Wunder unseres Planeten sind bald nur noch die

Monokulturen geschädigter, genetisch verarmter Kühe, Schweine, Hunde, Hennen und ein paar weiterer zweckmäßiger Spezies übrig – und der Mensch, der fürchterliche, unschlagbare, abstoßende Mensch.

Aber die Asyle wurden nach wie vor von Kriegern betrieben, und für sie käme noch der Moment, NEIN zu sagen.

»Ich schicke euch ein Geschenk«, sagte sie. »Ich wollte euch vorwarnen.«

»Es muss absolut vertraulich sein«, sagte sie. »Ich weiß, dass ich euch vertrauen kann.«

»Ja, ja, du kannst uns vertrauen«, sagten sie. »Bring sie her.«

In einem Fall ging ein noch ganz neuer Highschool-Referendar ans Telefon, der weitgehend verständnislos der Aufnahme der Hennen zustimmte und dem Direktor dann einen Zettel auf den Schreibtisch legte. Der las ihn, murmelte verwirrt vor sich hin (»was nehmen diese Referendare sich heraus?«) und ließ sich von einem anderen Problem ablenken. Der Zettel ging in einem Papierstapel unter.

Und als sie und Dill mit ihrer Liste durch waren und jeden Kontakt (insgesamt dreiundachtzig) angerufen hatten, und als den Überzeugten (und den Vielleicht-Kandidaten, aber auch einigen, die eigentlich ein klares Nein ausgesprochen hatten) Lkw-Ladungen zugeteilt worden waren, setzten sie sich zur Lagebesprechung zusammen.

Dill fuhr mit dem Finger seine Liste entlang und hielt inne. »Oh nein, warte.«

Was soll das heißen, ausgerechnet jetzt! Nein? Warte?

»Das sind nur achtundfünfzig Lkws«, sagte er. »Wer nimmt diese beiden?«

Annabelle blickte ihm über die Schulter. »Ja, darum kümmere ich mich.«

Dill ließ das Blatt sinken. »Wie, kümmern?«

Dieser Teil des Plans stand also schon auf tönernen Füßen, bevor es überhaupt losging.

DENKEN SIE SICH Wolkenkratzer, abgeriegelte Wohnanlagen, lauter Orte, die einen existenziellen Schrecken aufzucken lassen. Die Amazon-Versandzentren, die sterbenden Megamärkte, die Untersuchungsgefängnisse und Justizvollzugsanstalten, die Schweinemastbetriebe, die vielen Kisten zum Transport von Waren, Menschen, Tieren, die corbusianische Landschaft, die man durch- oder umfährt, der man ausweicht. Denken Sie an die kleineren Kisten, in die wir gebannt hineinstarren, denken Sie an die vielen winzigen digitalen Kästchen, auf die wir mit den Fingern tippen, um Verbindung zu bekunden, Leidenschaft, Schmerz, Nostalgie, Feindschaft, alles, was uns durch den Sinn geht.

Denken Sie sich einen Mann, einen einsamen Typen, der unten am Boden in einer Blechkiste mit Rädern sitzt, ringsum eine Fläche kahle Erde. Tiefe Dämmerung, nackter Beton, erste Himmelsbläue (auf dem Schwarzweißfilm wäre der Himmel allerdings grau). Der Typ, Matt (aber manche von ihnen benutzen nicht ihren echten Namen), schnappte sich seine Plastiktüte Proviant und stieg aus dem Auto. Er ging auf das stählerne Stallgebäude zu (das Mikro nahm sein Atmen und das Geräusch seiner Schritte auf). Drinnen zog er seine Stempelkarte aus dem Fach. Sein Handy vibrierte.

Ein anderer, Chris, zwei Staaten entfernt, durchquerte schon den Stall, begrüßte alle, denen er begegnete (sein »Charakter« war »freundlich, hilfsbereit«), vor der gewaltigen Geräuschkulisse der Hennen. (Seine Kamera war aus. Er schaltete sie nur im Notfall ein. Zu Beginn seiner »Karriere« war er sich vorgekommen, als drehte er einen Zombiefilm: Horror mit vier Millionen Hennen, und seine Kamera lief und lief und lief. Mittlerweile sah er seine Filme – na ja: sein Material – als mehr dem Mumblecore-Genre zugehörig: so öde, dass niemand sie anschauen will.) In seiner Hosentasche läutete das Handy. Er zog einen Handschuh aus und schaltete es leise, ohne nachzusehen, wer es war. Er hätte das Telefon im Spind lassen müssen. Die erste Regel, die ein Ermittler beachten muss: Halte dich an die Farmregeln.

Die Ermittler. Sie bestellte sie ein.

Da war Joey. Ultraprofessionell – berechnend, leise, effizient, ernst, kein Hauch Klugscheißerei an ihm –, aber so klein, dass die Kamera, als oberster Hemdknopf getarnt, die Betriebsleiter auf Bauchhöhe erwischte: Gesichtserkennung praktisch unmöglich. Wenn er im Dienst war, trug er Absätze, Cowboystiefel (natürlich nicht aus Leder, sondern aus irgendwas Quasi-Recyceltem). Die Stiefel machten die Sache ein bisschen besser, brachten aber seine Füße zum Kochen. Ihn erreichte der Ruf, während er noch im Motel seinen Kaffee schlürfte. Wo er war, war es eine Stunde früher. Er sah die Nummer. Was denn – war sie zurück?

Die Ermittler. Ihre quietschenden Schuhe im Noch-nicht-Morgengrauen. Ihr bescheidener Fleischersatz-Lunch in Einkaufstüten. Ein Hin und Her der Zeitzonen quer durchs Land wie auf einer Radioskala. Um 06:45 Uhr fangen sie zu filmen an; die erste Aufnahme des Tages ist die Lokalzeitung: Beweis für Ort und Datum. Sie waren in verdeckten Operationen, in physischer und psychologischer Kriegsführung ausgebildet worden. Sie waren nur ein paar Dutzend Aktive im ganzen Land, verteilt auf die verschiedenen Organisationen. Ein paar Dutzend weitere, die nach ein paar Jahren im Einsatz aufgehört hatten. Sie kannte jeden und jede und hatte sämtliche Telefonnummern.

Da war Penelope. Max. Shawn. Frank.

Da war die kanadische Ermittlerin, die eine Stimme hatte wie Mary Poppins. Niemand wusste mehr ihren Namen. Sie war einfach »diese Kanadierin«, wie in: »Diese Kanadierin kann die Farmer zu *allem* bezirzen«.

Jim, der Philosoph unter den Ermittlern, der, als der Ruf kam, die langen Reihen der Hennen entlangging. Hennen um Hennen um Hennen. Es war eine Wiederholungsübung, eine mathematische Situation, zenonisch, steinisch, sisyphoisch. Die Käfige, die Eier, die Schnäbel, die langen Wege durch die Gänge. Die Stunden des Ausstallens, Säuberns, Schnabelkürzens, das Geräusch der Vögel, die irrsinnige Menge Exkremente, immer wieder dieselben Witze, die toten Hennen, die er vom Käfigboden zerrte (»Mumien« wurden sie genannt), unendliche Serien unendlicher Serien. Sein Telefon war im Spind. Sie hinterließ eine Nachricht.

Da war Uriel. Er konnte Geschichten von Scheiße erzählen, die es in sich hatten. Von der Scheißegrube, in der man herumging und Wege freischaufelte, von Scheißebergen, jeder zwei, drei Meter hoch, eine ganze Gebirgskette aus Scheiße, streunende Hennen, die darin herumrannten und lebten (was ist eigentlich besser, überlegte er, im Käfig leben oder in Scheiße?), der Kot, der auf den Feldern abgeladen wurde und in wabernden Schwaden aufstieg und alles ringsum weiß färbte – die Bäume, das Gras, ihn selber: scheißeweiß.

Bens Charisma, Mariams Charme, Tames Humor, aber auch ihre tiefen Sorgen, ihr einzelgängerisches Wesen, ihre Störungen. Sie alle deckten Enttäuschungen auf die eine oder andere Weise zu, warfen noch eine weitere Decke darüber.

Da war JT, einsneunzig groß, ehemaliger Quarterback. Beim ersten Eindruck von seinem Filmmaterial nähme man an, dass er immer nur meckerte, ein einziger Monolog der Klagen und Beschwerden den ganzen Arbeitstag lang. Die Dienststunden, der Dreck, die Hitze, die Kälte. Was für eine Nervensäge. Aber auf diese Weise war er den ganzen Tag mit den Farmarbeitern im Gespräch, bekam mündliche Bestätigungen von Betriebsleitern und war über jeden Verdacht erhaben (alle Farmer wissen, dass ein Ermittler sich niemals beschwert – im Auge behalten muss man immer diejenigen, die am schwersten schuften, nicht die Nörgler). Bei genauerem Betrachten müsste man also zugeben, dass JT ein verdammter Profi war und obendrein ein toller Schauspieler.

JT erhielt den Ruf in seinem Boot, denn er hatte gekündigt (das Meckern war nicht nur Strategie), hatte seine Abfindung kassiert, diesen kleinen gebrauchten Kahn gekauft und sich auf den Weg ins Nirgendwo gemacht. Scheiß auf alle, ich komme nie mehr zurück.

Als sie anrief, rollte er steuerbord Taue auf. Er sah, dass sie es war, und (er konnte nicht anders) ging hin – sein erster (oder nächster) Fehler.

Simon, der nie unbewaffnet aus dem Haus ging.

Tinker, der jedes Telefongespräch, das er führte, aufzeichnete und später, wenn er allein war, abhörte. Er nahm auch die Gespräche mit seiner Mutter auf.

Pooky, der durch war mit dem Ermitteln. Wieder und wieder hatten sie sein Leben in Gefahr gebracht. Er würde es jedem sagen, der ihn danach fragte. Er hatte Beweise für alles.

Vorwiegend männlich, vorwiegend weiß, die Ermittler. Eine Handvoll Frauen gab es aber auch, und manche waren Latinos. Ein paar mehr, als man annehmen würde, aus Übersee.

Sie gingen, die Ermittler, jeden Tag vom Auto zu den Ställen. Heute waren es Ian, Guillermo, James, Pat. Mittelwest-Flachheit in der Ferne. Trostlose Erde, und sie erlebten sie zur trostlosesten Stunde – in eisiger Dunkelheit. Oder zur lieblichsten Stunde: in Kalifornien, in weicher Morgenröte, laubgrünem Licht, die Glückspilze unter den Ermittlern, die dort eingesetzt wurden. Jonny, AJ, Joel-der-Jude.

Dylan, der ein paar Klassiker gedreht hatte, bevor er ausstieg. Ein Mann fürs Detail mit dem Talent, Überfluss zu zeigen. Er hatte ganze Müllcontainer toter Hennen gefilmt, die durch die Luft flogen und in Lkws landeten. Fliegen, die wie auf Popcorn gingen, Fliegen, die wie Dreckhaufen aussahen. Tote Fliegen auf allen Arbeitsflächen, den Sperrholzlaufstegen, den Eiern. Und lebendige Fliegen in der Luft, Fliegenwolken vor der Kamera.

Er schlief fest, als sie anrief, obwohl es schon fast elf war.

Sie wurden einsam, die Ermittler, wenn der anfängliche Kitzel sich legte. Es ergriff sie ein gewisser Schrecken. Laney bekam Alpträume. Alphabet tat sich selber leid. Terrance schloss sich in jeder Stadt spontanen Ballspielen in Parks an, um die Traurigkeit zu bannen. Sie waren wie ausländische Terroristen, die von Stadt zu Stadt ziehen. Sie wohnten im Motel, hatten gerade so viele Habseligkeiten bei sich, dass sie in neunundfünfzig Minuten in den Duffelbag gepackt und fortgebracht werden konnten.

Da war Mike, dessen Filmmaterial immer schauderhaft war. Keine narrative Kraft. Nie sprach er in die Kamera, und wenn er was sagte, war es todlangweilig. Mike machte nicht den Eindruck, als hielte er den Job des Farmarbeiters für irgendwie schlecht. Dann gab es aber den besonderen Moment, in dem er aus Versehen die Kamera laufen ließ und sich filmte, wie er das Gelände verließ, zum Subway fuhr und sich ein Hackfleischsandwich mit Käse und ein Cookie kaufte. Dieses Video wurde irgendwie publik, und die anderen Ermittler hassten ihn dafür.

Dennoch war er Profi. Er erhielt seinen Ruf gegen ein Uhr mittags, als er die vierzigste tote Henne des Tages herausholte, indem er den Federbalg vom Käfigboden zerrte (Teppichziehen nannten sie es).

Ihre Schuhe, ihre Unterarme (oder Ärmel, wenn sie Tattoos hatten: Cean, Robert, Katie, Calvin). Ihr Schleichgang über die oberste Käfigreihe. Ihre hallenden Stimmen, wenn sie einem Farmarbeiter etwas zuriefen, der jähe Schwenk, wenn die Kamera die höheren Käfige entlangfilmte und danach abkippte. Das Atmen, das Schniefen in der Tonaufnahme. (Der eingeatmete Federstaub: Snake plagte sich andauernd mit Erkältungen, Grippe, Parasiten; und Rabbit mit seiner – ausgerechnet! – Federallergie.) Das Zufällige im Filmmaterial ist alles, was man je von ihnen zu sehen oder zu hören bekommt.

Nur einer Handvoll Betriebsleitern und ehemaligen Leitern traute sie – Nancy, Cricket, Steve, Smoke. Dann gab es die Ermittler, die nicht auf Angestelltenverhältnisse spezialisiert waren, sondern auf Einmaljobs – sie gaben sich als Lkw-Fahrer aus, als Gastro-Lieferdienst, als Kundschaft. Keine echten Ermittler, aber unerschrocken und vertrauenswürdig. Dreiundzwanzig gab es davon.

Wenn ein Fall zusammenbrach, übernahm die PR: eine Online-Pressekonferenz, eine Webseite, ein Video auf YouTube, etliche Rücktrittsforderungen, ein Anruf beim Staatsanwalt, eine Online-Petition, ein Spendenaufruf. Der Ermittler tauchte ab. Tom verschwand in den Bergen, ging wandern. Ula versteckte sich in einem Motel und sah fern. Jackson besuchte seine Mutter. Sie warteten auf den nächsten Auftrag, an anderem Ort.

Die PR-Abteilung hieß bei ihnen das Smile Team. Der Webmaster war die Spinne.

Carol. Sie war ein bisschen schräg geworden – beziehungsweise noch schräger (sie war von Haus aus ziemlich schräg). Ihre Freundin hatte sich abgeseilt. Sie war betrunken am Steuer erwischt worden, und der Führerschein war weg. Als sie sah, wer anrief, dachte sie: Was denn jetzt?

Donnie. Er war derjenige, der mit der Vasektomie-Sache anfing; unter den Ermittlern griff sie um sich wie eine Seuche. Heather ließ sich sogar die Eileiter abklemmen, ein viel invasiveres Verfahren.

Ray. Ihn erreichte der Ruf am Ende des Arbeitstags, als er den Stall verließ und vor sich hin brummend zum Auto ging. Hinter den Containern die zerstörten Felder in der prallen Sonne, die Ställe hinter der Straße feuerrot. Beim letzten Zusammentreffen mit Annabelle hatte er einen Stuhl gegen die Wand geschmettert und war davongestürmt. Aber er nahm ihren Anruf entgegen.

Ron. Er war alte Garde, Generation X. Dieses junge Gemüse kotzte ihn an: Die Millennials, Gen Y, waren Heulsusen. Gen Z nahm den kürzesten Weg.

Die Ermittler, ihre Zusammenbrüche und Ausfälle waren überschaubar, folgten einem überschaubaren Zyklus. Arnoldo, Sahara, Sam, Vince, Rocket, Fred.

Die langen Geschichten ihres Niedergangs.

Wenn sie irgendwann aufhörten und ausstiegen, wie fast alle (oder, wie in Dills Fall, ausgestiegen wurden), hatten sie nichts: lauter leere Jahre im Lebenslauf, denn was sie taten, war streng geheim. Sie hatten keine anderen Qualifikationen außer für Jobs, die sie zeit ihres Lebens abzuschaffen versucht hatten, sie hatten chronisches Rückenweh, ihren Familien waren sie fremd geworden. Zac hatte das Zittern, Mark PTBS, Liz stand unter der Dauerangst, erwischt zu werden. Wenn Sinan die Augen zumachte, um zu schlafen, sah er hinter den Lidern die Ställe, Abertausende Ställe, ein Netz, das die Erde umspannte.

Rainey. Sie saß weinend in der Badewanne, als der Ruf kam.

Bobby. Hockte auf dem Dach und rauchte einen Joint. Der Klingelton seines Telefons war das Morgenkrähen eines Hahns.

Sie rief alle an. Hank, Pal, Byrd, Mike. Ham, Hal, Cat, Frond. Alle, die ausgestiegen waren, alle, die sie rausgeschmissen hatte, alle, die geblieben waren. Mel, Annie, Rake, Sol. Storm, Paz, Hop, Mic. Alle, die sich nur für eine Weile hatten abseilen und angeblich hatten wiederkommen wollen, aber nicht wiedergekommen waren.

Und Zee. Er hatte innerhalb von sechs Jahren einunddreißig Ermittlungen in zwölf Staaten absolviert. Das Auto hatte er in der Zeit fünfmal gewechselt, die Gesichtsbehaarung andauernd, den Akzent ebenso, den Namen zweimal legal und seinen Decknamen so oft, dass er den Überblick verloren hatte.

Eines ferneren Tages würde er Janey Flores heiraten, aber an dem Tag, an dem er den Ruf erhielt, wusste er nichts von ihrer Existenz. Als Kind – lang war's her – hatte er Carl geheißen. Jetzt nannte er sich Zee, wie Z (die Abkürzung für Zorro). Und während er Annabelles Nachricht abhörte, piepte sein Telefon schon wieder. Es war eine SMS von Trish (ehemals Francine), und darin stand: *Rate, wer eben angerufen hat,* und bald trafen andere SMSe ein, weil Zee einen Haufen Ermittler kannte, auch wenn er mit ihnen nie so ganz warm geworden war. Letztes Jahr war er ausgestiegen und hatte geschworen, nie wieder einzusteigen. Seit über einem Jahr hatte er nicht als Ermittler gearbeitet.

Wir planen eine Aktion. Wir brauchen eure Hilfe.

Die Welt geht bankrott, aber wir wehren uns.

Vermummt euch, wenn ihr herkommt, am besten mit Sturmhaube. Man kann nie vorsichtig genug sein, auch wenn wir unter uns sind.

Sie wussten nicht, was sie wollte, aber ein paar Tage später machten sie sich auf den Weg. Sie ließen ihr Werkzeug fallen oder schlossen ihre Ermittlung ab oder wurden nüchtern. Sie tankten voll, stiegen in Flugzeuge, fuhren mit Bussen. Sie setzten sich in Bewegung. Es war biblisch, mythisch, Stoff für Legenden. Von einem Moment auf den anderen waren sie weg, als wären sie entrückt worden, aber sie waren so wenige und schon zuvor solche Einzelgänger gewesen, dass ihr Fehlen kaum auffiel. Eine Mobilmachung von Reservisten. Wofür sie mobilmachten, wussten sie nicht, aber sie glaubten an ihre Sache, und sie hatten, trotz allem, auf den Ruf gewartet.

SIEBEN JAHRE BEVOR Cleveland die Henne mitnahm, setzte Dill zum ersten Mal den Fuß auf das Land des Bankers, und auf einmal war ihm, als könnte das Leben perfekt sein. Den Banker – Dev, immer noch – kannte er erst seit einem Tag.

Anfang Juli war es, lange Tage der Fahnen und Fliegen. Für Dill: Sommerwärme, beruflicher Erfolg und jetzt die Aussicht auf Sex mit einem Fremden. Kennengelernt hatten sie einander auf einem Straßenmarkt, wo Dill (auf Einladung) eine Rede gehalten hatte, und endeten halb zerdrückt in einer tanzenden Menge. Dill gefielen seine langen Wimpern, seine zarte Gestalt und dunkle Haut und sogar der Umstand, dass er Banker war; Dill fand das süß. Dev lud ihn zu sich nach Hause ein. Dill nahm gern an. Ein kleines Abenteuer, eine vierzigminütige Fahrt bis zu dieser Kleinstadt, wo sie einander zweifellos binnen Minuten die Kleider vom Leib reißen würden.

Aber was ihn erwartete, als er vorfuhr, war eine Überraschung. Dieser alte Baumbestand, diese lange Zufahrt aus Kies und Staub, dieses fragile alte Haus, hinter dem die Scheune hervorlugte, war das Letzte, womit er gerechnet hätte. Dill, noch nicht verliebt, hatte sich den jungen Mann (Inder) als Sohn entschlossener Einwanderer vorgestellt. Er hatte eine beengte Doppelhaushälfte erwartet, eine tischtuchgroße Rasenfläche davor, kompakte Küchengeräte, die sich in der Wand versenken ließen – ganz bestimmt nicht dieses weitläufige Anwesen.

Dev kam auf die Veranda heraus. Dill warf die Autotür zu. Der Raum zwischen ihnen war blatternarbig von Geziefer, Pollen, Feuchtigkeit. Der Himmel so blau, dass er unecht aussah. Dev war jung, trat von einem Fuß auf den anderen, wirkte fehl am Platz in diesem weiten Land, und er war *attraktiv*. Er strahlte förmlich vor Hoffnung und Lust und Unschuld.

Dill steckte zu der Zeit schon zwei Jahre mit Annabelle im Gestrüpp fest – er war Ermittlungsleiter bei der radikalsten

Tierrechtsorganisation Amerikas. »Eine Investigationseinheit« wurden sie von der Presse genannt. Er ging durch die Welt mit einem Schleier vor den Augen, und seine Gedanken waren so laut, dass sie ihm den Blick verstellten, doch Dev trat klar vor ihn hin, betrat gleichsam erleuchtet Dills Gehirn. Wie kam es, dass er auf diesem riesigen Stück Land lebte? Hatte es ihn irrtümlich hierher verschlagen und er sich arrangiert mit dem Irrtum? Oder hatte er absichtlich mehr haben *wollen*, als er bewirtschaften konnte? Dill ging auf ihn zu.

»Ich war nicht sicher, ob du kommst.«

»Ich auch nicht.«

Dev führte Dill herum, durch das geräumige Haus zuerst und dann hinaus ins hohe Gras. Sie gingen zur Scheune, Dev zeigte ihm den Geräteschuppen, die Reifenschaukel, seine Lieblingsbäume.

Als sie vor dem Scheunentor standen, begann Devs Gestalt auf geheimnisvolle Weise zu glühen. Wer war dieser Junge, dieser *Banker*, fragte sich Dill. Käme er mit Dill klar? (Denn seien wir ehrlich, wenn Sie gedacht haben, Ermittler seien schlecht ...)

Natürlich verliebt man sich nicht wegen der Person, die der geliebte Mensch ist, sondern wegen der Person, die man *selber* durch den geliebten Menschen werden zu können hofft. Welche Hoffnung für sich erkannte dieser Banker jetzt in Dills Augen?

Dill wollte es, was immer es war.

An dem Tag – sie kannten einander erst seit ein paar Stunden (und Dill dachte bereits »der Banker«, was vielleicht ein schlechtes Zeichen war – schon während des Näherrückens das Bedürfnis nach Abstand?) – standen sie vor dem Scheunentor (demselben Tor, auf das Dill jetzt zuging, dem Geist des Bankers folgend). Dill nahm des Bankers Gesicht in beide Hände. »Was ist dein Ehrgeiz hier?«, fragte er zwischen langen Küssen. »Bist du schon verliebt? Ich will's wissen.« Die Nötigung zu einer schrecklichen Entscheidung.

Eine Woche später war Dill eingezogen.

Gott, er liebte den Banker dafür, dass der ihn liebte. Er hatte immer gewusst, dass der Banker eines Tages seine Meinung ändern und angewidert zurückweichen würde (wie konnte ich *das* gewollt haben?), doch Dill war sicher gewesen, dass er damit klarkäme.

Dieser Tag war jetzt da.

Na gut, das war also eine mögliche Art, »klarzukommen«, aber was erwartete der Banker? Qualität kostet nun mal, und der Banker hatte gewiss viel bezahlt.

Jetzt, sieben Jahre nach diesem ersten Gang durchs Gestrüpp zur Scheune, durchquerte Dill es abermals. Im Rücken spürte er Annabelle und Cleveland, die ihn vom Haupthaus durchs Fenster beobachteten. In der Scheune erwarteten ihn einhundert Ermittler mit Sturmhauben. Dill registrierte ungläubig, dass sie tatsächlich alle vermummt waren. Annabelle hatte sie dazu aufgefordert, hatte es verlangt – sie wollte die Identitäten geheim halten, bis alle zugesagt hätten –, aber nach zehnjähriger Zusammenarbeit mit diesen Leuten wusste er, dass man nicht einfach Befehle ausgeben und sich darauf verlassen konnte, dass sie befolgt würden. Bockig, widerborstig, das waren sie. Bestenfalls hatte er mit ihnen verhandeln können, und wenn das nichts half, hatte er sie beschimpft, und wenn auch das nichts half, hatte er drohen können (niemals bitten). Auf Firmengelände waren sie Profis, aber kaum war Feierabend, war jeder Einzelne ein Napoleon, absurde Gestalten, diese Idioten. Sie trieben ihn und Annabelle in den Wahnsinn, wie sie immer wieder in Tränen ausbrachen, alles hinschmissen, Ausrüstung zerstörten, vor Wut an Wände hämmerten, miteinander stritten oder sich verliebten, verschwanden, wieder auftauchten, um sich gegenseitig weiteren Hohn oder paranoiden Blödsinn an den Kopf zu werfen. Der Banker hatte wirklich allerhand aushalten müssen. Es war wirklich kein Wunder.

Und doch waren sie jetzt hier, einhundert Ermittler, frühere und gegenwärtige, wie in einer Auferweckung oder Abrechnung am Jüngsten Tag, während der Banker am anderen Ende der Welt saß und ihn endlich hasste, nachdem Dill ihn jahrelang dahingetrieben hatte.

Dill wollte erst allein hinein, um bekanntzugeben, was Sache war – lieber die leibhaftige Annabelle noch eine Weile zurückhalten. Wenn niemand zustimmte (tatsächlich mussten *alle* zustimmen), war es vorbei. Er verließ sich darauf, dass sie eine entsetzliche Entscheidung trafen. Er traute es ihnen zu, zumal wenn er hier war, um sie zu überreden. Das war seine Spezialität.

Er stieß die Tür auf und ging hinein.

DIE HUNDERT ERMITTLER mochten den Vermummungs-quatsch nicht, dennoch gehorchten alle und zogen sich am festgelegten Tag die Skimützen über den Kopf, um sich füreinander unkenntlich zu machen. Sie ließen das Auto auf der Wiese stehen und betraten, einer nach dem anderen, dieselbe Scheune, in der viele ihre Ausbildung gemacht hatten. Sie saßen auf den wenigen Bänken oder dem Boden oder lehnten an der Wand, die Arme verschränkt, schweigend und argwöhnisch. Sie warteten.

Dill kam herein. Ohne Sturmhaube. Bei seinem Anblick kam Bewegung in sie; seine vielen schlechten Eigenschaften fielen ihnen wieder ein. Aber er ließ ihnen keine Zeit, Klagen zu äußern. Er stellte sich ans eine Ende des Raums und fing an.

Er werde ihnen nichts vorschreiben. Sie müssten selbst entscheiden. Die Details, ja. Den Plan, natürlich. Die einzelnen Etappen, die Ausstiegsstrategie, die Flucht Hals über Kopf, wenn sich abzeichnete, dass die Sache schiefging – alles, was sie wieder und wieder durchgespielt hätten, und ja, er habe einen Insiderexperten im Team. Aber er und Annabelle hätten nicht die Absicht, irgendwas zu erklären oder über die Legitimation zu debattieren, oder darüber, ob die Sache in irgendeiner anderen Weise als auf der rein physischen, handwerklichen Ebene »funktioniere«. Die Ermittler sollten sich diese Aktion – die Evakuierung von neunhunderttausend Hennen (sie hörten es jetzt zum ersten Mal, und ein erst luftschnappender, dann fluchender und stöhnender Ermittlerchor zwang Dill, innezuhalten und nach einer Pause langsamer weiterzusprechen) –, sollten sich diese Aktion nicht vorstellen als eine Publicity-Nummer mit dem Ziel, Aufmerksamkeit auf die Sache zu lenken. Es sei kein Statement, keine Drohung, kein Manifest. Sie seien danach nicht alle Freunde. Sie würden auch keine Organisation bilden. Sie *organisierten* nichts. Wer andere Erwartungen habe, der müsse jetzt gehen. Warum Annabelle beschlossen habe, diesen Plan durchzuziehen, gehe sie nichts an. Sie seien eingeladen, sich an der rein physischen Operation zu beteiligen, und zwar allein um der individuellen Vögel willen, die davon profitierten. Annabelle habe jeden Ermittler, jede Ermittlerin in diesem Raum persönlich ausgesucht. Sie habe sie *gewählt*. Aber jede und jeder Einzelne müsse seine persönlichen Gründe haben, um mitzumachen. Die vermummten Köpfe der potentiellen Phalanx bewegten sich nach rechts und nach links, immer dem auf und ab marschierenden Dill folgend. Jetzt blieb er stehen. Sie beide, Annabelle und Dill, sagte er, forderten jeden Anwesenden auf, in zwei Tagen, am Samstagmorgen, mit zwei weiteren – vertrauenswürdigen, gefestigten und körperlich fitten Personen – wiederzukommen. Hundert seien jetzt hier versammelt, und sie bräuchten mindestens dreihundert, um die Aktion durchzuführen.

Hände hoben sich. Sie versuchten zu unterbrechen. Aber Dill schüttelte den Kopf. Er legte ein Blatt Papier und einen Stift auf den Tisch. »Jeder, der dabei ist, schreibt ein X auf das Blatt.« Er stellte einen digitalen Küchenwecker. »In einer Stunde müsst ihr weg sein.« Er ging durch den Raum. »Wir wissen, dass jeder von euch, der sich uns nicht anschließt, schweigen wird. Ihr seid alle Profis.« Er ging hinaus, schloss die Tür hinter sich. Die Köpfe drehten sich zurück.

Einen Moment lang war Stille.

Alle nahmen sich einen privaten Moment, um sich zu beglückwünschen. Annabelle hatte *sie* gewählt. Sie empfanden leisen Stolz.

Alle nahmen sich einen privaten Moment, um sich zu fragen: Kenne ich zwei Leute, die mitmachen würden? Wahrscheinlich. Alle hatten den einen oder anderen Kauz in der Hinterhand. Ermittler haben Fans.

Alle nahmen sich einen privaten Moment, um zur Besinnung zu kommen. Was war denn das für eine irrsinnige Idee? Die ersten sagten es laut. Was wäre das Ziel? Was zum Teufel hatte Dill mit seiner Bemerkung gemeint, die Aktion sei nicht dazu da, Aufmerksamkeit zu erregen? Die größte Protestaktion, von der die Welt je gehört hatte, die man sich überhaupt *vorstellen* konnte, und dann hieß es, sie sei nicht dafür da, Aufmerksamkeit zu erregen? Wie sollte die Entnahme von einer Million Hennen keine Aufmerksamkeit erregen?

Eine Stimme sagte: »Das ist unmöglich. Nicht machbar.« Sie dachten darüber nach und stimmten schweren Herzens zu. Der Mann hatte Recht. Allein die Logistik. Undurchführbar. Erster Ärger machte sich breit. Da waren sie diesen elend weiten Weg hergekommen – die Dramatik, die damit verbunden war! –, nur um gleich wieder kehrtzumachen? Was sollte das überhaupt, sie alle hierher zu locken? Sie waren ein bisschen traurig, weil sie gedacht hatten, sie seien für eine große Heldentat auserkoren, nicht für die Fantasie von Irren, die noch irrer geworden waren.

Jemand sagte: »Zehn Minuten« und meinte, zehn Minuten seien vorbei. Schon? Hilfe. Also machten sie es oder was? Sie sahen sich um, gesichtslos.

Davon abgesehen, überlegten sie, war diese Aktion nichts, das nur eine Nacht im Knast und einen Tag mit dem Richter kostet. Dafür wird man Jahre weggesperrt. Das nennt sich heutzutage Terrorismus.

Na gut, in dem Fall war klar, wieso ein Teil von ihnen hier war. Sie waren oft verhaftet worden. Einige waren im Gefängnis gewesen. Sie hatten für wesentlich weniger Leben, für weitaus bescheidenere Ergebnisse gesessen. Aber waren sie bereit, weitere Haftstrafen auf sich zu nehmen? Die meisten von ihnen waren inzwischen in einer Art Vorruhestand, gingen höchstens noch auf Federfreier-Freitag-Demos und verteilten Flugblätter in der Mittagspause, liefen von Tür zu Tür, um Spenden zu sammeln, und veranstalteten den jährlichen Singvogeltag. Wer arbeitete, machte nur noch mitarbeitergestützte Operationen – streng legal, zumindest als legal auslegbar. Und überhaupt niemand, jedenfalls *fast* niemand machte mehr diese Direkte Aktion. Es gab noch ein paar, die Papageien aus Zoohandlungen befreiten, eine Handvoll Unentwegter, die Vögel in einer für sie tödlichen Klimazone aussetzten (zweifellos waren diese Idioten jetzt ebenfalls hier, unkenntlich vermummt), aber sogar *sie* wären nie auf so einen Irrsinn gekommen.

Zwar hatte Dill behauptet, sie hätten einen Insiderexperten, und es seien Fluchtpläne ausgearbeitet. Er hatte gesagt, es gebe in jedem Stadium mindestens zwei Notausgänge. Aber das wird doch immer behauptet, oder? Und dann stellt sich raus, dass der erste Notausgang direkt im Polizeiauto mündet, und der zweite ist keiner, sondern die Eisentür der Gefängniszelle.

»Aber wie viele von uns können sie letztlich einsperren?«

»Ziemlich viele.«

»Warum nicht alle?«

»Alle. Natürlich können sie uns alle einsperren. Wieso denn nicht?«

Ging es *darum*? Sie alle hinter Gitter zu bringen?

Darüber diskutierten sie. Schnell. Inzwischen waren zwanzig Minuten vergangen. Jemand sagte: »Sind wir nicht sowieso die üblichen Verdächtigen? Sind wir nicht schon längst schuldig, nur weil wir hier sind? Erwischt es uns nicht sowieso, wenn sie ihre Nummer durchziehen, ob wir nun dabei sind oder nicht?«

Ja, aber das war ihnen schon klar gewesen, als sie in ihre diversen Verkehrsmittel gestiegen waren, um herzukommen, jedenfalls den Schlaueren unter ihnen, aber sie waren trotzdem gekommen, also waren sie vielleicht doch nicht so schlau. Sie waren alle auffindbar, alle schuldig. Sie waren alle im Visier, standen alle auf der Abschussliste.

Das verdross sie. Warum waren sie dann überhaupt gekommen?, klagten sie und schnitten Grimassen, die unter der Sturmhaube unsichtbar blieben. Wie dämlich sie waren. Manche von ihnen waren auf Bewährung.

»Zumindest können wir uns nicht gegenseitig verpfeifen.«

»Haha. Ich weiß genau, wer du bist, da kannst du dich noch so vermummen«, sagte jemand und lachte.

»Ach ja?«, sagte jemand anderes und stand auf. »Ist das eine Drohung?« Die Stimmung heizte sich ein bisschen auf.

»Annabelle hat die Sache aufgebracht«, fiel ihnen jemand ins Wort. »Sie hat einen Grund.«

Zum Teufel, natürlich hatte sie einen Grund. Aber auch das hatten sie gründlich satt. Dutzende Ermittlungen hatten sie durchgeführt. Sie hatten Farmer vor Gericht gebracht, Gesetzesvorlagen durchgedrückt, sie hatten im Alleingang ganze Betriebe in den Bankrott getrieben. Sie hatten sich den Rücken ruiniert, den Verstand ruiniert, die eigene Zukunft, ihre Beziehungen, sie hatten ihr Leben in Gefahr gebracht, immer wieder – wofür? Die Ställe standen immer noch, mehr denn je.

»Auf der ganzen Welt entstehen neue Betriebe. Die Seuche breitet sich aus.«

»Nach meiner letzten Ermittlung haben sie *noch zwei* gebaut. Ich kann nur vorbeifahren und ausspucken.«

»Mein Verfahren wurde eingestellt. Weil Hühner nicht klageberechtigt sind, sagt der Richter.«

»Ich bin fertig mit diesen Drecksidioten im LA-Büro mit ihren Superräumen und ihren Superklamotten und ihrem Superessen.«

»Diese selbstgefälligen Bücher, die sie rausbringen, mit dem eigenen Konterfei auf dem Umschlag, in Riesig.«

»Und mit ihrem Promi-Benefizscheiß.«

»Ihren Indienurlauben.«

»Nonprofit, dass ich nicht lache!«

»Machen Geld mit *unserer* Arbeit.«

»Annabelle war schon immer alte Schule in Sachen Befreiung.«

»Keine Halbheiten. Keine Kompromisse.«

»Bis sie ausgestiegen ist.«

»Sie ist nicht ausgestiegen. Sie ist untergetaucht.«

»Freiheit oder Tod!«

Dann sagte jemand: »Ich mach's.« Er stand auf, schrieb ein X auf das Blatt. Er machte auf lässig, aber bestimmt hoffte er, dass jemand anderes aufsprang und die Nummer zwei sein wollte, »Ich bin dabei!«. Allein ist man ein Fremder mit Reklametafel. Zu zweit kann man schon Walzer tanzen. Zu viert ist man eine Band. Er ging zur Tür. »Warte«, sagte ein anderer. »Ich komme mit.« Der Rest sah ihnen nach und war neidisch. Weil um Längen geschlagen. Jeder hatte Erster sein wollen. Hatten sie nicht sowieso vorgehabt, mitzumachen? Weitere standen auf. Sie machten ihr Kreuz und gingen einzeln oder in Dreiergruppen.

Manche kannten sich offensichtlich seit Jahren, klatschten einander zeremoniös und mit Siegergeste ab und eilten davon, als seien sie schon auf dem Sprung zur Tat. Manche erhoben sich feierlich, zeichneten ihr Kreuz und schlenderten cool hinaus.

Die Stunde war um, und die Scheune leerte sich, bis nur noch zwei im Raum waren. Eine Frau auf der rechten, ein Mann auf der linken Seite. Sie starrten angestrengt auf die breiten Bodenbretter, deren Linearität und Rechtwinkligkeit genau die Sorte Wohligkeit erzeugen, nach der es die ganze Menschheit verlangt. Es muss so sein; andernfalls begegneten wir dem Muster nicht überall, wohin wir den Blick richten. Wie besessen der Mensch vom Rechteck ist. Alles ist uns recht, was rechte Winkel hat, ein schönes klares Rechteck, das erwarten wir doch vom Leben: Wir wollen von Rechtecken umringt sein, wollen sie zählen, wollen unser Hab und Gut in ihnen verteilen, wollen sie unseren Enkeln weitergeben, und wir wollen darin begraben werden.

Was die hier vorhaben, ist eine schlechte Idee, dachte der Mann links. Zee.

Aber er war im Leben schon vielen schlechten Ideen begegnet. Sein ganzes gegenwärtiges Dasein ließ sich auf eine Serie schlechter Entscheidungen zurückführen, die häufig nicht seine eigenen gewesen waren; so auch jetzt. Aber er war immer durchgekommen. War ausgestiegen, hatte einen Job gefunden, bei einer Umzugsfirma in Chicago, hatte eine Freundin (mehr oder weniger), ein Mietverhältnis. Er verkörperte halbwegs eine bürgerliche Existenz, und niemand hatte eine Vorstellung davon, wie schwer das war. Dennoch kam sie ihm jeden Tag ein Stück realer vor, denn sie *war* real, fast jedenfalls, beinahe. Er hätte nicht herkommen sollen. Wegen Annabelle war er nicht hier, sondern wegen Dill, den er nicht im Stich lassen wollte.

Und er glaubte daran, an alles.

Er durfte nur nicht in den Knast kommen.

»Diesmal hat sich Annabelle eine echte Scheißidee einfallen lassen«, sagte er laut zu der Frau rechts. Er stand auf, schrieb ein Z auf das Blatt und ging hinaus. Die Frau rechts war jetzt die Letzte in der Scheune.

Diese letzte Person, die Betriebsprüferin Janey, zog sich die Sturmhaube vom Kopf. Zum Vorschein kam Missmut. Es war nicht Annabelles Scheißidee. Es war *ihre* Scheißidee.

Aber der Missmut hielt nicht lang. Vom Magen bis in die Gliedmaßen strömte eine langsame Wärme. Es passierte wirklich, oder sehr wahrscheinlich. Vielleicht zogen sie es tatsächlich durch. Janey schloss die Augen und überließ sich der Vision: eine Heerschar von Hennen, ringsum emporfliegend, Käfige polterten krachend zu Boden, als fielen Nester von Bäumen, und zwischen dem Geräusch zahlloser flatternder Flügel die Stimme ihrer Mutter. Janey machte die Augen wieder auf und verließ die Scheune.

MAN HÄTTE DAVON AUSGEHEN KÖNNEN, dass sich Dev, nach allem, was Dill ihm zugemutet hatte, in Ägypten entschlossen, klar und frei fühlte. Dem war nicht so.

Dev, wenn auch Tausende Meilen (genauer: 6 489, oder 10 443 Kilometer) entfernt, wusch sich am Ende eines langen Flurs, achtzehn Stockwerke über dem heißen Erdboden, die Hände. Händewaschen, hatte er gelesen, »fördert die Entschlossenheit«, daher sprang er jedes Mal, wenn ihn der Drang überkam, Dill zu schreiben, von seinem Schreibtisch auf und tappte durch den Korridor von Pan Egypt Intervest zu einem Wasserbecken aus hellem Stein. Wie Dill vermutet hatte, war Dev tatsächlich Kind von Einwanderern der ersten Generation und in einem Viertelhaus, der unteren Hälfte einer Doppelhaushälfte, mit einer tischtuchgroßen Rasenfläche davor aufgewachsen. Das Haus mitsamt Scheune und zugehörigem Grünland hatte er von einem Großonkel geerbt, der den Knaben ins Herz geschlossen hatte. Dieser Onkel war als Erster von Indien nach Amerika gekommen und hatte sechsundzwanzig Jahre als »Mitbewohner« eines kleinen Biobauern in jenem Haus gelebt. Er hatte seiner Nichte und deren Ehemann geholfen, in Amerika Fuß zu fassen, hatte Dev vom Tag seiner Geburt an gekannt und um dessen Art gewusst, ehe Dev sie selbst erfasste, und eingedenk seines eigenen Lebens (es war eine andere Zeit) hatte er dem Jungen Haus, Scheune, Land, die gesamte Situation vererbt.

Dev wiederum hatte Dill geerbt und alle Folgen *dieser* Situation, denn er war vor Liebe von Sinnen gewesen und bereit, das Außergewöhnliche zu tun, bereit, das Außergewöhnliche anzunehmen. Den außergewöhnlichen Dill anzunehmen – er verzehrte sich geradezu danach. Aber er war jung damals, und in den sieben Jahren seither war er erwachsen geworden. Er war es leid, andauernd gegen die Wildnis ringsum ankämpfen zu müssen – und damit meinte er nicht die Wildnis auf seinem Land,

die ein Kinderspiel war im Vergleich zu Dill. Doch jetzt, achtzehn Stockwerke über Ägypten (klar, wir schicken den braunen
Typen hin – *natürlich* konnten sie zwischen Ägypten und Indien
nicht unterscheiden), schlich sich eine neue Nervosität in sein
Herz. Wer war er ohne Dill? Wieder eilte er durch den Korridor,
um sich die Hände zu waschen.

Hätte er gesehen, wie es zwei Tage später im Hof vor seinem
Haus zuging, wäre sein Zorn neu entflammt, und er hätte begriffen, dass Wut die Entschlossenheit ganz anders beflügelt als
Wasser.

JONATHAN JARMAN JUN. hatte einen Plan für 303 Ermittler ausgearbeitet. Wenn sich keine 303 fanden, war er nicht durchführbar. Am Abend vor der Evakuierung erklärte er es Dill, Annabelle und den Betriebsprüferinnen. Er hatte einen Stapel Papier vor sich liegen, 303 Blätter mit ausgedruckten Anweisungen, jedes ein individueller Auftrag mit Route, Stall, Aufgabe, Fluchtplan und so weiter. Sie hatten um einen Plan für weniger als 300 gebeten, aber die Zahlen und Tabellen lagen vollständig vor. 303, sagte Jonathan, mit vollem Einsatz, oder gar keiner. Bis Dill schließlich sagte: »Ach, jetzt halt doch endlich mal die Fresse.«

Jonathans Hand lag auf dem Papierstapel. Zwei Finger hoben und senkten sich zu einem ungeduldigen Trommeln. Na gut, solang sie es kapierten. Entweder 303, oder er machte nicht mit.

In Wahrheit hätten sie noch ein paar Dutzend mehr brauchen können, und er hatte zusätzliche Blätter ausgedruckt, fünfzig, um genau zu sein, geordnet in der Reihenfolge der Dringlichkeit, und in einen eigenen Umschlag gesteckt, nur für den Fall, dass die Leute ihn überraschten, was nicht zu erwarten war – aber falls doch, wäre er vorbereitet.

Es war später Freitagabend. Sein Körper hatte den ganzen Tag eine Grimasse des Zweifels vor sich hergetragen. Er streckte sich auf dem Sofa aus. Er zog sein Handy heraus, um eine Nachricht an Joy zu tippen (denn natürlich hatte er sein Telefon mitgebracht, selbst hier), doch als er aufblickte, war Annabelle da. Ihre Hand lag auf seiner und seine Hand an ihrem langen schmalen Körper, den er seit einer Ewigkeit nicht gespürt hatte. Er zog sie an sich. Seinen Vogelsang, seinen Tiger, seine entflohene Braut.

Als er aufwachte, Annabelle eingerollt unter seinem Arm, waren schon die ersten Ermittler da.

DIE ERSTEN KAMEN im Morgengrauen, obwohl Dill ihnen zehn Uhr gesagt hatte. Dill war als Einziger wach.

Annabelle und Jonathan schliefen auf dem Sofa, Janey auf dem Bett des Bankers. Cleveland war nach Hause gefahren, angezogen von der ehelichen Schwerkraft, und wollte um acht wieder hier sein. Dill schlief unruhig in einem Lehnstuhl und stand noch vor Tagesanbruch wieder auf. Er zog seine Jacke an, ließ die Hunde hinaus und ging durch ein Mosaik zurückweichender Schatten und rosiger Luft zur Scheune, um die Hühner zu füttern. Dann setzte er sich auf die Veranda, dieselbe Veranda, der sich Janey mit ihrer Kiste voller Hennen genähert hatte. Das war erst sechs Wochen her. Der Hof war um ebenso viele Wochen grüner, die Luft entsprechend wärmer, das Licht kam früher und heller. Dill blinzelte in den Sonnenaufgang über dem bemerkenswerten, unbemerkenswerten Frühling. Mai in Amerika.

Wenn keiner kommt, dachte er, kann es ein schöner Tag werden.

Ein Auto bog in die Zufahrt ein.

Am anderen Ende der Stadt tauchte Clevelands Ehemann kurz aus dem Schlaf, spürte Gewicht neben sich, den Körper seiner Frau – aha, offenbar war sie doch heimgekommen – und sank zurück in trübe Unterwasserstille.

Jonathan träumte von Annabelle – wie sollte er durch die vielen Möwen, die sie umschwirrten, zu ihr gelangen? –, obwohl sie neben ihm lag.

Ein alter brauner Dragster; zwergenhaft tauchte er am Ende der Zufahrt auf und wuchs im Näherkommen. Dill, zu cool, um aufzustehen, hielt sich nur eine Hand über die Augen. Doch kaum hatte er erkannt, wer es war, sprang er auf. Das Auto rollte heran und hielt seitlich zum Haus, ein prähistorisches Trumm, leistungsschwach und geschuppt. Die Tür wurde aufgestemmt.

»Zee, mein Mann.« Dill umarmte ihn.

Drei weitere Krieger plumpsten heraus.

»Ich hab einen Mann extra.« Zee grinste.

Das Auto weckte Janey auf. Sie kam aus dem Haus, blinzelnd, ihr schönes Haar zerzaust. Zee erblickte sie und hielt die Luft an.

Janeys Vater hatte die Nacht mit der Wiederholung einer Krimiserie verbracht. Es war klar, dass Janey etwas im Schild führte, aber er hatte keine Ahnung, was. Sie war nicht nach Hause gekommen – was nicht so ungewöhnlich war –, doch am Abend zuvor hatte sie das Haus nicht mit Liebes-, sondern mit Entschlossenheitsmiene verlassen. Also was ging hier vor? »Ich will diesen Herrn Niemand mal sehen«, knurrte er, als sie zur Tür ging. Sie hatte gelacht.

Er fürchtete, sie könnte auf Drogen sein. Vielleicht hatte der Typ, mit dem sie was laufen hatte, sie draufgebracht? Oder sie war schwanger? War sie unterwegs, um abzutreiben?

Es verging kein Tag, an dem er nicht dachte, ihre Mutter hätte es besser gemacht. Zum Teufel mit der Frau, dass sie gestorben war. Er starrte finster auf den Fernseher. *Blablabla.* Ob er rausgehen und sie suchen sollte? Er beschwor im Geist ihre Mutter herauf. Das Kind ist fast einundzwanzig, flehte er. Sollte sie nicht allmählich auf eigenen Füßen stehen? Okay, okay, versprach er. Wenn sie heimkommt, rede ich mit ihr. Ich werde ihr sagen: Egal, was los ist, ich bin für dich da. (Ich bringe den Scheißkerl um, ich wickle ihm ein Seil um den Hals.)

Natürlich hatte er alles falsch gemacht. Und sowieso konnte er sich seine Worte sparen: Janey hätte nicht zugehört, was immer sie vorhatte. Und dass er für sie da war, wusste sie.

Weitere Autos. Am Ende der Zufahrt gingen blaue, graue, rote Knospen auf und erblühten im Näherkommen. Ermittler stiegen aus, reckten sich. »Scheißlange Fahrt! Die ganze Nacht waren wir unterwegs.« Dill begrüßte sie, mit kompliziertem Händeschütteln und freundschaftlichen Beleidigungen. Annabelle stand vom Sofa auf und kam heraus, winkend, und kämmte sich mit den Fingern das Haar. Legen wir los, sagte ihr Gesicht.

Jonathan erwachte, benommen, sah die Möwen zu den Rändern seines Bewusstseins fliegen. Annabelle stand auf. »Hey, wo willst du hin?« Er gähnte, dann fiel es ihm wieder ein. Du lieber Gott, sie würden das doch nicht im *Ernst* durchziehen? Meinte sie es wirklich ernst? Von draußen kam Geschrei.

Genau das war der Grund gewesen, weshalb er nicht gegen die Scheidung protestiert hatte.

Als Cleveland aus dem Haus schlich, sah das Feld aus, als bewegte es sich.

Um neun wachte Clevelands Mann auf. Wo war sie denn jetzt schon wieder hin, an einem Samstagmorgen? Hatte er geträumt, dass sie nachts neben ihm gelegen hatte? Wo war sie die ganzen letzten Wochen gewesen? Hatte er was nicht mitbekommen? Waren sie verkracht miteinander? Er hätte erwartet, dass sie zumindest eine Nachricht hinterließ, damit ein Mann wusste, wo sich seine verflucht fremd gewordene Frau herumtrieb.

Joy war zur selben Zeit in einem Supermarkt und schob beide Mädchen und eine Packung Mülltüten im Einkaufswagen durch einen Gang mit Seifen und Getreideflocken. Die Mädchen riefen aus irgendeinem Grund immer wieder *Hilfe*, unisono, ein Sprechchor. Sie blieb stehen und warf einen Blick auf ihr Telefon. Zwei Tage war es jetzt her, seit sie zuletzt von ihm gehört hatte.

Janey war in Panik. Sie sollte die Autos der Eintreffenden dirigieren, aber die Ermittler beachteten sie überhaupt nicht. Sie sprangen herbei wie Gazellen und ließen das Auto stehen, wo es ihnen passte. Cleveland war noch nicht da. Wo war sie? Endlich sah sie Clevelands Auto die Zufahrt heraufkommen und eilte ihr entgegen. Cleveland stieg aus und breitete die Arme zur Menge aus. »Lass dir das eine Lehre sein darüber, Janey, was zwei Frauen zustande bringen können.«

War das ein Spruch ihrer Mutter?

Cleveland musterte sie. »Wo ist deine Uniform?«

Janey grinste.

Die Hennen waren um diese Zeit schon seit Stunden auf. In der Happy Green Family Farm schaltete sich die Käfigbeleuchtung um vier Uhr morgens ein. Die Hennen standen einfach nur da. Manche legten ein Ei. Andere hatten sich im Draht verfangen und waren dem Tod nah. Manche waren schon tot.

Um zehn verstopfte eine Prozession von Pritschenwagen und Limousinen und Motorrädern die Zufahrt und parkte aufs Geratewohl in der Wiese. Dutzende quollen heraus, und der Hof wimmelte von Menschen – jungen und alten, in Jeans und in Sakkos, Rucksäcke hievend, Kumpel mitschleifend, einander um den Hals fallend, johlend. Ein richtiger Zirkus, ein Dead-Konzert. Jemand hatte einen Ghettoblaster, und ein paar Ermittler tanzten, weitere schlossen sich an.

Dill bemühte sich, seine geschäftsmäßige Miene beizubehalten, war aber machtlos gegen das wummernde Grinsen, das sich immer wieder Bahn brach. Er arbeitete sich durch die Menge, ließ sich kurz Zeit, um ein paar Leute zu begrüßen, aber – Moment, war das etwa ein Baby? Das Tanzen verging ihm. Das durfte nicht wahr sein. Er quetschte sich hindurch. Diese verfluchte Penelope hatte ein Baby mitgebracht. Er sah Jarman mit finsterer Miene oben auf der Veranda stehen und mit einem Handzähler jede Person registrieren. Ein paar Ermittler waren in den Hühnerstall eingedrungen und versuchten – wie bitte? – die Hennen aufzuheben. Also wirklich ... Dann forderte der Rand seines Gesichtsfelds Aufmerksamkeit, und Dill fuhr herum und sah – nein – einen *Rollstuhl*? Wie sollte das denn gehen? Ein paar Ermittler hatten einen Sprechchor angestimmt, »Dill, Dill, Dill, schau uns an, schau uns an, schau!« Ein Kindergarten. Sie tanzten den Bus

Stop, alter Ermittlerscherz. Ach, was soll's – er ließ die Schultern kreisen und machte mit, Schritt-zur-Seite-Schritt-zurück-Klatschen, weil, hey, die Ermittler waren *da*, sie waren gekommen und hatten ihre engsten, irrsinnigsten Freunde mitgebracht, von den Tierasylen, von den Demos, hatten sie aus ihren Kellerwohnungen oder Kommunen oder WGs gezerrt. Sie waren engagiert, voller Tatendrang, Veganer ohne Ausnahme. (Tatsächlich waren Cleveland und Jonathan die einzigen anwesenden Nichtveganer. Janey war es seit vier starken Tagen.) Unter einem Baum stand Annabelle, souverän, plaudernd, in ein langes Kleid gehüllt, das Haar offen über den Rücken fallend, die Hände erhoben, um Gesichter zu küssen.

Dill sah Jarman mit seinem Handzähler auf der Veranda. Er versuchte Jarmans Miene zu lesen – wie viele waren sie bis jetzt? Dill schob sich ein bisschen näher. Wie viele? Ein Schauer der Ungewissheit überlief ihn: Jarmans Miene war der Ausdruck zerronnener Freude. Waren sie nicht genug Leute? Dill hatte vor vielen, vielen Autos mit dem Zählen aufgehört. Jarman wirkte besorgt, furchtsam, es war nicht zu leugnen. Dill gab Penelope das Baby zurück (wie war es überhaupt dazu gekommen?) und zwängte sich durch die Menge, stürmte die Stufen zur Veranda hinauf.

»Also unser Plan ist im Eimer«, sagte Jarman gereizt. »Wir müssen alles umplanen. Ich habe für 303 Leute geplant. 303 habe ich gesagt.«

»Wie viele fehlen denn noch?«

»Du versperrst mir die Sicht. Beweg dich. Da kommt noch ein Auto.«

»Jarman, wie viele haben wir?«

»Mit diesen drei«, er klickte, »421.«

Dill wiederholte es. »Vierhundert ...« Einen Moment lang verstand er es nicht, dann fiel der Groschen.

WARUM WAREN SIE GEKOMMEN? Wegen des Abenteuers natürlich, aber es gab auch andere Gründe. Manche, wie Zee, kamen wegen Dill. Trotz seiner Fehler (viele) war der Typ loyal. Niemand konnte behaupten, er sei nicht für seine Leute da, und zu den Leuten gehörten auch Hunde und Vögel und alle sonstigen Tiere, die auf die eine oder andere Weise auf seiner Veranda landeten. Das wussten die Ermittler. Genauso Annabelle, Jonathan, Dev, sogar die verdammten Hunde wussten es, was der Grund sein mochte, weshalb so viele so lang zu ihm hielten. Loyalität ist schwer zu kriegen und muss gebührend gewürdigt werden.

Weitere kamen wegen Annabelle, die sie seit ewig kannten; manche seit ihrer Kindheit. Sie waren auf ihrer Hochzeit gewesen, hatten der elterlichen Farm den Rücken gekehrt, als sie es tat, und waren ihr durch die Jahre gefolgt – aus Gewohnheit, Hingabe oder Glauben –, bis sie abtauchte, und selbst dann hatten sie Verständnis für sie. Annabelle war nicht dumm, und das wussten sie. Und Dill war ebenfalls schlau, solange er sich von den Drogen fernhielt – zurzeit war er clean, eindeutig. Auch die Anwesenheit von Jonathan wirkte beruhigend. Er hätte sich nicht darauf eingelassen, wenn es nicht machbar wäre. So unmöglich es schien, er hatte alles durchgerechnet und beurteilte seine Zahlen als solide.

Die allermeisten aber kamen wegen der Tiere, natürlich. Sie waren Tierschützer und Veganer, seitdem sie mit vier erfahren hatten, dass das Huhn in der Suppe von derselben Art ist wie die Hühner, die sie von den Ferien-auf-dem-Bauernhof kannten, und den Suppenteller von sich geschoben hatten. Oder seit dem Film in der Highschool, der zeigte, wie die Truthähne für Thanksgiving lebend am Seil hingen. Oder sie hatten Hunde. Zee hatte einen Bruder gehabt, der gestorben war, woraufhin sich Zees Respekt vor dem Leben auf alles Leben erweitert hatte, erst waren es die Lebewesen auf seinem Teller, dann die in seiner

Fliegerjacke, dann die, die in den Wänden Nester bauten, bis er sich schließlich schwor, keinem mehr etwas zuleide zu tun.

Unabhängig von ihrem Hintergrund – was sie in den Ställen erlebten, hatte ihre Überzeugung gefestigt. Sie hatten Zwölf-Stunden-Tage lang babyzarte Kükenschnäbel in guillotineartige Brenneisen gesteckt, um die Spitzen zu versengen, während die Küken sich wehrten und Rauch von ihren Gesichtern aufstieg.

Hennen. Süße kleine Federbälle. Das starke Abenteuer ihrer Rettung: Wer wollte da nicht dabei sein? Es war an der Zeit zu sagen: *Es reicht*.

DIE GEGENSEITE. Hier sind sie, verschanzt in ihren Betonställen. Sie sind eingebunkert und bereit – auch wenn sie nicht wissen, für wen oder was. Sie warten hinter Schutzwällen aus getrockneten Exkrementen, hinter zwei Meter hohen Ventilatoren. Das menschliche Farmvolk, die wenigen, die noch hier aushalten, das letzte Aufgebot.

Sehen Sie, hier ist der Stallmanager. Sitzt neben den Silos in seinem Golfwagen und zieht den Reißverschluss seiner Jacke zu. An seinem Gürtel hängen, Star-Trek-mäßig, Werkzeug und Kommunikationsgerät. Er schwadroniert, zerknackt irgendwas im Mund, überschreit auf Englisch und Spanisch den Maschinenlärm.

Sehen Sie die Eierläufer, diejenigen, die Förderbänder reparieren, die jeden Tag die Henneninspektion machen. Fünf oder sechs von ihnen steigen aus ihren Overalls; weil Samstag ist, gehen sie früher. (Manchmal versteckt sich ein Ermittler unter ihnen, aber nicht heute; heute sind alle Ermittler anderweitig beschäftigt.)

Die Lastwagenfahrer, die Mechaniker. Das Ausstallungs- und Neubelegungsteam. Von denen ist keiner hier, weder heute noch an den meisten anderen Tagen. Diese kleine Gruppe im Schatten ist die Schädlingsbekämpfungstruppe – ihr Gift können Sie riechen, aber die Personen bekommen Sie selten zu Gesicht, nur ihre Spuren: ihre Handschrift, ihre Fallen, ihre Köder, ihre Bomben. Belege ihres Versagens, die können Sie sehen.

Und hier, das ist das Büropersonal, ein paar Menschen pro Farm. Da sitzen sie vor Faltwänden aus Vinyl, auf druckverstellbaren Stühlen vorgebeugt an ihren Tastaturen und bedienen ihre Kontrollsysteme. Sie tragen Uniformen in Beige, beige Blusen, beige Pullover, beiges Haar. Ihre Gesichter verbeigen mit dem Alter, aber zweifeln Sie ja nicht an ihrer Kraft. Ihre Feiertagsohrringe baumeln. Ihre Stifte erblühen aus einem Kaffeebecher. Sie haben Botschaften von Gott hinter sich an die Wand gepinnt. Auf dem Fenstersims steht eine Pflanze von der Art, die niemals stirbt. Von ihnen ist heute, am Evakuierungssamstag, nur eine einzige hier, und die geht bald heim. Sie drückt einen Knopf und sagt, es dauert nur einen Moment.

Da sind die Familien. Die Nachhut, die Unterstützungstruppe. Sie halten sich von der Farm fern. Sie versammeln sich an Feiertagen und essen Schinken, Sellerie, hartgekochte Eier. Ihre Gesichter können Sie auf Smartphone-Displays sehen, Sie können den Gadgets zuschauen, die sie verschenken, ihre Mitteilungen lesen.

Das Land. Seine enorme Weite, der lange Horizont, seine Koordinaten, seine unmarkierten Straßen, die handgroße Ortschaften durchschneiden und flach und schnurgerade dahinlaufen. Diese Schlacht findet nicht im hügeligen Teil von Iowa statt.

Das sind die Ställe. Sie bestehen aus Förderbändern und Hennen und Stegen, zehn Lux Beleuchtung und der Acht-Grad-Neigung des Fußbodens einer Henne. Aus der Luft sehen die Gebäude aus wie aneinandergelegte Kaugummistreifen. Tausende Tonnen Futter, Hunderte Hektar Stahl, gebogen zu einem Labyrinth rechter Winkel. Besucher sind aufgefordert, vor dem Eintreten ein Desinfektionsfußbad zu durchschreiten. Einen flüssigen Fußabstreifer.

Hier sind die Leitfäden, die Dokumentation der Tierbewegungen, das Beleuchtungsprogramm, das Schnabelkürzungsprotokoll. Die Menge Kohlendioxid, die es für eine Massentötung braucht.

Dies sind die Farmer. Eine gefährdete Spezies, jedes Jahr eine Handvoll weniger als im Vorjahr, denn das Farmland entvölkert sich zusehends (während die Zahl der produzierten Eier unaufhörlich wächst). Männer, gebaut wie Klötze, oben sehr sauber, mit sehr weißen Tennisschuhen. Sie tragen schlichte Eheringe, ziehen die Jeans bis über den Bauch. Männer alter Schule, Republikaner, Weiße, Christen. Eine ultrahöfliche Führung, die kontrollierte Ruhe verströmt. Wenn sie den Konferenzraum verlassen und kurz an der Rezeption stehen bleiben, bekommt man sie flüchtig zu Gesicht.

Keiner von ihnen ist in die Eiindustrie gegangen, weil er Hühner hasst, Gott bewahre. Was glauben Sie denn? Es sind die Eier, die Eier, es entstehen derart viele, dass Sie sich keine Vorstellung machen, was wäre, wenn die Farmer sich ihrer nicht annähmen. Früher haben wir ein paar Mal im Jahr Eier gegessen; heute sind sie allgegenwärtig, in beängstigendem Tempo entquellen sie den Farmen Amerikas, fünfundsiebzig Milliarden im Jahr. Der Staatsbürger muss so viele Eier essen, wie er kann. Das ist seine patriotische Pflicht. Er muss sie sämtlichen Mahlzeiten beifügen, allen Teigen und Broten und Aufstrichen und Soßen, jedem Frühstück und jedem Stück Fleisch, darauf oder darunter, jedem Sandwich, jedem Snack der einen oder anderen Art, jedem Kraftriegel und jeder Schokolade. Und doch reicht es nicht. Es entstehen immer noch mehr Eier, häufen sich auf den Förderbändern, verlassen die Farmen, sammeln sich im Supermarktregal, dringen in Kühlschränke ein, ein unaufhörlicher Strom. Wir dürfen nicht nachlassen, müssen weitere, neue Konsummöglichkeiten erfinden. Wir müssen unser Gesicht, unser Haar damit behandeln. Die Schalen könnten wir mahlen und zu Zahnpasta verarbeiten. Wir könnten Weltraumfähren bauen und Eigelbe ins All schießen, kleine Sonnen, wir könnten sie platzen lassen und über einen Tageshimmel schmieren.

Hier ist jetzt ein Farmer. Sein Tagwerk ist beendet, und er verlässt eben den hintersten Stall. Er ist jünger, dynamischer als die meisten. Rechts und links überragt von den Stallanlagen, spricht er in sein Mobiltelefon.

Farmer Rob (»Robbie jun.«) Green. Er war im Begriff, nach Hause zu fahren, und es war an diesem Samstag, dem Evakuierungssamstag, niemand mehr da, dem er auf dem Weg zum Parkplatz zum Abschied hätte winken können. Samstags war die Belegschaft stark ausgedünnt; ab vier Uhr war die Farm leer, der Nachtwächter kam erst um sieben. Der Chef sperrte das Büro ab und ahnte nicht, dass dieser Samstag anders war als jeder normale, normal nervige Tag. Rob jun. (er wollte nicht mehr »Robbie«

genannt werden, aber für »Farmer Green« fühlte er sich auch noch nicht reif), Bruder von Annabelle Green Jarman, war inzwischen ganz erwachsen (fast ganz; er war achtundzwanzig). Er hatte eine Gattin und ein Baby in seiner Obhut – und die Farm natürlich. Der Chef war jetzt er, obwohl sein Leben ganz anders hätte verlaufen sollen. Er setzte sich ins Auto, hob seine blendend weißen Turnschuhe vom Kies und fuhr davon.

DER EINSATZ: die umstrittenen Objekte, neunhunderttausend weiße Leghornhennen, deren Urahninnen um die Mitte des neunzehnten Jahrhunderts aus Italien geholt und die seither wie besessen gezüchtet worden waren. Waren sie Eigentum oder Individuen? Darüber war zu entscheiden.

Von genau dieser Farm hatte, damit wir das nicht vergessen, Cleveland etwa drei Monate zuvor Bwwaauk mitgenommen, die aus ihrem Käfig gefallen und sich auf der Straße davongemacht hatte, auf der Suche nach mehr.

Bwwaauk hatte ihr Leben vom Kükenstadium an auf dieser Farm verbracht.

Man möchte annehmen, dass diese Tiere nach der ganzen züchterischen Erbgutmanipulation, nach Reizentzug und Inzucht über hundertfünfzig Jahre inzwischen praktisch kein Hirn mehr hätten, dass der Tuner für den Signalempfang in ihrem Kopf auf ein leises statisches Rauschen eingestellt sei, eine Art Kühlschrankvibrieren. Man möchte annehmen, sie seien hirnleer, ein Gebilde aus Restimpulsen und Fleisch. Einige Hennen auf der Happy Green Family Farm waren tatsächlich lebender Stumpfsinn, aber die meisten waren es keineswegs. Sie hatten noch immer die DNA der ursprünglichen Vogelintelligenz, wenn auch nicht in voller Ausprägung. Die zählebigen Gene schoben sich auf alle möglichen Arten ins Dasein, so dass die meisten dieser Hennen immer noch das Funkeln ungezähmter Vogelklugheit im Auge hatten, das instinktive *Gallus*-Bedürfnis, Gruppen zu bilden, umherzuwandern, Rangordnungen festzulegen, sich zu paaren, Küken aufzuziehen, Freundschaften zu schließen, anderen zu folgen, ihre unbeholfenen Kurzflüge zu veranstalten, im Staub zu baden und sich zu putzen.

Die Hunderttausenden Hirne der Happy Green Farm tickten vor sich hin in diesen abstoßenden Lagerhallen, eingequetscht in winzige Kästen (oder, im Fall der so genannten käfigfreien Haltung, in riesige, übervölkerte Kästen), halb erstickt und bei lebendigem Leib verrottend in der beklemmenden Luft, kaum in der Lage, die Flügel auszubreiten, nicht in der Lage, beim Aufblicken etwas anderes zu sehen als Stahl und Förderbänder und Niedrigwattbirnen, Leib an Leib mit Fremden, mit halb amputiertem Schnabel und deformierten Füßen, weil sie Tag und Nacht auf Draht standen.

Bwwaauk war in Stall 8 aufgewachsen, einer A-förmigen Anlage alter Bauart, bei der die Käfige so übereinander gestaffelt sind, dass die Scheiße beim Fallen durch den Draht (meistens) an den Hennen in den unteren Etagen vorbeifällt. Bwwaauk hatte in der untersten Reihe gelebt, die in einem A-Bau der schlimmste Ort ist, weil einem eben (das System ist nicht perfekt) von oben die Scheiße auf den Kopf fällt. Das ganze Ding, die Käfigkonstruktion, befindet sich in der oberen Etage des Stalls, und darunter ist ein riesiger offener Raum, die Grube genannt, in den durch das Drahtgeflecht, das als Boden dient, die Exkremente fallen.

Stall 8 war das älteste Stallgebäude der Farm, erbaut im Jahr 1990. Die Käfige rosteten. Stellenweise war der Draht so korrodiert, dass er Löcher in Huhngröße hatte. Wenn eine Henne durch so ein Loch abstürzte, landete sie meist eine Käfigreihe tiefer. Die dort Ansässigen hackten sie dann als Eindringling tot und stellten sich auf die sterbende oder schon tote Henne, um ihren Füßen eine kurze Erholung vom Drahtgeflecht zu gönnen. In Bwwaauks Fall jedoch befand sich das Loch, das entstand, als das Ammoniak dem Rost den Rest gab, eben in einem Käfig der untersten Reihe, so dass sie, als sie fiel, in einen anderthalb Meter hohen Kothaufen plumpste.

Sie landete mit einem dumpfen Aufprall. Sie spähte zu dem Käfig hinauf, den sie verlassen hatte. Die Hennen oben spähten durch das Loch zu ihr herunter. Alle schätzten die Lage ein.

In der Wildnis leben Hühner in komplexen Cliquen und haben individuelle Stimmen. Sie reden miteinander, schon vor dem Schlüpfen. Eine Henne zwitschert und singt mit ihren Eiern, und die Küken darin antworten piepsend und plappernd und klickend durch die Schale. Erwachsene Hühner verfügen über mindestens dreißig verschiedene Kategorien von Konversation, jede mit einer eigenen Kombination aus Gackern und Gakeln, Rufen und Stolzieren. Hühner schwatzen, befehlen, spielen, flirten, lehren, warnen, trauern, kämpfen, loben und versprechen. Dieses letzte, das *Versprechen*, interessiert uns hier.

In Gefangenschaft hat eine Henne kaum Verwendung für die meisten ihrer Konversationskategorien. Ihr Vokabular verkümmert oder entwickelt sich gar nicht vollständig – aber es ist da, es sitzt in ihrem Hirn (das Information anders speichert und verarbeitet als das menschliche Gehirn – das Vogelhirn ist eher wie ein im Kortex eingebauter Mikrochip, nicht wie der klotzige Automotor des Menschen) und springt an, wenn es gebraucht wird.

So kam es, dass in dem Moment, als Bwwaauk das Gesicht den Hennen in dem Käfig zuwandte, aus dem sie einen Moment zuvor gefallen war, und um Kommunikation rang, ihr Gehirn in Aktion trat. Aus dem Tiefschlaf erwachte und blinzelte.

Vogelforscher, Experten für *Gallus gallus,* haben ein besonderes Fiepen ausgemacht, das eine unmissverständliche Bedeutung hat: Dieser Laut lässt sich, wenn er am Ende einer Vokalisierung erfolgt, sinngemäß in »es kommt« übersetzen. So fiept eine Mutter ihren Küken zu: »Folgt mir hier rauf! Gefahr – sie kommt!« Oder wenn ein Hahn vor einer Henne paradiert und das Fiepen ans Ende eines Krähens hängt, teilt er ihr womöglich mit: »Leidenschaft, Essen, Kinder, Schutz – es kommt, Mädchen!« Mit anderen Worten, dieses Fiepen drückt eine rudimentäre Form von Futur aus. Das Hirn der Henne Bwwaauk, die von Cleveland mitgenommen wurde, sprang an, polte sich um und machte sich an die Arbeit, als sie zu ihren Freundinnen im Käfig hinaufblickte (Hennen pflegen langdauernde Freundschaften und können mehr als hundert Hühnergesichter erkennen, selbst nach monatelanger Trennung; sie erkennen sogar menschliche Gesichter). Das Hirn der Henne Bwwaauk rackerte sich ab, um den komplexen Gedanken *Ich komme zurück zu euch, versprochen* mitzuteilen – kein Satz, für den Hennen im Allgemeinen viel

Verwendung haben, weder in Freiheit noch in Gefangenschaft, denn auch in der Wildnis leben sie gern eng zusammen. Dieses besondere Fiepen kam ihr jetzt in den Sinn.

Sie gab den Laut ihres Namens von sich – Bwwaauk – und das Fiepen »Es kommt«. Dann schlitterte sie vom Kothaufen und marschierte los.

Tatsache ist, dass sie nie zurückkam. Aber sie schickte jemanden, um die anderen zu holen.

JONATHAN HATTE NICHT GEGLAUBT, dass sie kämen. Jedenfalls nicht so viele. Jetzt, als er die letzten Schlafreste abschüttelte und Annabelle mit seinem Handzähler widerstrebend ins Freie folgte, gestand er sich ein, dass er es doch gewusst hatte (obwohl er es nicht geglaubt hatte – das konnte beides durchaus koexistieren: faktisches Eingeständnis neben Ausdruck der Ungläubigkeit), weil *sie* die Leute darum gebeten hatte.

Wie brachte sie Leute dazu, dass sie taten, was sie wollte? Jonathan hatte nie einen einzigen Käfig verkauft. Diese bereicherten Käfige! Sie war diejenige gewesen, auf die man gehört hatte. Und als sie verkündete, alle Hennen müssten käfigfrei gehalten werden, steuerte die gesamte Industrie in diese Richtung. Als sie entschied, käfigfreie Haltung sei nicht genug, die Haltung als solche sei das Problem, heftete sich die Schar ihrer Ergebenen wiederum an ihre Fersen und folgte.

Es kamen immer noch weitere Ermittler. Und noch mehr, obwohl nicht alles Ermittler sein konnten. So viele hatte es ja in der gesamten Weltgeschichte nicht gegeben. Sie kamen die Straße herauf, füllten den Hof mit ihren Schrottkisten, manche brausten auf Motorrädern herbei (typisch), ein paar kamen auch zu Fuß und gingen unter den Bäumen aufs Haus zu. Er kannte sie aus der alten Zeit (*da* also hat es sie hinverschlagen – nirgendwohin). Drüben sah er ihre jüngsten Neuerwerbungen, die Betriebsprüferinnen, die zusammenstanden, getrennt von den anderen, die hübsche lachend, die blonde mit steinerner Miene wie immer.

Sein Telefon vibrierte. Joy. Er ging nicht dran.

Er sah Annabelle draußen stehen und mit einem Mann reden, der ein komplett tätowiertes Gesicht hatte. Ja, sie hatte was. Etwas, das Menschen verleitet, in Sekten einzutreten und Kriege anzufangen. Charisma nannte man es. Und Dill – der die Verandastufen heraufkam –, er hatte es ebenfalls, musste Jonathan widerwillig einräumen. Verführungskraft.

»Wie viele fehlen denn noch, Jarman?«, fragte Dill.

Annabelle. Für einen Moment wandte sich ihr rosiges, strahlendes Gesicht von dem Tätowierten ab und blickte suchend zu ihm.

»Jarman, wie viele haben wir?«

»Beweg dich«, sagte er zu Dill. »Mit diesen drei – 421.«

Sein Telefon vibrierte, weil eine Nachricht eingetroffen war.

Am Ende ergab die finale Zählung 507 verdammte angeberische Ermittler, und Jonathan hatte bereits massives Kopfweh.

»Abgefahren«, sagte die hübsche Betriebsprüferin immer wieder. »Voll super.«

»Das ist überhaupt nicht super«, sagte Jonathan. »Das sind 204 zu viele. 204 Leute, die nur eine einzige mögliche Funktion bei diesem Plan haben können, nämlich ihn in den Sand zu setzen.«

Ja, jetzt hatten sie Helfer, mehr, als sie brauchten, aber das Risiko war auch höher. Es konnte leichter alles im Chaos münden. Es konnten Schwätzer und Schwächlinge dabei sein, Leute, die in letzter Sekunde absprangen. Es konnten unbekannte Elemente unter ihnen sein, die ihnen womöglich zum Verhängnis würden (so war es dann auch), aber jetzt war es zu spät. Jetzt mussten alle eingebunden werden. Die einzige Hoffnung war die Zeit: Heute Abend ging es los. So gut wie keine Zeit für die vielen Debakel, die eine so große Zahl übereifriger Arschlöcher anrichten konnten.

»Ich verstehe nicht, inwiefern die Überzahl ein Problem sein soll«, sagte die Betriebsprüferin.

Dill nickte. »Genau. Die kann doch nur helfen.«

»Mhm«, sagte Jonathan. »Wartet ab.«

Schließlich war es so weit. Annabelle und Dill brachen zuerst auf.

»Moment, was habt ihr vor?«

»Uns um den Nachtwächter kümmern«, rief Annabelle, die sich rückwärtsgehend von ihm entfernte.

»Welchen Nachtwächter?«, rief Jonathan zurück. »Du hast doch gesagt, Ricardo hat Urlaub.«

»Ich meine seinen Vertreter. Die Aushilfe.«

»Aushilfe?«

3

NACHT, FRAU, MANN. Eine Straße von einer Farm zur anderen.

Aber es gab bei alldem auch noch eine dritte Farm.

Die erste: die, zu der sie unterwegs waren. Acht Ställe, bei voller Auslastung 1,2 Millionen Vögel, dumpfer Maschinendauerlärm, Gestank.

Die zweite: die, von der sie kamen. Dem Banker vermacht auf einem Sterbebett. Achtundzwanzig Hektar, zum gegenwärtigen Zeitpunkt vorwiegend Grünland. Eine Scheune, ein Stall, ein Haus. Eine Farm, die keine mehr war, nur noch Naturklo für vorbeikommende Vögel, Hunde und Menschen.

Die dritte: die ursprüngliche. Begründet von Großvater Green direkt nach dem zweiten Weltkrieg. Aus dem Boden gestampft in der zweiten Welle der modernen amerikanischen Legehennenhaltung.

Großvater Green war damals einfach Leo Green gewesen. Dekoriert und voller Tatendrang aus dem Krieg zurück und im Besitz einer Kriegsteilnehmervorzugshypothek. Er erwarb landwirtschaftlichen Grund drei Meilen außerhalb seines Heimatdorfs, neben einem stillen Wald, durch den sich ein Fluss schlängelte, für die Jagd weitgehend unbrauchbar, außer auf Eichhörnchen und Vögel, insgesamt friedlich. Er baute kein Haus auf diesem Land, das machte man jetzt nicht mehr. Stattdessen baute er einen gigantischen Stall. Zehn Jahre früher wäre ein Stall für mehr als zehntausend Hennen undenkbar gewesen. Highway, Fernsehen, Stadtrandneubausiedlungen und Massentierhaltung standen in den Startlöchern. Die USA – und bald die Welt – würden nie mehr so sein wie zuvor (aber was heißt das schon? Es ist doch jeder Augenblick anders als der Augenblick zuvor).

Leo Greens erster Stall fasste dreißigtausend Hennen.

Im Lauf der Jahrzehnte rüstete er seine Farm zweimal auf, einmal vor und einmal nach dem Vietnamkrieg, und brachte ihn auf den jeweils neuesten Stand der Technik. Die erste Aufrüstung schuf Platz für fünfzigtausend Vögel, die zweite für siebzigtausend. Dann riss er alles ab und ersetzte es durch das Neueste, was die achtziger Jahre zu bieten hatten: eine Legehennenbatterie für einhundertzehntausend Tiere. Die USA waren mittlerweile im Zeitalter der Shopping Malls, der leeren Innenstädte, des ausblutenden ländlichen Raums und der Masseninhaftierung angekommen. Farmer Green hatte die Blaupausen für zwei weitere Batterieställe in der Schublade, geplant für die nächsten drei Jahre.

Allerdings wurde er ausgebremst. Grund war eine Überraschung im Gefolge des Kalten Kriegs. Ein Waffenhersteller in der Nähe, der zu dem Zeitpunkt ein Drittel der Einwohner des Orts beschäftigte, hatte aus Versehen (euphemistisch für Schludrigkeit und Ignoranz) toxisches Material unterschiedlicher Aggregatszustände entweichen lassen, abgeladen und in den Fluss eingeleitet. Fabrikgelände und Umland mussten evakuiert werden. Hautkontakt, Einatmen flüchtiger Gase, Aufnahme durch Nahrung aus Boden und Grundwasser – alles hochgefährlich. Daher nahmen die Bewohner der Kleinstadt und des weiteren Umlands, eingeschlossen Großvater Green, die angebotene Entschädigung an und zogen ab (weitere zugesagte Zahlungen, verteilt auf die nächsten zehn Jahre, wurden nach vier Jahren eingestellt, weil die Gerichte erlahmten). Großvater Greens neue Legebatterie war mithin leer. Green errichtete neunzig Meilen entfernt eine neue Farm, und innerhalb von drei Jahren standen alle drei Ställe und gingen in Betrieb, ganz wie geplant.

Doch die ursprüngliche Anlage gab es immer noch, allerdings ohne Maschinen und vor allem ohne Käfige; die waren abgebaut. Das Gebäude war nur noch eine leere Hülle, ein Außenskelett sozusagen, und hatte seit dreißig Jahren keine Henne mehr beherbergt.

Die Sonne sank, das Tageslicht schwand. Die Insekten sind auf dem Rückzug von unserem Planeten, in dieser Nacht aber hielten sie die Stellung. Rings um das leere Stallgebäude polierten und stimmten sie ihre Instrumente und begannen mit den Präludien zu den Millionen Liedern, die für das menschliche Ohr wie gregorianische Gesänge ohne Verfasser klingen, wie ein Chor mittelalterlicher Bittsteller; in Wahrheit enthält der Gesang jeder Grille Variationen, die ihn einzigartig machen.

Hundert Schwalben, die anderswohin unterwegs waren, landeten auf ihren dünnen Füßen auf dem Dach von Leo Greens Stall. Sie überprüften ihre innere Weltkarte und machten sich wieder auf den Weg.

Eine Frau und ein Mann auf dem Weg von einer Farm zur anderen fuhren vom Highway ab und überquerten eine schmale Straße. Wären sie dieser Straße gefolgt, vierzig Kilometer über verseuchtes Land und über einen verseuchten Fluss, zu den Ruinen eines verseuchten, aufgegebenen Dorfs und einer ebenfalls aufgegebenen Fabrik in der Nähe, dann noch einmal fünf Kilometer bis fast an den Rand eines Walds, dann wären sie bei dieser Farm angelangt. Die Frau drehte den Kopf und blickte im Vorbeifahren die schmale Straße entlang.

A: Es waren immer wir beide, Dill und ich. Seitdem wir uns kannten, waren wir uns einig. Wir hatten was Abgefeimtes und Heimliches angefangen, und dann war es uns entglitten. Seither leben wir mit den Folgen.

Als ich aus der Organisation ausschied, war er der Einzige, dem ich sagte, wohin ich wollte. Ich packte ein paar Sachen und ignorierte die Warnschilder und Absperrungen. ZUTRITT VERBOTEN. BETRETEN STRENGSTENS UNTERSAGT. VORSICHT, LEBENSGEFAHR. NICHT VON DER STRASSE ABFAHREN. ALTLASTENSANIERUNGSGEBIET. Und so weiter. Der Stacheldraht war verrostet, teilweise eingebrochen, verdreht und niedergetreten. Es war die Rede davon gewesen, dass man Totempfähle entwerfen und aufstellen müsste, um die Menschen für die nächsten Jahrtausende fernzuhalten, aber dafür hat sich dann kein Geld gefunden. Die Zukunft wird sich wohl selber drum kümmern müssen. Es ist garantiert nicht die schlimmste der vielen Bescherungen, die wir hinterlassen.

Ich ging in den ehemaligen Ort, der geräumt worden war, als ich ein Jahr alt war. Ich sah mir die Trümmer an, die Häuser, die Fabrik. Die Natur hatte die Gegend aus Rache verwüstet. Die Evakuierungsschilder lagen mit dem Gesicht nach unten im Gestrüpp wie gefallene Soldaten. Ich ging zum Ufer hinunter. Der ganze Zufluss war vergiftet, aber ein paar Meilen flussaufwärts, nahe der ehemaligen Farm, im Waldschutzgebiet, war das Wasser angeblich okay. Dort konnte ich mich versorgen. Also beschloss ich mich genau hier, im Herzen der zivilisierten Zivilisationszerstörung, häuslich niederzulassen.

Dill und ich sagten immer, es würden Gegenden gebraucht, aus denen der Mensch sich zurückgezogen hat, Land – mit Wasser –, dem die Leute freiwillig den Rücken kehren und das sie nie wieder zu betreten geloben, so dass die Natur dort ohne uns weitermachen darf. *Wildnis* nannten wir es. Aber heute ist mir klar, dass es nie so weit kommt. Freiwillig tut der Mensch gar nichts, außer zerstören. Man muss ihn vertreiben. Und niemand kann ihn zwingen – das schafft kein anderes Tier, nicht mal die Natur. Andererseits wird es gar nicht nötig sein. Der Mensch schafft es von allein.

Und wenn es so weit ist, dass er das Feld räumt? Dann ist das eine Chance.

DIE NACHT, IN DER SIE SICH AUF DEN WEG MACHTEN, um die Legehennen zu holen, war im frühen Frühjahr, und über den Feldern stand der Gestank von Scheiße. Eine Prozession von siebzig Fahrzeugen verließ nach und nach, in kleinen Gruppen, die Farm des Bankers. Sie fuhren auf den Highway in Richtung Norden, Serien von Blinkern hintereinander, wie ein Morsecode in der Dämmerung. Sie fuhren durch Gemeinden mit vielen Kirchen, an fahlen Gehsteigen, langen Vorgärten, kleinen Häusern, aufflammenden Straßenlaternen entlang. Sie fuhren vorbei an Wiesen, Baumgruppen, einem Walmart am dunkelnden Horizont. Endlich waren sie am Ziel: Hunderte Ermittler (natürlich waren es nicht nur Ermittler – sie hatten auch Tierheimmitarbeiter, Tattookünstler, vegane Tellerwäscher, jüngere Brüder dabei). Jenseits der Felder ragten vor einer Versammlung fensterloser Lagerhäuser silberne Silos in den Himmel – wie ein Atombunker für eine ganze Stadt, die Industrieversion von Oz.

An den Ecken der Felder hielten die Fahrzeuge an und entließen Ermittler hinaus ins Gestrüpp. Sie huschten aus Autos, sprangen von Ladeflächen, rannten geduckt den Waldrand entlang. Am anderen Ende der Scheiße kauerten sie sich nieder, vor ihnen eine riesige Fläche, eine halbe Meile Scheiße, die von ihren Schuhen bis an den Rand der gewaltigen Blechgebäude reichte, wo die Scheiße produziert wurde: die Hennenhäuser.

Sie warteten. In ihren Rucksäcken hatten sie kleine Proviantpäckchen, Wasser, Handschuhe. Sie hatten sich die Schuhsohlen gefeilt, wie Annabelle es ihnen beigebracht hatte. Sie konnten das Summen der Maschinen hören, reiner Klang, das Singen und Verstummen Amerikas. Zwei Meilen hinter ihnen, auf den Nebenstraßen der näheren Umgebung, stellten die Fahrer-Ermittler ihre Fahrzeuge ab, nicht mehr als zwei pro Block, stiegen aus und kamen herüber, beiläufig lässig, und wieder ein paar Meilen dahinter warteten sechzig Lkws an fünf verschiedenen Autohöfen.

Draußen auf dem Feld stimmten die Ermittler sich ein, Pupillen weiteten, Ohren spitzten sich. Alle ordneten ihren Geist – einen Geist, der von Natur aus so klein und schlecht organisiert ist im Vergleich zu der massiven Farm – zu einem akkuraten Gedankenturm. Auf die oberste Schicht legten sie den dicksten Gedanken: die Ruhe, die es braucht, um loszulegen – es ist ja kein kleines Manöver, nicht mal für die, die jahrelang trainiert haben.

Eine Schicht tiefer war das Montageteam des Geistes am Werk, ging die einzelnen Stufen durch, den Ablauf, Stunde für Stunde – die Füße, die sie zum jeweils zugewiesenen Ort trugen, die Hände, die zugriffen und losließen, den Fluchtplan, den Fluchtplan B – und hakte während der imaginierten Durchführung jede Stufe ab.

Unter diese Schicht geschoben war eine weitere, der Pragmatiker-und-Pessimist: *Total ausgeschlossen, dass das hinhaut.*

Noch eine Ebene tiefer der Philosoph: *Was heißt das überhaupt, »ein Werk«? Was genau soll es bewirken?*

Darunter: das Demontageteam des Geistes. Es schlug mit der Axt auf die Ebenen über ihm ein. Führte vor, was alles schiefgehen konnte. In Trümmern lag der Plan auf einem matschigen Parkplatz des Geistes.

Und noch eine Ebene tiefer rüttelte ein Mann an seinen Ketten und schrie durch die Schichten über ihm hinauf: *Was hast du in deinem Leben schon alles verbockt – ist das jetzt das Nächste?* Er musste vom Scheppern und Stampfen der anderen übertönt werden.

Darunter war eine weitere Schicht und noch eine, Schicht um Schicht abwärts durchs Bewusstsein, bis hinunter zum Bodensatz, wo das menschliche Hirn nicht mal sich selbst mehr zugänglich ist und durch breiige Begierden und diffuse Urängste und das stachelige Territorium der Instinkte wogt, bis man ganz unten angelangt ist und sich dort niederlässt, in diesem harten Kern unaufhörlichen Sehnens, das uns alle eint (oder trennt).

Doch in der Nacht, in der sie sich auf den Weg machten, um die Hühner zu holen (»die Evakuierung« sagten sie, obwohl die Betriebsprüferinnen darauf bestanden, es sei eine »Entnahme«), war den Ermittlern bewusst, dass sie der am wenigsten interessante Aspekt des Geschehens waren. Die Hühner, ihre schiere Menge, eine existenziell verstörende, eine Welt-Krisenzahl, *sie* waren das Subjekt. Die Ermittler (und Tierrechtsaktivisten jeder Couleur, die wartend in der feuchten Scheiße standen oder hockten) mussten damit einverstanden sein, sonst hätten sie es nie durchziehen können. Sie mussten darauf bestehen (ihre Anwesenheit am Rand des Felds war erst mal nur so etwas wie ein Behaupten, das Beharren stand noch aus), dass Hennen und überhaupt alle Lebewesen, inklusive des arroganten, ignoranten Menschen, nicht hässlich, dumm oder besitzbar sind. An dieser Überzeugung mussten sie festhalten, mussten sie im Vorderkopf behalten (und nicht den Gedanken, dass sie wahrscheinlich – in manchen Fällen: wieder – im Knast landen würden).

Sie warteten.

Unterdessen bewegten sich unsichtbare Elemente auf das Bevorstehende zu. Die Zukunft sog die Gegenwart in sich ein. Daran beteiligt war sogar, was scheinbar nichts damit zu tun hatte (die schwebenden Stäubchen, die leise wilde Luft, die das Laub der Bäume auf und nieder bewegte, darunter die in den Boden sinkenden Exkremente, die kreisenden Hirne der Hennen in ihren Käfigen, die Kinder, die zwei Meilen entfernt ins Bett kletterten, ihre endlich losgelassenen Eltern, ihre leisen wilden Gedanken, rasend, wenngleich von ihren Displays im Zaum gehalten und zu Vierecken heruntergeregulgiert), denn alle Bewegung ist miteinander gekoppelt und bewegt sich gemeinsam.

Als das Signal kam, erhob sich der Ermittler Zee, den Janey eines späteren Tages heiratete, und winkte mit dem Arm. Die Ermittler richteten sich auf und folgten ihm in drei Gänsemärschen ins Feld.

FÜNFZEHN STUNDEN SPÄTER wird Janey neben diesem Ermittler Zee auf dem Boden sitzen. Ihr Ellenbogen wird seine Hüfte berühren, ihre Handgelenke gefesselt in ihrem Schoß liegen. Er wird sich zu ihr drehen und etwas sagen. Sie wird seinen Namen nicht kennen, aber seine Stimme, und sie wird wissen, dass er der Mann ist, der als Letzter mit ihr in der Scheune des Bankers war, der Typ, der sagte, Annabelle habe sich eine echte Scheißidee einfallen lassen. Jetzt wird er etwas Ähnliches sagen. Und Janey wird wieder angepisst sein.

Aber zehn Minuten später wird er sie zum Lächeln bringen.

MACH KEINE ZISCHLAUTE GEGENÜBER EINEM VOGEL. Wenn du unbedingt einen Laut machen musst, dann mach ein Gurren. Zischen ist das Geräusch der Schlange, und Vögel, alle Vögel, sogar die schrägen in Käfigen, erkennen eine Schlange, wenn sie eine hören, und geraten in Panik. Lass nie eine Henne bei Kälte im Freien. Der Kamm friert ab. Der Hühnerkamm hilft nicht nur bei der Wärmeregulierung, sondern übt auch sexuelle Reize aus, und eine Henne mit frostschwarzem Kamm ist *nicht* attraktiv. Dreh eine Henne nie mit dem Kopf nach unten. Schwing eine Henne nie an den Beinen. Wenn du eine Henne hochhebst, leg ihr eine Hand unter die Brust und halte mit der anderen vorsichtig beide Füße. Dann legt sie die Flügel an und fühlt sich sicher.

Wenn du Hühnern freien Lauf lässt, damit sie sich paaren und herumwandern können, wie es ihnen passt, fallen sie nach und nach ins Verhalten ihrer wilden Vorfahren zurück.

DIE ERMITTLER ERHOBEN SICH AUS DEN FELDERN und gingen durch die Dunkelheit auf die Stallgebäude zu. Ihre Schuhe hinterließen nur glatte Erde, keinen Beweis. Die ersten Lkws trafen ein, Getriebe kreischten, Scheinwerfer warfen Scheingestalten. Ein einzelner Ermittler stand auf der Straße und lotste die Laster auf das Gelände, obwohl sie wussten, wohin sie mussten. Sie hatten die Landkarte studiert, und dass um diese Zeit Fangtrupps mit ihren langen Transportern auftauchten, war nicht unüblich. Überall auf der Welt weiß der Farmer, dass er seine Hennen am besten nachts fängt, wenn sie nicht in Kampf-, sondern in Schlafbereitschaft sind.

Die Ermittler fächerten sich auf, strebten still und leise (sie waren Profis) zu den ihnen zugeteilten Ställen. Der Ermittler Zee öffnete die Tür zu Stall 2, den Jarman ihm zugewiesen hatte. Ein Schritt in den Käfigbereich, und schon war er wieder mittendrin in den verfluchten Ställen mit ihrem Krach, ihrem schummrigen Licht, ihrem Gestank. Es war noch gar nicht lang her, dass er sie aus der Erinnerung verbannt hatte, aber es war immer noch, immer wieder ein Schock.

Er sah sich um, sah die Käfigreihen, jede so lang, dass das Ende nicht zu erkennen war, hörte das *wuu-wuu-wuu* der Vögel, wie einhunderttausend Kazoos, und das basstiefe Pulsieren der Ventilatoren. Eine extreme Klangdichte, Minimal Music, ein nicht endendes Konzert. Schmutz verkrustete die Käfige und hing daran herunter wie Eiszapfen. Beinahe hätte Zee sich den Gedanken *Das ist drecksscheißunmöglich* erlaubt, aber nur beinahe. Er lachte. Na gut, fangen wir an. Behandschuht entriegelte er den ersten Käfig und griff hinein.

AUCH CLEVELAND WAR IN STALL 2. Sie ließ Janey in der Reihe stehen und quetschte sich vorbei an den riesigen fahrbaren Metallgestellen mit den Legebatterien (das Industriewort für transparente Gitterkäfige), duckte sich zwischen den Ermittlern hindurch, rannte den Gang hinauf, weil sie sich verpflichtet fühlte, der Verladung der ersten Hennen beizuwohnen. Schließlich hatte sie die erste Henne mitgenommen, mit der alles angefangen hatte (wo war die jetzt eigentlich?)

Sie hielt inne. Es geschah tatsächlich. Mit einem *Hau ruck!* hievten Ermittler Batteriegestelle auf den Lkw, eigenhändig, denn die beiden Gabelstapler waren in den Ställen 1 und 3. Cleveland konnte nicht anders – sie musste ein Bild machen (das später als Beweis zu den Akten kam, zusammen mit allen anderen Videos und Fotos, die sie während der letzten Monate aufgenommen hatte), obwohl Annabelle und Dill es streng verboten hatten und niemand sonst Fotos machte; anscheinend waren alle professioneller als die Oberbetriebsprüferin.

Das Foto war dezent – Ermittler mit Arbeitshandschuhen, konzentrierte Mienen, festgehalten in unaufgeregter Haltung. Niemand hätte vermutet, dass sie und die Tochter von Olivia Flores Derartiges fertigbrächten. Aber das hatten sie.

Als die Batterien in der Halterung im Laderaum des Lkws einrasteten, brachen die Ermittler in Jubel aus. Nicht alle konnten es sehen, sie waren ja im ganzen Stall verteilt, zogen Hennen, schoben Gestelle, aber sie hörten das Jubeln und wussten, was es bedeutete, und sie fingen ebenfalls zu jubeln an (*wuu! wuu!*), und ihre Stimmen vereinten sich mit den Lauten der Hennen. Und auch Cleveland erhob ihre Stimme, eine Betriebsprüferin, die ein Freudengeschrei ausstieß. Dann drehte sie sich um und kehrte zu Janey zurück.

Durch den kollektiven Ermittlergeist tönte ein Startschuss. Die Aktion lief.

JONATHAN WIEDERUM WÄRE NICHT AUF DIE IDEE GEKOM-
MEN, es könnte ihm etwas »fehlen«, wenn er die Evakuierung
verpasste. Er legte keinen Wert darauf, die Verladung der ersten
Hennen mitzuerleben. Er war beschäftigt. Und zwei Stunden
später, als alles lief wie geschmiert, hatte er noch immer nicht
das Gefühl, es könnte etwas fehlen. Lkws fuhren ein und aus,
die Nacht war kühl, hier und dort stand schon ein ganzer Gang
leer, das Gurren der Hennen wurde leiser. Es lief besser, als er
zu hoffen gewagt hatte. Unebenheiten, ja, aber die ließen sich so
leicht glätten, dass der Plan ohne sie nicht perfekt gewesen wäre,
denn Vollkommenheit ist erst dann vollkommen, wenn sie auch
kleine Schönheitsfehler enthält, die uns an das Dunkel der (Un-)
Vollkommenheit erinnern.

Das Schönste war die Architektur der Planung. Zu jedem beliebigen Augenblick wurden die Hennen mit durchschnittlich 21 666
Individuen pro Stunde und Stall beziehungsweise 130 000 für alle
sechs Ställe evakuiert, wobei die Ermittler pro Person und Stunde
410 Hennen schafften, was etwa drei- bis viermal langsamer ist als
die übliche Ausstallung, also nicht schlecht. Und als die ersten
Lkws pünktlich um 21:00 Uhr das Gelände verließen, fühlte sich
der aufsteigende Jubel an wie ein warmer Sommerregen.

Innerlich war man natürlich am Zittern, wie denn nicht. Jonathan hatte sechs Trupps zu je fünfundfünfzig Ermittlern, ein Aus-
stallungstrupp pro Gebäude, und alle mussten in Bestform sein:
schnell, konzentriert, in der Lage, stundenlang durchzuarbeiten,
mit nur ganz kurzen Pausen dazwischen, fünf Atemzüge, wenn
es nicht anders ging. Viele (er nicht) hatten schon früher mit den
Händen zugelangt. Die Mehrheit nicht. Aber nach spätestens einer Stunde waren die einen von den anderen nicht mehr zu unterscheiden. Ermittler schoben leere Gestelle, Ermittler schoben
volle Gestelle, die schwer waren, weil mit Hunderten Hennen

beladen, zu drei Vierteln ihres Fassungsvermögens, was das Äußerste war, das er Annabelle hatte abringen können (mit dem Argument, dass sie, wenn *zu viel* Platz wäre, auf der Fahrt herumpurzeln und sich verletzen könnten, »es sei denn, du willst neunhunderttausend Sicherheitsgurte anbringen«). In Stall 2 und 3, sah er, war sein Käfigdesign in Gebrauch. Und die käfigfreien Ställe hatten Volieren neuester Bauart. Beeindruckend.

Natürlich waren die Hennen nicht imstande, stillzuhalten und sich schnell und leise aufheben zu lassen. Hennen verfallen in eine Art Starre, wenn sie schlafen, aber irgendwann wachen sie auf, und jetzt rannten sie durcheinander und schrien, als hätte jemand volle Beleuchtung eingeschaltet. Sie griffen die Ermittler mit allem an, was ihnen zur Verfügung stand, sie zielten auf Arme, Hälse, Augen. Hart war es für beide Seiten, Ermittler und Hennen, aber sie mussten es ja nur bis zu den Asylen schaffen. Dort würden sie dann von sanften, ruhigen Händen in Stroh gebettet, und zu dem Zeitpunkt wäre Jonathan schon zu Hause und frei. (Und er würde auf jeden Fall hier rauskommen und zu Joy zurückkehren, weil er Annabelle nie, nie wiedersehen wollte, verdammte Scheiße. Diese gestrige Nacht der Leidenschaft, das war kindisch gewesen.)

Jonathan hatte nur eine Aufgabe: die besten Bedingungen herzustellen, damit sie es lebendig bis an ihr Ziel schafften und kein Lkw voller toter Vögel ankäme. Dennoch würde es tote Vögel geben, eine haarsträubende Zahl toter Hennen. Das war unvermeidlich. Man griff in einen Käfig und erwischte eine tote Henne, die von ihren Zellengenossinnen in den Draht getrampelt worden war. Überall auf den Gittern lagen tote Hennen. Weil weder Annabelle noch Jonathan einen Leichenberg hinterlassen wollten, hatte Annabelle einen Ermittler eigens dafür abgestellt, dass er durch die Scheunen rannte und die Kadaver einsammelte, die sie in Schwergutsäcken mitnehmen wollten (um sie am Ende, wie Annabelle in einer sentimentalen Anwandlung verlangte, einzuäschern und ihre Asche auf einem freundlicheren Feld auszustreuen).

Es sah in diesen Ställen nach Belagerungszustand aus, und nichts anderes war es.

Aber wenn man vom Eigentlichen absah, nämlich einer Situation an (aber noch nicht jenseits) der Grenze der Beherrschbarkeit, begann sich die Kontur abzuzeichnen, diese ineinander verknäulten Lebewesen, genetisch verbogen und zu Millionen in eine Aneinanderreihung düsterer Baracken gestopft, die jetzt in kleinen Gruppen zum Vorschein kamen und in alle Richtungen davonstoben – man denke sich Sternenflimmern, hervorbrechende Sonne, Feuerwerk, Explosion –, sie strömten dahin über eine erodierte Landschaft. Einatmen und Ausatmen, ins Land entlassene Vögel.

Dieses uralte, permanente, elektrische Gefühl, Annabelle gefallen zu wollen, befreite sich aus seinem Verlies in der Tiefe. In genau diesen Ställen, wo er auf und ab marschiert war, seine Argumente in die Luft gestikulierend, hatte er sich verliebt (Annabelle erst achtzehnjährig!). Hennen und die Verbesserung ihrer Haftbedingungen, das war das Werk seines Lebens gewesen. Annabelle hatte ihn dafür geliebt.

Und da war es endlich: das Gefühl des *Fehlens*. Es fehlte ihm dieser Teil von ihm.

Hatte man es einmal erkannt (und Jonathan erkannte es), begann man auch anderes zu sehen, das fehlte, so wie: Es hatte auf der Hand gelegen, aber man hatte es nicht gesehen, nicht gewürdigt, und jetzt fehlte es. Und man hatte selbst gefehlt, so wie: Man hatte versäumt, die Person zu werden, die man hätte werden können, wäre man den eingeschlagenen Weg weitergegangen. Und *sie* fehlte, fehlte ihm auf fundamentale physische Weise (letzte Nacht!), und er änderte (noch einmal) seine Meinung und verwarf seine Ablehnung von vorhin. Er spürte den Schmerz des Verlusts (die Wunde war wieder offen, verdammt).

Stunden später, als es nicht mehr lief wie geschmiert, als alle seine geordneten Fluchtpläne im Eimer waren, Ermittler durch die Felder davonrannten, Rauch den Himmel füllte, da hatte Jonathan abermals diesen Gedanken, in wieder leicht veränderter Bedeutung: dass er sie *verfehlt* hatte. Er rannte von Stall zu Stall, rief ihren Namen und hoffte, dass er sie nicht übersehen hatte, dass sie noch gar nicht fort war oder, was wahrscheinlicher war, dass sie nicht irgendetwas Wahnsinniges vorhatte (hatte sie, aber nicht das Wahnsinnige, das er befürchtete) und ihr Versprechen brach. Sie musste hier irgendwo sein. Er stemmte sich der Flut fliehender Ermittler entgegen, prallte mit ihnen zusammen, rief, schrie: »Hat jemand Annabelle gesehen?«, obwohl keiner zuhörte.

Aber das war später.

JANEY SAH ZU, wie die Ställe sich mit unvorstellbarer Geschwindigkeit leerten, wie die Batteriegestelle durch die Reihen sausten, Käfige in Lkws verladen wurden, die Vögel in der kühlen Nacht abwarteten, was als nächstes mit ihnen geschähe.

Warum war ihr so bang ums Herz, woher die düstere Vorahnung?

Es sah nicht so aus, wie es aussehen sollte. Es passte nicht zu der Vision, wie die Vögel ihre Käfige abschüttelten, das Dach davonflog, die Sterne funkelten. Das Dach war noch immer über ihnen. Die Hennen wechselten von größeren in kleinere Käfige, von Käfig zu Käfig, und nicht gerade sanft. Manche Ermittler waren ungeschickt und verletzten die Hennen bei der Entnahme. Und obwohl die Transportkäfige nicht ganz befüllt wurden, war immer noch eine entsetzliche Menge Vögel pro Batterie übrig. Bevor sie ankämen, wären viele Hennen verletzt, oder tot. Die Ermittler aber wurden schon müde, nach nur drei Stunden. Dabei hatten sie alle noch eine enorme Strecke vor sich.

Sie fragte sich, ob sie sich geirrt hatte. War ihre Vision kein Ruf gewesen? (Nein.) Sie versuchte sie heraufzubeschwören: Hennen, die mit beispielloser Kraft flügelschlagend in die Nacht davonfliegen. Flüchtig fragte sie sich (der Gedanke sauste vorbei wie ein Vogel), was die andere Janey jetzt tat.

Cleveland war derart davon in Anspruch genommen, die Hennen korrekt aufzunehmen (es war schwerer, als es aussah, vor allem wenn sie im hinteren Teil des Käfigs saßen), dass ihr nicht auffiel, wie Janey ins Leere starrte.

Zee hingegen sah am Ende einer Reihe eine Ermittlerin mit hängenden Armen dastehen, reglos. Was war denn los, was war in sie gefahren? Sind wir etwa hier, um Maulaffen feilzuhalten? Er ging auf sie zu; als Leiter seines Stalltrupps war es sein Job, ihr auf die Sprünge zu helfen. Im Näherkommen erkannte er sie – es war dieselbe, die am Morgen mit zerzaustem Haar auf die Veranda herausgekommen war. Er blieb stehen, sein Herz hämmerte. Er drehte sich um und trabte in entgegengesetzter Richtung davon.

SIEBEN JAHRE SPÄTER ging Dill ans Telefon. Zee war dran; er erkannte ihn trotz der schlechten Verbindung. Zee sagte: »Sie weigert sich, aus dem Schlafzimmer rauszukommen.«

Ja, sie riefen immer noch bei Dill an. Sie waren in so jungen Jahren unter seine Fittiche geraten, die Ermittler, dass sie sich auf ihn geprägt hatten wie Küken. Zumindest von einem Dutzend konnte man das so sagen. Sie waren alle nach wie vor Veganer, und in Zeiten der Not dachten sie zuallererst an ihn.

»Ich weiß nicht, was ich machen soll.«

Dill stieß sich mitsamt Bürostuhl vom Schreibtisch ab, lehnte sich zurück und blickte zur Decke hinauf. »Lass ihr Zeit.«

»Ihr Vater hasst mich.«

»Dann lass ihn nicht rein. Wen kümmert's, was er denkt.«

»Nein, er lässt *mich* nicht rein. Es ist seine Wohnung. Ihr Schlafzimmer ist in der Wohnung ihres Vaters.«

»Oh Mann, ist sie etwa nach Hause zurück?«

»Nein, sie ist von zu Hause *ausgezogen*. Zuhause ist *unser* Haus. Janey liebt es. Aber jetzt sitzt sie in ihrem früheren Schlafzimmer in dem versifften Apartment ihres Vaters und kommt nicht mehr raus. Seit einer Woche sitzt sie da drin.«

»Krass.«

»Sag ich doch. Sie ist gebrochen. Ich weiß nicht, was ich machen soll. Ich werde wahnsinnig. Ich bin allein in diesem Haus. Hier ist alles voller Stofftiere. Sieht aus wie eine Spielkiste, wie ein Babyladen. Ich habe hinten im Garten ein Blockhaus gebaut.«

»Er wäre die nächsten Jahre noch in kein Blockhaus geklettert.«

»Das weiß ich. Ich wollte es einfach bauen.«

»Da wart ihr wohl ein bisschen voreilig.«

»Kaum. Ich meine, er war geboren und am Leben. Er war fast drei Monate alt.«

»Fast ist nicht genug.«

»Viel genug. Weißt du, dass sie noch nie in einem Haus gewohnt hat? Sie wollte unbedingt eines. Das Haus war ihre Idee. Und jetzt kommt sie nicht mehr aus diesem Scheißschlafzimmer raus.«

»Sie trauert halt.«

»Er war auch mein Baby, verdammte Scheiße«, schrie Zee.

»Sie sagt, ich mache weiter, als wär nichts passiert.«

»Klingt wie typisch du.«

»Ganz genau! Man macht doch nichts anderes, vom allerersten Tag an – man macht weiter, als wär nichts passiert.«

Die meisten von ihnen waren aus der Tierrechtsbewegung ausgestiegen. Oder ausgespien worden. Sie hatten wieder eine Schul- oder Hörsaalbank gedrückt, waren Anwälte oder Journalisten geworden oder Lkw-Fahrer, hatten ihre Vasektomie rückgängig machen lassen und eine Familie gegründet. Neue Ermittler waren in ihre Fußstapfen getreten, auch wenn die US-Farmer inzwischen so gut im Enttarnen waren, dass Ermittlerteams auf Internationalität setzten – Mexiko, Indien, Neuseeland –, aber Dill war ganz ausgestiegen.

»Wir waren *so* knapp dran«, sagte Dill, »wäre Stall 8 nicht gewesen.«

Zee schnaubte. »Verdammte Scheiße.«

»Sonst hätten wir's geschafft.«

»Nein, Dill, hätten wir nicht. Jetzt gib das doch endlich zu.«

»Doch, hätten wir.«

»Nicht das schon wieder«, stöhnte Zee. »Ich bring mich um, Mann. Für mich ist es vorbei, ich bin am Ende.«

Dill seufzte. Zee war zweiunddreißig, Janey achtundzwanzig. Das Leben ist so, so lang. Dill war vom Banker vernichtet worden, in den Staub getreten, und doch – sieben Jahre später stand er wieder aufrecht und liebte jemand anderen. Wir denken immer, es sei alles vorbei – und es *ist* auch vorbei –, aber dann fängt es doch noch mal neu an. Wiedergeburt zu Lebzeiten.

Aber Zee und Janey. Er war überzeugt, dass sie's schaffen konnten.

»Pass auf, du willst deine Frau zurück, gebrochen oder nicht?«

»Das *sage* ich doch.«

»Du musst Folgendes tun.« Dill beugte sich vor, der Stuhl quietschte. »Ruf den Stromanbieter an. Sag ihnen, sie sollen den Strom abdrehen.«

»Um sie rauszutreiben? Ihr Vater bringt mich um.«

»Es geht nicht um ihn, du Idiot. Sondern um *dein* Haus!«

»Dann sitz ich hier im Finstern.«

»Bestell die Zeitung ab.«

»Wir kriegen überhaupt keine Zeitung, nicht auf Papier. Beispiellose Vergeudung von Bäumen.«

»Lass die Post zu ihrem Vater schicken.«

»Das wird ihm nicht passen.«

»Pack einen Koffer. Zwei Koffer. Pack genug ein, dass es für längere Zeit reicht. Geh zu ihrem Vater. Nimm die Koffer mit.«

»Ich glaube nicht, dass er mich reinlässt.«

»Geh in ihr Schlafzimmer. Geh nicht weg. Bleib dort drin. Den ganzen Tag und die ganze Nacht.«

»Mein Arbeitgeber wird mir kaum so lang freigeben.«

»Dann kündige. Ist sowieso ein bescheuerter Job. Du findest schon einen neuen, der genauso bescheuert ist oder noch bescheuerter. Geh in das Zimmer, in dem sich Janey verschanzt hat, und warte, bis sie so weit ist, dass sie rauskommt.«

»Wir beide da drin?«

»Ja. Du bleibst auf jeden Fall. Wochen, wenn's sein muss. Monate. Du sagst ihr: Das ist nicht Stall 8, okay? Bei dir gibt es keinen Stall 8. Sag ihr das. Nichts brennt diese Scheiße nieder.«

»Fuck, ja.«

»Jetzt geh und pack.«

»Kein Stall 8.«

»Genau. Viel Glück, Mann.«

Dill legte auf und rollte zum Schreibtisch zurück.

Aber Dill hatte Unrecht. Es stimmte nicht, dass sie es geschafft hätten, wenn Stall 8 nicht gewesen wäre. Es war auch ohne Stall 8 ein unmögliches Unterfangen gewesen. Es gab auf der ganzen Welt nicht genügend Plätze, um diese haarsträubende Zahl von Hennen unterzubringen.

SIE WAREN ÜBERFLUTET VON HENNEN. Man konnte es nicht anders nennen. Es war wie ein Hennentsunami, der über sie hereingebrochen und nicht wieder abgeflossen war, und jetzt ertranken sie darin, hochwasserartig stieg der Hennenpegel, übermannshoch, eine unaufhaltsame Flut, ein Sog.

Es war glatter gegangen als erwartet, bis etwa drei Uhr morgens. Dann gerieten sie nach und nach in Rückstand. Dill stand draußen vor Stall 1 und verteilte Beutel mit Nüssen, aber es ließ sich nicht übersehen, dass das Team an Schwung verlor. Kollektives Ermüden. Hennen waren aus Käfigen entwichen und rannten ihnen vor den Füßen herum. Einige Batterien passten nicht auf einen der Lkws (war es Nummer 1-5? 1-6? Verdammter Jarman mit seinem verschwurbelten Nummernsystem) und verlangsamten alles, während die Ermittler den halben Lkw entluden, um den Fehler zu finden. Auf dem Boden stapelten sich die Batterien. Ein anderer Lkw (3-9? 4-6?) stand mit laufendem Motor in der Zufahrt und wartete, dass der Weg frei würde. Er versperrte dabei einem dritten Lkw (?), der ausfahren wollte, den Weg. Zwei Ermittler dirigierten den dritten in die entgegengesetzte Richtung, und das *piep-piep-piep*, das er beim Rückwärtsfahren von sich gab, hob sich so lang und laut über das Gebrüll der Ventilatoren, dass Dill Sorge hatte, es könnte jemand aufmerksam werden. Links davon schoben drei Ermittler ein Batteriegestell im Kreis, weil der Lkw 2-8, in den es verladen werden sollte, längst da sein sollte, aber nicht eingetroffen war und vielleicht abgeschrieben werden musste.

Annabelle kam zu Dill herüber. Ihr Gesicht war gestriemt von Schweiß und Schmutz, ihr Haar statisch aufgeladen, aber sie war ruhig.

»Dill, tu mir einen Gefallen. Stell das mal weg.«

Er ließ seinen Sack mit Snacks fallen.

»Wir müssen sämtliche Ställe checken. Bestandsaufnahme.«

»Gut.«

»Ich nehme diese drei. Du die restlichen.«

Dill machte sich auf den Weg über das Feld in Richtung Stall 4, 5 und 6. Seine Schuhe versanken in Erde und Scheiße.

Hühnerkot. Er war einmal ein wertvoller Rohstoff in diesem Geschäft. Die Farmmitarbeiter hatten einen kleinen Zusatzverdienst, weil sie ihn auf einem umkämpften Markt als Dünger verkaufen konnten – Phosphor, Stickstoff, Kalium, alle sind glücklich. Aber die Zahl der US-Hennen schoss exponentiell in die Höhe, und die Menge der Scheiße folgte im selben Tempo. Schon vor Jahrzehnten hatte das Angebot die Nachfrage weit hinter sich gelassen. Hundertfünfzigtausend Hennen erzeugen zweitausend Tonnen Dung im Jahr. Auf einer Farm wie dieser muss der Farmer bis Weihnachten mit sechzehntausend Tonnen Scheiße fertigwerden. Unterdessen ist der chemische Dünger billig geworden und verdammt viel einfacher zu handhaben, als wenn man Tausende Tonnen Hühnerdreck herumfahren muss. Die Farmer lassen die Exkremente deshalb nun kostenpflichtig abtransportieren und auf Deponien abladen. Ein Teil davon gelangt in unsere Wasserläufe. Ein anderer Teil wird auf den Feldern rund um die Hühnerfarmen verteilt, sozusagen als Superdünger. Im Zeitraum von Jahren sinkt dieses Zeug in den Boden ein, während neue Scheiße darübergebreitet wird und die älteren Schichten zusammendrückt, so dass sich eine dicke, kompakte Kotkruste bildet, die niemals verwest.

Bei seinem Gang übers Feld drückte Dills Absatz ein besonderes Stück Scheiße tiefer in den Boden. Dieses Stück Scheiße, das kraft der Mysterien der Biologie ein bisschen fester war als die meisten seiner Artgenossen, rutschte an der Umgebungsscheiße vorbei und sank etwas tiefer ein, immer weiter, Zentimeter um Zentimeter, Tage und Monate und Jahre, bis dieses besondere Stück die Prä-Green-Farm-Erdschicht erreichte. Dort begann das relative Leichtgewicht mit seinem langsamen historischen – dann posthistorischen – Abstieg. Während die Erde sich um die eigene Achse drehte, die Planeten ihren Himmelsbahnen folgten, die menschlichen Zivilisationen aufblühten und welkten, wanderte das Stück Scheiße schwerkraftgetrieben, in Schritten von jeweils einem hundertstel Millimeter unter die Erdkruste abwärts, bis es in einen Grundwassereinschluss plumpste. Es schwebte hinunter durch weichen Schlamm, landete, war aber noch immer nicht am Ende seiner Reise, sondern bewegte sich weiter abwärts, durch Tertiärschichten, durch Kreide und Kohle. Eines Tages blieb dieses außergewöhnliche Stück Scheiße im Paläozoikum stecken, sein zellulärer Aufbau gesellte sich zu seinen Vorfahren und hinterließ einen fossilen Abdruck im Fels.

Hoch über der Scheiße, am bewegten Himmel, waren die Sterne die einzigen Objekte, die der Mensch sehen und nicht zerstören konnte. Er konnte nur ihren Anblick zerstören, und das tat er auch, Punkt für Punkt, indem das menschliche Licht die über dem Planeten Erde flimmernden Sterne überstrahlte. Aber dort, wo die Ermittler in jener Nacht waren, konnten sie noch den Blick heben und einige Sterne sehen, und bevor Dill Stall 4 betrat, blickte er zum Himmel hinauf.

STALL 4 HATTE BEREICHERTE KÄFIGE. Dill ging an ihnen entlang. Die Flure waren wie Zerrspiegel, Käfig über Käfig, weiter als das Auge reichte, ein Rückschreiten ins Unendliche, in Kolonnen, die sich eine Etage höher identisch fortsetzten. Die ersten Reihen waren leer und verdreckt, Käfigtüren standen offen, in der Luft schwebte Schmutz wie radioaktiver Fallout, Nachwirkung eines nuklearen Holocaust, aber noch immer rotierten und quietschten und rollten die Förderbänder. Es war, als wanderte man durch die Ruinen einer verlassenen Stadt, als kletterte man aus einem rauchenden Vulkan, in so toxischer Luft, dass alles Eingeatmete einen innerhalb kurzer Zeit umbrachte. Am anderen Ende des Stalls verluden die Ermittler das letzte Viertel. Sie waren voller Kot und Federstaub, ihre Hemden zerrissen, sie husteten und bluteten am Hals und an den Armen. Überlebende einer Katastrophe.

»Ist es vorbei?«, fragte einer hohläugig.

»Fast«, sagte Dill. Er klopfte ihm auf die Schulter und ließ eine Tüte Erdnüsse in seine Hand fallen. Dann rannte er durch den Korridor weiter zu Stall 5.

Und Bwwaauk? Wo war sie während der ganzen Zeit? Sie war, wieder mal, davongegangen. Die Ermittler hatten ein paar Stunden zuvor auf dem Anwesen des Bankers das Tor zum Freilauf offengelassen. Aber nur Bwwaauk war mutig oder selbstvergessen oder abenteuerlustig genug, um auf Streifzug zu gehen, ehe es dunkel wurde, während die anderen blieben, wo sie waren, und sich furchtsam aneinanderdrängten. Bwwaauk hüpfte erst auf, dann über den Zaun in Nachbars Garten und spazierte davon. Als die Sonne unterging, saß sie in einem Baum und schlief fest.

Dill betrat Stall 5, der ein käfigfreier war. Es herrschte Chaos.

Ein Turm Batterien war umgekippt, zweifellos waren Hennen dabei verletzt worden, Ermittler brüllten einander an, es drohte eine Massenschlägerei. Aus irgendeinem Grund war die Mitte dieses ungeheuren Stalls überschwemmt, und die Ermittler gingen oben auf den Volieren herum. Sie sangen, fielen herunter, platschten von Insel zu Insel, als wär's ein Musical. Am anderen Ende des Stalls entdeckte Dill einen Ermittler mit Augenklappe, der auf einem Rollgestell durch den Gang fuhr und ein schwarzes T-Shirt schwenkte wie eine Flagge. »Ich bin der Bürgermeister«, schrie er.

Dill trat ihm in den Weg, beide Hände erhoben. »Wie weit sind wir mit den Hennen?«

Der Ermittler flatterte mit den Armen. »Letztes Jahr weggeflogen.« Er rollte vorbei.

»Steig sofort da runter!«, schrie Dill ihm nach.

Das letzte Gebäude, Nummer 6, war ebenfalls ein käfigfreier Stall. Die Hennen waren ihren Volieren entkommen und rannten kreuz und quer über die Gitterroste. Hier hatten die Ermittler die schlimmsten Attacken abbekommen, ihre Hälse und Arme waren wundenübersät, und sie sahen aus, als gehörten sie einer uralten Kultur an: Kriegsbemalung im Gesicht, den Kopf mit Lumpen umwickelt, die Arme wie riesige Flügel. Ringsum flatterten Vögel, und die trüben Lampen warfen Schatten.

»Wer ist hier verantwortlich?«, fragte Dill.

Ein Ermittler, gebeugt wie ein alter Mann, zeigte nach oben und nickte langsam.

Dill hob den Blick, verwirrt. »Decke?«

Der Ermittler schüttelte den Kopf.

»Gott?«, riet Dill.

Der Ermittler wich zurück.

»Wer denn?«

Heiser, halb erstickt stieß der Ermittler hervor: »Himmel.«

Am nächsten Tag aber fühlte Bwwaauk sich einsam. Hennen sind gesellige Geschöpfe. Sie ging durch die Straßen und fand unerwartet ein paar Hennen, eine kleine Gruppe so genannter Hinterhofhühner (so benannt, wie üblich, nach ihrer Beziehung zum Menschen). Sie stand vor dem Zaun und blickte hinüber, wusste aber nicht, wie sie hineingelangen sollte. Die Besitzerin (so benannt, obwohl man andere Wesen eigentlich nicht besitzen kann) kam heraus, sagte: »Na, wen haben wir denn da?« und lockte Bwwaauk mit Kopfsalat und Mais. Bwwaauk, stolzierend, knicksend – nicht leicht hinters Licht zu führen und doch verlockt von den grünen Blättern – folgte ihr ins Gehege.

Dill verließ Stall 6 und wollte zurück zu Annabelle. Doch er hielt inne. Jenseits der Straße, die mitten durch die Farm führte, war Stall 7, älter und freistehend. Die Ställe 7 und 8 waren in der vergangenen Woche geleert worden, die darin untergebrachten Hennen ausgestallt – so hatte es Cleveland in ihrem Protokoll stehen, und Annabelle hatte es bestätigt –, aber ... Er stockte. Schließlich war er Profi. Er rannte über das geschorene Gras und die dunkle Straße zu Stall 7 und riss die Tür auf. An der Stille erkannte er, dass hier keine Vögel waren. Er ging durch zum Hennenbereich, einer altmodischen Batteriehaltung. Die Maschinen, die Förderbänder, die Ventilatoren, alles stand still, die Käfige waren offen und sauber, aber rostig. Die Leere fühlte sich final an. Er ging wieder hinaus.

Hinter Stall 7 war Stall 8 – er sah noch älter aus als Stall 7, fast antik. Die Zeit drängte. Wiederum aber ...

Dill rannte über die freie Fläche und riss die Tür auf. Er hätte schwören können, dass er Maschinenlärm hörte. Dann – nein, bitte nicht, *bitte nicht.* Vogellaute. Mit der Furcht eines Verurteilten wankte er hinein. Ein voller Stall. Summende Fliegen, Kot überall, so hoch, wie er nur werden kann, zu Figuren getürmt, verbrauchte Hennen in den Käfigen kauernd, die Federn zur Hälfte dahin, Kämme durch die Gitterstäbe ragend.

Jemand hat es versiebt. Wer, spielte keine Rolle, denn jetzt war es so, sie waren nicht zu ignorieren, diese hunderttausendirgendwas Hennen. Ihre Schwestern in den anderen Ställen wurden fortgebracht und diese hier zurückgelassen.

ES STELLT SICH DIE FRAGE: Wen kümmert es? Ist doch nur ein Haufen dämlicher Hühner.

Tatsache ist, dass Hühner nicht immer als schmutzig, hässlich und dumm galten, als die Nutzversion der Taube. Das ist eine reine Konstruktion des zwanzigsten Jahrhunderts. Bis noch vor Kurzem geboten Hühner Respekt. Hähne waren natürlich Krieger und Anführer seit ihren allerersten bildlichen Darstellungen an den Wänden der Pharaonenpaläste. Hennen waren hingebungsvolle Mütter, Lehrerinnen und Nährerinnen – in Indien, China, im Mittelmeerraum.

Die Henne im uralten Mythos, die durch Wasser und Sand scharrend die Welt erschafft.

Die Henne, Beschützerin der Schöpfung. Ihr Ei als Symbol des Lebens, der Auferstehung. Naturnotwendig und doch fragil.

Das gesamte Mittelalter und die Renaissance hindurch – immer die Henne: ihre Treue, ihre Wachsamkeit, ihre Liebe. Aus der Reformation ging sie als die Protestantische Henne hervor, die sparsam, ordentlich, fleißig, fromm war. Hebt sie nicht jedes Stöckchen und Bröckchen auf dem Hof und im Wald zum Nestbau und zur Versorgung ihrer Küken auf? Hat nicht das kompakte Ei mit seiner vollkommenen Kükennahrung größte Bewunderung verdient?

Im England des neunzehnten Jahrhunderts waren die Leute verrückt nach Hennen, und die Mode schwappte hinüber in die Vereinigten Staaten. Die Ära ging als »Hennenfieber« in die Geschichte ein. Ihre Schönheit, ihr Gefieder, ihre stolze Eitelkeit! ... bei der ersten Geflügelausstellung in Boston 1849 zahlten zehntausend Besucher vier Pennies pro Kopf, um durch den Boston Public Garden zu schlendern und tausend Hühner aller Rassen und Größen in dreißig Meter langen Zelten zu studieren. Jahrzehntelang waren diese Ausstellungen überaus populär, in den

USA nicht weniger als anderswo. Bis der erste Weltkrieg aus-brach.

Erst dann, am funktionalen Ende der Geschichte, begann das Ansehen der Henne zu sinken, und gleichzeitig fingen wir an, sie dem Blick zu entziehen und in Käfige zu stecken.

UNVERGESSLICH WAR FÜR ZEE DER MOMENT, in dem Dill über das Farmgelände raste wie vom Teufel verfolgt. Zee verlud Hennen in Lkw 2-9 (wirklich, es war ein sehr einfaches Nummernsystem), als er Dill auf sich zulaufen sah.

Immer wieder stand ihm das Bild des rennenden Dills vor Augen, wenn er in den folgenden Jahren Arbeit suchte, eine Anstellung auf irgendeinem anderen Gebiet (wie absurd, dass seine einzige Kompetenz einer Industrie galt, die er derart verachtete, dass er sein bisheriges Leben preisgegeben hatte, um sie zu unterbinden). Ein Job als Fernfahrer. Ein Job in einem Hotel. Im Landschaftsbau. Gleich erschien wieder Dill in der Ferne.

Auch während er auf Janeys Entlassung aus dem Gefängnis wartete, musste er an Dill denken. Zee umwarb sie von der anderen Seite der Gitterstäbe, denn seitdem er sie getroffen hatte, war ihm keine andere Frau mehr recht (wenn er sie besuchte, teilten sie sich Oreo-Kekse aus dem Verkaufsautomaten und lachten). Er dachte an Dill jeden Samstag auf der langen Fahrt zum Gefängnis, und als sich herausstellte, dass sie keine Bewährung bekam, dass sie weitere vier Monate warten mussten, war das Bild auch wieder da: Dill, rennend, größer werdend. Bei Ungemach aller Art, bei Problemen, die eine Zumutung waren, musste er immer wieder daran denken: Dill, rennend.

Daher befolgte er sieben Jahre später Dills Anweisung (er war immer noch Profi), fuhr zum Apartment von Janeys Vater, wo sie sich in ihrem Jugendzimmer verschanzt hatte, klopfte an die Wohnungstür und rief: »Ich will meine Frau holen.«

Dill, über den Kies rennend, in Zees Richtung einschwenkend, näherkommend, bis er vor ihm stand, keuchend. Und eine Hand schwer auf Zees Schulter fallen ließ. »In Stall 8 sind Hennen«, stieß Dill hervor und rannte weiter.

Das war eine Situation, dachte Zee sieben Jahre später, als er seinen Koffer an Janeys Vater vorbeirollte (er hatte einen kaufen müssen, denn nein, er hatte noch nie in seinem Leben einen Scheißkoffer besessen). *Das* war eine Katastrophe. Vollkommen und absolut wahnsinnig; wahrscheinlich hatte er deshalb zu lachen angefangen. Im Vergleich dazu war das hier ein Klacks – seine Frau im Zimmer eingeschlossen, ihr Vater mit finsterer Miene auf Zees nächsten Schritt wartend, der tunlichst ein guter wäre, denn schließlich hatte Zee es versprochen, hatte vor Gott und jeder Menge Ermittler als Zeugen geschworen, Janey niemals aufzugeben, komme, was wolle (allerdings hatten sie bei der Zeremonie keine unpassenden Wörter wie »aufgeben« benutzt). Das jetzt auch noch, hatte er damals gedacht, eine weitere volle Scheune, zusätzlich zu den neunhunderttausend Hennen, die sie evakuierten, was sowieso schon eine Scheißidee war.

Sieben Jahre nach der Entdeckung von Stall 8 – nach einer Gefängnisstrafe, einer Serie zermürbender Jobs, einer Hochzeit, einer Geburt, einem Tod und so viel mehr, das hinter ihnen lag (und so viel mehr vor ihnen) – hielt Zee den Griff seines Koffers, neigte den Kopf zu Janeys Schlafzimmertür, legte eine Hand daran, so behutsam, dass nur die Fingerspitzen das Holz berührten, als berührte er Janeys Wange. (Wo zum Teufel steckte Cleveland, wenn man sie einmal brauchte?)

»Ich bin hier, Janey«, sagte er.

Er blieb stumm, als sie schrie: »Geh weg! Ich hasse dich!«, und ihr Vater schlurfte grimmig hinter ihm hin und her.

Aber die anderen Hennen hatten sie schließlich rausgebracht, oder? Sie hatten alle rausgebracht. Fast alle.

»Fast« ist leider nicht genug.

Aber »fast« ist verdammt nahe dran. Manchmal ist »fast« alles, was du brauchst, um weiterzumachen. Um loszugehen und mehr zu fordern, den Mund aufzumachen, sag es noch mal: *Mehr*, verlang es. Seine Hand umgriff den Türknauf (er flehte um mehr). »Ich komm jetzt rein, Janey«, sagte er und trat ein; den Koffer zog er hinter sich her.

WÄHRENDDESSEN WUSSTE FARMER ROB (»Robbie jun.«) Green von alledem nichts. Bis zum nächsten Morgen. Ja, er verschlief das ganze Fiasko, in seinem Bett, mit seiner Frau, das Baby im Nebenzimmer, denn auf dem Gelände gab es einen geschulten Wachmann und ein erstaunliches, teures Alarmsystem, und Rob war nicht klar, dass er vierundzwanzig Stunden am Tag hätte *anwesend* sein müssen, im wahrsten Sinn des Wortes. Zwölf Stunden hielt er für völlig ausreichend: So viel steckte er hinein in seinen Betrieb, so viel hielt er aus, an den meisten Tagen der Woche, denn sein Vater war nach seinem Schlaganfall in sogenannter Altersteilzeit und sein Vetter der unfähigste Mann, dem Rob je begegnet war.

Robs Vetter Jack, aus Los Angeles zurückgerufen wie ein defektes Gerät, war hier, um zu »helfen«, seitdem Rob sen. nicht mehr fit war. Seit seiner Ankunft hatte Jack keinen Finger gerührt. Der Arbeitsplan, den Rob für ihn aufstellte, schrumpfte mit jeder Woche im umgekehrten Verhältnis zu den zum Vorschein kommenden Unzulänglichkeiten.

Nur ein Beispiel. Am Samstagmorgen vor der Invasion (Rob wusste natürlich nicht, dass eine Invasion bevorstand, Gott verzeihe ihm, dass er sich tatsächlich einbildete, er könnte der Farm ein paar Stunden fernbleiben, ohne dass in seiner Abwesenheit gleich eine Armee Wahnsinniger daherkäme und den ganzen Betrieb zugrunde richtete) wachte Rob mit schwerem Herzen auf, weil er sich zwar das ganze Wochenende eigentlich hatte freinehmen wollen, aber leider wusste, dass er bei seinem Cousin zumindest nachhaken musste, denn Rob war am Mittwoch und Donnerstag auf einem Eierkongress in Des Moines gewesen und hatte Jack am Freitag kaum gesehen, was an dessen Interpretation eines vorgezogenen Wochenendes lag: lange Mittagspause und früher Feierabend. Rob griff nach seinem Telefon und rief an.

»Jack, was muss ich hören von Stall 7 und 8?«

»Woher soll ich das wissen?«

»Warum kriege ich gestern Abend eine Nachricht von der Räumungstruppe, die mir mitteilt, sie sind fertig mit Stall 7 und wollen wissen, was jetzt mit Nummer 8 ist?«

»Bin ich Gott, Robbie? Löse ich die Rätsel des Universums? Ich hab hier zu tun.«

»Es wurden beide Ställe geräumt, richtig? Die EDV sagt, ja. Hast du nicht die Papiere unterschrieben? Am Dienstag habe ich die Räumung von Stall 7 gesehen. Waren sie am Mittwoch wieder hier und haben Stall 8 geräumt? Hast du dabei zugesehen? Hast du's überprüft?

»Ja, hab ich.«

Der Tonfall verriet, dass Jack gar nichts überprüft hatte.

»Hör mal«, sagte Jack, »ich mache heute die Einleitung zu dieser Doku für euch.«

Doku.

»Du meinst dieses Werbevideo?«

»Ich mache es jetzt.«

Rob seufzte. »Wo bist du?«

Sein Hollywood-Vetter drehte ein Werbevideo für die Webseite des Unternehmens, eine PR-Maßnahme, um die üblen Folgen eines der größeren Schlamassel, die sein Vetter angerichtet hatte, auszubügeln. Im Monat zuvor hatte Jack eine Journalistin auf die Farm gelassen, ohne Rob Bescheid zu geben – wohlweislich, denn der hatte ihm schon Wochen zuvor eingeschärft, niemals die Journaille auf die Farm zu lassen. Vertreib sie notfalls mit einem Stock. Mit einer Knarre. Ruf die Polizei. War er wirklich so naiv? Wusste er nicht, dass die kritischen Medien jeden Tierbetrieb im Visier hatten? Aber Jack hatte tatsächlich, kaum war Rob ein paar Stunden weg (wegen des Besuchs eines Aufzuchtbetriebs), diese Journalistin aufs Betriebsgelände gelassen. Mr. Hollywood, der keinem Reporter widerstehen konnte, vor allem keiner Reporterin. Das Resultat war der Artikel, den Rob anschließend auf seinem Schreibtisch fand, ein fieser »Enthüllungsbericht über die Eierindustrie«, der insbesondere die Happy Green Family Farm aufs Korn nahm. Jack hatte den Artikel sprach- und fassungslos gelesen und am Ende gesagt: »Aber sie war so *nett*.«

Zu allem Überfluss wies danach ein »berühmter Schriftsteller« (von dem Rob niemals gehört hatte) per Twitter seine Leserschaft auf den Artikel hin – die zum Glück zu dem Zeitpunkt fast eine Nullmenge war; dennoch erregte er damit die Aufmerksamkeit einer »berühmten spirituellen Führerin« (so berühmt, dass Rob weder von ihr *noch* von ihrer Religion gehört hatte), die dann einen Link zu dem Artikel postete, den ihre »Follower« 186.512-mal teilten – in Verbindung mit einem Aufruf zum Boykott jedes einzelnen Unternehmens oder Geschäfts, das Eier von der Happy Green Farm verwendete (was für jeden Nicht-Green-Mitarbeiter glücklicherweise extrem schwierig zu erkennen war). Das war tatsächlich unfair, weil die Green Family Farm unter den US-Eierproduzenten ein vergleichsweise anständiger Betrieb war – sechs der acht Ställe waren weniger als zehn Jahre alt, zwei bereits käfigfrei, weitere Umstellungen waren in Planung – und keine Superfarm mit dreißig Ställen. Green war praktisch tiergerecht.

Über die leidige Sache war zwar nach einer Woche das erste Gras gewachsen (die Leute stellen schließlich nicht einfach den Eierverzehr ein oder achten auf einmal darauf, wo die Eier herkommen), doch Jack wollte dennoch ein Werbevideo für die Homepage drehen. Jack, der sechs Jahre in Hollywood gewesen war, aber nicht mal einen Werbespot zustande gebracht hatte, bestand darauf, »dem Unternehmen Geld zu sparen« und das Video selber zu machen. Zu dem Zweck heuerte er einen (teuren) Kameramann an und bot seinen Nachbarinnen – Mutter und Tochter – je hundert Dollar für die Mitwirkung.

So kam es, dass Rob am Samstagmorgen, wenige Stunden bevor Hunderte Geistesgestörte in die Farm einfielen, aufstand und sich anzog und, statt den Vormittag mit seiner schönen Frau im Bett zu verbringen und dem süßen Baby beim Öffnen und Schließen seiner Fäustchen zuzuschauen, beide zum Abschied küsste und loszog.

Als Rob bei Jacks Nachbarinnen aufkreuzte, scheuchte Jack die »Crew« herum (einen Mann mit Videokamera). Mutter und Tochter debattierten unterdessen, wer der Star des »Films« sei.

»Werbeclip«, korrigierte Rob. Er versuchte zu ergründen, welche der beiden, Mutter oder Tochter, sein Vetter ins Bett zu kriegen versuchte.

Jack schaltete die Mikros ein, postierte Mutter und Tochter im Wohnzimmer zwischen Zierdeckchen und Polstersesseln, und fragte die Mutter: »Was, glauben Sie, werden Sie auf der Farm zu sehen bekommen?«

Könnte man, wie Rob später seine Frau fragte, nicht davon ausgehen, dass jemand, der sich beim Besuch einer modernen Eierfarm filmen zu lassen plant, vorher vielleicht fünf Minuten im Internet recherchiert, was eine moderne Eierfarm ist? Um nicht als Vollidiot dazustehen?

Ihr erster Take: »Also ich werd bestimmt haufenweise Hühner herumrennen sehen!« Strahlend.

Rob gab dem Kameramann ein Zeichen zum Abbruch. »Echt jetzt?«, sagte er. »Herumrennen? Beachten Sie bitte, dass wir eine Kapazität von 1,2 Millionen Hennen haben.«

Mutter und Tochter wechselten erschrockene Blicke.

»Vielleicht in Ställen«, sagte er behutsam.

Nur fürs Protokoll: Rob hatte gesagt, das sei keine gute Idee. Rob hatte gesagt, er sei dagegen, fremde Leute einzuspannen. Rob hatte gesagt, sie sollten das Video mit Mary, der Geschäftsführerin, machen; Mary hatte nämlich zwei Töchter, die perfekt gewesen wären. Rob hatte gesagt, sie sollten überhaupt auf Menschen verzichten, sondern einen Comic mit einem Huhn drehen, das den Flügel hebt und zeigt, wo es lebt.

»Auf geht's«, sagte Jack.

Hatte Rob Farmer werden wollen? Eierproduzent? Es hatte nicht an erster Stelle seiner Liste gestanden. In seiner Kindheit hatte er die Idee sogar abstoßend gefunden. Er hatte Fußballstar werden wollen. Später wollte er zur Feuerwehr – Löschzug fahren, sich in die Flammen stürzen (beim Anschlag auf das World Trade Center war er zwölf gewesen). Danach, als Annabelle weg war, Detektiv. Er war ein fantasievolles Kind gewesen, aber kein ambitioniertes. Am Ende hatte er Betriebswirtschaft studiert und mit zweiundzwanzig im väterlichen Betrieb angefangen.

Daran dachte er, während die Frauen darüber redeten, wie der Bauer den Hennen Körner hinstreut und die Küken piepsend zwischen ihren Müttern herumlaufen, und keine Vorstellung von *einer Eierfarm* hatten, auf der keine Legehenne jemals ein Küken aufzieht. Er blickte zum Kameramann hinüber.

Er gab auf. Er fuhr zur Farm. Jack hatte in dieser Woche genau eine Aufgabe zu erfüllen gehabt, nämlich die Räumung der Ställe 7 und 8 in die Wege zu leiten: Bestellung des Räumungstrupps, was hauptsächlich Schreibtischarbeit war, ein paar E-Mails und Anrufe und ein kurzes persönliches Erscheinen an den beiden Räumungstagen, am Ende, wenn sie fertig waren, eine Inspektion der Gebäude und ein paar Sätze mit der Putzmannschaft.

Rob traf auf der Farm ein und ging hinüber zu Stall 8. Er trat ein und sah sie, hundertfünfzigtausend verschlissene Vögel. Wie niederschmetternd. Er rief Jack an. »Was war denn mit dem Räumungstrupp?«

»Sie sind gekommen«, sagte Jack, »und wieder gefahren.«

»Sie haben was vergessen.« Rob beendete das Gespräch, bevor er die nervige Stimme seines Vetters noch länger hören musste.

Nun war Rob also klar, dass er nicht nur unter der Woche zwölf Stunden täglich auf der Farm sein musste, sondern auch einen Teil des Samstags; nicht gewusst hatte er, dass damit auch die Nacht gemeint war. Am Abend desselben Samstags, während ein von seiner Schwester angeführtes wahnsinniges Bataillon sich formierte, um über Land zu seiner Farm zu marschieren, verbrachte er nicht, wie vorgehabt, den ganzen Tag mit seiner hinreißenden Tochter, sondern nur zwei Stunden und zwanzig Minuten, bis sie ins Bett musste. Dann aß er das Gemüse-Tofu-Gericht, das ihm seine Frau hinstellte (in letzter Zeit, seitdem seinen Vater der Schlag getroffen hatte und er selber zunehmend unter Druck stand, machte sie immer öfter fleischloses Essen). Er ging schlafen, ohne zu ahnen, dass zur selben Zeit Hunderte durchgeknallte Verbrecher jede Henne vom Betriebsgelände fortbrachten, bis tags darauf um 06:45 Uhr, als Rob neben seinem juchzenden Baby im Meerjungfrauenkinderstuhl frühstückte, der Stallmanager auftauchte. Gefolgt von einem Polizisten kam er herein und sagte: »Sie haben die Ladies mitgenommen.« Robs erster Gedanke war *Annabelle*.

STALL 8 WAR DAS ERSTE, was wirklich schiefging. Da waren sich später alle einig. Dieser Fehler geriet nie in Vergessenheit. Stall 8 ging in die Annalen ein als der kolossale Irrtum, der das Scheitern des größten Tierraubs in der gesamten bisherigen Geschichte besiegelte. Politiker bezogen sich darauf, Komiker rissen ihre Witze darüber. Stall 8, was hier passiert ist, wer es verbockt hat.

In dieser Nacht, vielmehr am frühen Morgen, in den Stunden vor Sonnenaufgang, verbreitete sich die Kunde durch die Ställe. Der Satz »In Stall 8 sind Hennen« wurde durch Flure geschrien, wurde in Lkw-Kabinen gerufen, von einem Ermittler zum anderen weitergesagt, von denen, die Federfreier-Freitag-Demos organisierten, zu jenen, die in Kuba aufgewachsen waren, und jenen, die sonst mit Kühen zu tun hatten und Hühner insgeheim für unter ihrer Würde hielten. Alle Ermittler hatten ihre Gründe, weshalb sie hier waren – ehrenwerte (laut eigener Aussage) oder nervtötende (laut Aussage ihrer Eltern), kriminelle (nach Ansicht der Farmer) oder urkomische (für die Pendler, die am Montagmorgen auf dem Weg zur Arbeit im Radio von der Tat hörten).

In Wahrheit war kaum ein Beweggrund der Ermittler derart einfach. Es ist schwer, länger als eine Sekunde lang ehrenwert zu sein. Unter der Oberfläche mischen immer dunklere oder komplexere Motive mit. Ermittler *sind* nervtötend, aber nur füreinander und für jeden, der sie zusammenzuhalten versucht. Nervtötende Leute neigen dazu, laut und bescheuert zu sein, während Ermittler in der Öffentlichkeit intelligent und wachsam sind, und bestens geschult. Tatsächlich könnten Sie ihnen jeden Tag in die Augen schauen, mit ihnen reden und dabei nichts ahnen (vielleicht ist es Ihnen schon passiert). Fast keiner von ihnen war wahnsinnig, wie Robbie behauptete (auch wenn sie ihre irren Momente hatten), oder kriminell (sie rühmten sich ihrer

Gesetzestreue und nahmen dabei nur das Knebelgesetz von Iowa aus, das sie für verfassungswidrig hielten, für einen Verstoß gegen den Ersten Verfassungszusatz und speziell die verfassungsmäßig garantierte Rede- und Pressefreiheit). Und vor allem fanden sie nichts davon komisch.

Eine Gruppe aber war in dieser Nacht unter ihnen, die tatsächlich kriminell war, und eine Teilmenge davon war womöglich sogar geistesgestört. Diese Gruppe bestand nicht aus Ermittlern im eigentlichen Sinn. Sie wandten Methoden an, die keiner der großen Tierrechtsverbände billigte (sie hatten sich während der Ermittlerkriege des Jahres 2013 abgespalten). Diese Gruppe fühlte sich, wie fast immer, so auch in jener Nacht ein bisschen an den Rand gedrängt und in ihrer Kompetenz geringgeschätzt. Als der Morgen nahte und Hunderte Ermittler vor Wut über Stall 8 schäumten, hielt diese kleine Gruppe den Mund.

Die Ermittler, die immer noch Hühner verluden, die letzten Reihen leerten, die letzten Lkws starteten, murrten. Völlig unmöglich, noch *weitere* hunderttausend oder mehr Hennen rauszubringen. Sie hatten keine Lkws mehr, keine Zeit, und überhaupt – wer hatte es verkackt? Wer hatte denn das Sagen? Annabelle und Dill? Sowieso war es eine Riesenscheiße, das ganze Ding. Warum waren sie so naiv zu glauben, Annabelle und Dill könnten eine einzige simple Rettung organisieren? Im großen Stil, schon klar, aber ihrem Wesen nach elementar. Hatten sich diese beiden nicht schon vor Monaten und Jahren von der Bewegung abgeseilt, zumal von diesem Anzugträger Jarman, während alle anderen weitergemacht hatten? Dann mussten sie jetzt eben einen vollen Stall zurücklassen. Vielleicht konnten sie den Rest nächste Woche holen, wenn die Happy Green Family Farm am wenigsten damit rechnete.

Ha!, sagten andere Ermittler. Nächste Woche essen wir alle aus Blechnäpfen!

Unterdessen traf die andere Gruppe, die schweigende, in der die einzigen echten Kriminellen waren – nicht mal die Anarchisten wollten mit ihnen was zu tun haben –, auf eigene Faust eine Entscheidung: Niemand wird zurückgelassen. Natürlich hätte diese kleine Randgruppe gar nicht erst ins Boot geholt werden sollen; dass sie dabei war, verweist auf die tieferen, grundsätzlicheren Schwachstellen des Plans, eines Plans, der unter Jonathan Jarmans Leitung (einigermaßen) machbar erschienen war, tatsächlich aber ein beschädigtes Rollgestell war, wackelig, mit einem abgebrochenen Rad, von Kugeln durchsiebt und mit einem kaputten metallenen Gitter, so dass Hennen herausfielen: Kollaps vorprogrammiert.

Diese verbohrten Radikalen hatten zumindest den Anstand, zu warten, bis alle sechs Ställe im Wesentlichen leer waren und die Ermittler Gruppen bildeten, fluchten, forderten. Was jetzt? Sollten sie fahren oder warten oder was? Das war der Moment, in dem sich diese Außenseiterrebellen ihre Sturmhauben übers Gesicht zogen. Im Morgengrauen, das gerade ausreichte, um ihre Silhouetten aus dem Dunkeln zu heben, trotteten sie hintereinanderher über die Farm und legten, geschulte Brandstifter allesamt, Feuer an Stall 8.

VON DA AN KONNTE MAN nur noch der umfassenden Selbstzerstörung beiwohnen.

Stall 8 brannte schnell.

Vor Zeiten hatte Stall 8 der Wiesenstall geheißen, und seine nagelneu glänzenden Käfige hatten mehr Hennen gefasst als jemals einer zuvor. 1990 hatte Leo Green einen Lokalreporter hingeführt und mit erhobenen Armen prophezeit: »Das ist die Zukunft!« Jahrzehnte waren seither vergangen. Ringsum wurden Ställe gebaut und eingerissen, weitere Ställe kamen hinzu, die Technik schritt voran. Sechsundzwanzig Jahre später hieß er Stall 8 und stand stinkend und verdreckt am Rand der Farm, eine Schande, zum Abriss vorgesehen nach einem allerletzten Zyklus Hennen. Er war so alt, dass er noch einen hölzernen Dachstuhl hatte und Laufstege aus Sperrholz, zu schweigen von den Hennen selbst, diesen Elendsgestalten aus schütteren Federn und Haut.

Um das Gebäude in Brand zu stecken, brauchte es eigentlich nicht viel, es mussten die Förderbänder brennen, die Kotgruben brennen, die Laufstege brennen. Eigentlich brauchte es sehr wenig, denn die Hennen saßen so dicht gedrängt, dass der Brand, sobald die Federn Feuer fingen, im Handumdrehen brüllend durch den Stall raste. Bald quoll der Rauch durch die Ventilatoren ins Freie und leckte durchs Dach. Rauch führte in den Himmel wie ein Zug.

Vielen Dank, Bwwaauk.

Bis dahin war die kleine Bande Rebellen – eine halbcharismatische Anführerin, ihr Freund aus Kindertagen und die fünf jungen Leute, die diese beiden liebten – über alle Berge.

Als die Flammen die Hennen erfassten, waren von den sechzig Lkws neunundfünfzig schon fort beziehungsweise abfahrbereit. Aber Hunderte Ermittler waren noch da.

Einige Feuermelder waren außer Betrieb, aber nicht alle. Als die funktionstüchtigen anschlugen, vernahmen die noch immer fluchenden Ermittler ein neues Geräusch, das sich deutlich von der inzwischen gewohnten Kulisse aus Ventilatoren, Lkw-Motoren, Hennen und eigenen Stimmen unterschied: ein ohrenbetäubendes Schrillen. Mit offenem Mund hoben die Ermittler den Kopf und sahen den Rauch am Himmel. Einen kollektiven Ermittlermoment lang standen sie da wie vom Donner gerührt und sahen die weiße Wolke wachsen. Im nächsten Moment ließen sie alles stehen und liegen und stoben in alle Himmelsrichtungen davon. Der letzte Lkw entfernte sich keuchend und ließ ein paar volle Legebatterien auf dem Asphalt zurück.

Sechzehn Minuten später (vier Minuten länger als bei den Übungen) kam das einzige Löschfahrzeug der Stadt heulend die Straße herauf. Die Feuerwehrleute blickten verwundert auf die fliehende Menschenmenge unter dem hohen grauen Rauch, der sich vor der roten Sonne wölkte.

Unterdessen verbrannten die Hennen von Stall 8 bei lebendigem Leib – sie garten, würden manche sagen, verkochten, genauer: verkohlten. Die Feuerwehrleute aber, die aus ihrem Löschfahrzeug sprangen, wollten in erster Linie verhindern, dass die Flammen auf die anderen (leeren) Ställe übersprangen; um die Rettung der dämlichsten Art von Vögeln (die schon von Annabelle hätten gerettet oder wenigstens ausgestallt worden und tot sein sollen) ging es ihnen nicht.

Weil der Feueralarm so eingerichtet war, dass der betagte, hinfällige Farmer Robert Green sen. telefonisch verständigt wurde und nicht der Junior, blieb Robbie eine weitere Stunde lang ahnungslos.

VIELLEICHT WAR ES BESSER, dass die Hennen starben und nicht noch einen Augenblick länger in diesen Käfigen sitzen mussten. Später trauerte die Gemeinde der Tierschützer mit Kerzen und Liedern und einer Webseite um die Hennen aus Stall 8. Gegen eine Spende von fünf Dollar konnte man einer verstorbenen Henne einen Namen geben – jenseits des individuierten Gegackers, an dem sie einander erkannten –, und es kamen sechshunderttausend Dollar für Tierasyle in ganz Amerika zusammen.

Das Unternehmen, die Happy Green Family Egg Farm, stellte seinerseits einen Bericht auf die eigene Webseite, in dem es hieß, es habe bei dem Brand weder Tote noch Verletzte gegeben, womit natürlich Menschen gemeint waren.

Tatsache ist, dass fast alle Hennen der Green Farm starben, rund eine Million. Die Polizei verfolgte die Lkws und drängte etliche von der Straße ab, woraufhin die Ermittler, ohne den Zündschlüssel abzuziehen, aus der Kabine sprangen und die Flucht ergriffen. Andere fuhren freiwillig an den Straßenrand und ergaben sich mit erhobenen Händen. Von den Lastern, die zu einem früheren Zeitpunkt gestartet waren, schafften es ein paar bis an ihr Ziel – die Gnadenhöfe in den Nachbarstaaten. Sprachlose Ehrenamtliche waren dabei, die Hennen auszuladen, als die Polizei anrückte. Das dauerte alles seine Zeit, weil einfach nicht genug Polizei da war, um die ganzen Hennen aufzuspüren. Sie hätten Dutzende Polizeiautos gebraucht, und in dieser Stadt gab es gerade mal vier Polizisten und zwei Polizeiautos sowie ein Polizeifahrrad. In den Tierasylen stellte sich die Polizei vor die Tür und auf die Zufahrten. Ehrenamtliche versteckten sich auf dem Klo, spähten durchs Fenster, riefen die Lkw-fahrenden Ermittler an und sagten: »Kommt nicht! Kommt nicht!«, so dass die Gewarnten ohne anderes Ziel als den Sonnenaufgang herumfuhren, bis die Polizei auch sie stoppte. Die Lkws wurden ein paar Ortschaften weiter auf dem Parkplatz einer Megakirche zusammengetrieben und beschlagnahmt, mitsamt Hennen und allem. Obwohl Sonntag war, stand der Parkplatz passenderweise leer, weil die gesamte Gemeinde, zwölftausend Gläubige, sich in einer Karawane kirchlicher Busse auf Exkursion nach Washington, D. C., befand, um dort gegen die staatliche Finanzierung einer Gesundheitsfürsorge für Arme zu protestieren. Die mit Hennen beladenen Lkws wurden also zum Kirchenparkplatz gefahren, jede Stunde ein paar mehr, und auf dem Asphalt abgestellt, wo sie unregelmäßige Formen aus der Familie der Dreiecke bildeten. Der Plan war, die Lkws zu leeren, sobald die Polizei genügend Leute für die Entladung und eine Unterbringung der ganzen Hennen aufgetrieben hätte – man konnte sie doch nicht an den noch schwelenden Tatort zurückbringen, oder? Und wohin sonst? Die Hennen würden schon noch ein paar Stunden aushalten, bis das Problem gelöst wäre: so die Polizeimeinung. Aber Rob jun. wusste sehr genau, dass sie es nicht aushalten würden, wie er nicht müde wurde mitzuteilen, erst telefonisch von der Farm aus, die von Beamten und Journalisten und Fotografen und Schaulustigen wimmelte, dann persönlich auf der Polizeistation, schreiend. Hennen könnten nicht ohne Luftzufuhr in diesen Batterien sitzen, schrie Rob jun. Die Lkws müssten in Bewegung sein, so dass der Fahrtwind in den Laderaum dringen könne, sonst müssten sie sterben. Und genau so geschah es an diesem sonnigen Sonntag auf Gottes Parkplatz, vermutlich auch im Einklang mit Gottes Plan: Alle erstickten und starben.

ZWEI LASTWAGEN ABER FUHREN WEITER. Die Nummern 2-5 und 1-4 waren es: silberglänzend, blankpoliert, mit aufgemalten Flammen an Fahrer- und Beifahrertür, Palmensilhouetten auf den Schmutzfängern und WIE IST MEIN FAHRSTIL?-Aufklebern am Heck (kleiner Hohn). Lkw 2-5 und Lkw 1-4 hatten die Farmruine Stunden vor der Ruinierung verlassen, um Mitternacht, als die Evakuierung noch genau nach Plan lief und die abfahrenden Lkws von Helden gesteuert wurden, die Gerettete in Sicherheit brachten. Unter Jubelgeschrei waren sie losgefahren. Mit dem Echo des Jubels im Ohr, das sich mit dem Gegacker der Hennen mischte, kämpften sich die Helden auf einer weniger offensichtlichen Strecke als die anderen durch die Dunkelheit. Im Vertrauen auf Annabelles Richtungsangaben bogen sie vom Highway ab und auf eine kleine Seitenstraße ein, die für Lkws dieser Größe nicht gemacht war. Das Scheinwerferlicht ließ allerlei Schilder aufleuchten – GEFAHR. ZUTRITT VERBOTEN. KONTAMINIERTES GELÄNDE. Sie ließen den Stacheldraht hinter sich, auch die zweite Garnitur Warnschilder und den einzelnen Totempfahl, der ein Prototyp hätte sein sollen, aber der war in der Dunkelheit ohnehin unsichtbar. Die Straße teilte sich in eine Lehm- und eine Schotterfortsetzung, dann noch einmal und ein drittes Mal. Die Helden hatten sich bald in der Nacht verirrt, aber das GPS einzuschalten war ihnen streng untersagt. Sie fuhren hin und her und im Kreis, und die hohen Laster wankten auf den holprigen Feldwegen.

Ab und zu hielten sie an, ein Ermittler sprang aus dem einen Lkw und rannte hinüber zum anderen, wo er deutend und fluchend mit dem Fahrer debattierte. Endlich, nach viel zu langer Irrfahrt, schleppten sie sich einen langen Hügel hinauf und sahen im Scheinwerferlicht, dass sie tatsächlich ihr Ziel erreicht hatten: Großvater Greens ursprünglichen Stall, seit dreißig Jahren leer.

Die Ermittler versuchten Dill den vereinbarten Code zu übermitteln, um ihre Ankunft zu bestätigen, aber so weit draußen war das Netz zu schwach, und ihre Nachricht ging nicht durch. Daher konnten sie weder ihren Erfolg vermelden – dass sie den Scheißstall endlich gefunden hatten! –, noch erfuhren sie, was in der Happy Green Family Farm vor sich ging. Bei Nacht und Nebel trafen sie ein, vier Ermittler, und zerstörten die Stille mit ihrer Fracht von achtundzwanzigtausend Hennen.

Obwohl sauer, hungrig, erschöpft und mürrisch, wussten diese Ermittler, die alle Profis waren, besser als die Polizei, dass die Hennen nicht in ihren Batterien bleiben konnten. Müde begannen sie mit dem Ausladen.

ALS DILL DIE RAUCHWOLKE ÜBER STALL 8 sah und den Feueralarm hörte und wusste, dass es nicht lang dauern konnte, bis die Feuerwehr herbeigerast käme, dachte er sofort an Benzin. Wo hatten diese Arschlöcher das Benzin her? Hatten sie es mitgebracht, weil sie es von vornherein so geplant hatten, oder fuhren sie routinemäßig mit Benzinkanistern im Kofferraum herum? (Weder das eine noch das andere. Das Benzin war ein Zufallsfund, nachdem sie das Schloss an einem Geräteschuppen aufgebrochen hatten.)

Die Alarmglocken waren ein hohes Hämmern am frühen Morgen, und die über die Farm verstreuten Ermittler – sie waren jetzt alle im Freien beschäftigt, nachdem die Ställe leergeräumt worden waren (immerhin so viel Anstand besaßen die Arschlöcher, dass sie mit der Brandstiftung gewartet hatten) – erstarrten. Sie blickten auf, spitzten die Ohren, schnupperten wie Hunde. Im nächsten Moment war jeder auf dem Gelände anwesende Ermittler auf der Flucht.

Sie sprangen und stolperten über Gerätschaften, flohen in das Feld voller Scheiße, rannten um ihr Leben die Straße entlang. Dill hingegen steuerte auf Annabelle zu. Sie und Zee hatten gerade eine Batterie in den allerletzten Lkw verladen. Doch als Dill bei ihnen war, stand sie mit den Händen auf den Hüften da, beobachtete die Rauchwolke am Himmel und ließ die Ermittler vorbeirennen.

»Das ist dann wohl eine Übergangslösung«, sagte sie mit einem Nicken. Meinte sie die fliehenden Ermittler, das Feuer im Stall, die Evakuierung als solche, oder vielleicht überhaupt jeglichen Aktivismus für Tier- und Umweltschutz? Annabelle ging zur Kabine des letzten Lkw hinüber. »Fahren wir.« Dill, der im Begriff war, sich in den größten Ausraster seines Lebens hineinzusteigern – *diese gottverdammten unprofessionellen Dreckstypen* – ließ die Arme sinken und folgte.

JETZT, DA ES NICHT MEHR LIEF WIE GESCHMIERT – der Himmel war voller Rauch, Ermittler rannten in Scharen durch die Felder davon –, dachte Jonathan wieder an seinen Begriff von *fehlen*. In der Hoffnung, dass er sie nicht verpasst hatte, dass sie nicht etwas so Irrsinniges vorhatte wie in Stall 8 einzudringen und die dort eingeschlossenen Hennen zu retten, rannte er von Stall zu Stall. Er entdeckte sie in dem Moment, als sie mit Dill und einem anderen Ermittler in einen Lkw kletterte. Er rief sie, lief zu ihr hinüber, doch sie schloss die Tür und wandte das Gesicht ab. Warum? Es machte ihn wahnsinnig. Wie sollte er sie schützen, wenn sie dauernd vor ihm davonlief?

In diesem Moment traf ihn schlagartig die Erkenntnis, und er fragte sich, wie er so lang hatte brauchen können, um zu begreifen, was auf der Hand lag: Sie schützte ihn, nicht umgekehrt. Sie tat es jedes Mal, wenn sie ging, jedes Mal, wenn sie nicht zuließ, dass er ihr folgte, und jedes Mal war es eine schwere Entscheidung. Jetzt, als sie mit Dill davonfuhr, tat sie es wieder, sie schützte ihn, denn wo immer sie war, braute sich zweifellos der größte Schlamassel aller Zeiten zusammen, und er hatte genug Schritte gemacht, um seinen eigenen Weg zu gehen, den Ausweg, den er sich gesucht hatte. Sie mitnehmen konnte er nicht. So entschied sie sich für Dill. Von ihm ließ sie sich beschützen. Dill im Fluchtauto, Dill, der über den Zaun steigt, Dill, der den Computer zerstört. Dill war das Opfer. Von ihm ließ sie sich unterstützen, es hatte ihn ruiniert, hatte sein Leben ruiniert, und beide nahmen es billigend in Kauf.

Warum ließ sie sich nicht von Jonathan beschützen? Allein der Gedanke machte ihn wahnsinnig.

Einen Monat später wurde Dill wegen Brandstiftung von der Grand Jury vernommen – wegen der Versicherung hatten die Greens *irgendjemanden* anzeigen müssen, und Jonathan, der als

Leumundszeuge geladen war, wusste, dass sie den Falschen hatten. Er dachte (einen Monat später): Dill hat versagt. Warum hat er sie nicht beschützt, nachdem er im letzten Lkw mit ihr weggefahren ist? (Jonathan sah es natürlich falsch. Sie hatte Dill nicht zu ihrem eigenen Schutz, sondern zum Schutz der Tiere ausgesucht. Dass Jonathan das nicht erkannte, ist einer der Gründe, weshalb sie sich von ihm getrennt hatte.)

Jonathan sah sich Dill an, der in einem scheußlichen Anzug, mit blauen Flecken im Gesicht von wer weiß welchem Übel hinter Gittern, auf der Anklagebank saß. Trotz allem cool, der Typ. Verdammtes sentimentales, gefährliches Arschloch. Wohin hatte er sie alle gebracht! Jonathan hasste ihn inbrünstig. Dill gehörte ins Gefängnis. Aber das sagte er dem Gericht nicht, weil Dill der Falsche war. Nicht Dill hatte das Feuer gelegt, das war nicht sein Stil, Radikalpazifist, der er war. Nie im Leben hätte er einen Haufen Tiere umgebracht. Weder auf den Benzinkanistern noch im Schuppen waren Fingerabdrücke von ihm. Sie hatten nicht den Hauch eines Beweises.

Im Übrigen hätte ihm Annabelle niemals verziehen, wenn er Dill in den Rücken gefallen wäre. Deshalb engagierte Jonathan einen Anwalt für Dill, einen verdammt guten, und machte seine Aussage mit Überzeugung. Und Dill, leicht ramponiert, wurde freigesprochen.

IN STALL 8, als der Rauch die Hennen erstickte und das Feuer loderte, erwachte der Geist jeder Henne zum Leben. Jede Henne schüttelte sich, plusterte die Flügel, und auf wundersame Weise wuchsen alle Federn, die sie durch die Verheerungen infolge radikaler Haft eingebüßt hatte, wieder nach. Eine nach der anderen trat vor, hundertzwanzigtausend Hennen (dreißigtausend waren schon vorher in den Käfigen umgekommen), jede trat in die Mitte des Stalls und knickste, und die anderen jubelten dazu und schlugen mit den Flügeln. Jede Henne winkte ein letztes Mal und blickte hinauf in Rauch und Asche und Flammen. Dort oben sah es aus wie Wald, wie Regen, bewegtes Laub, sich reckende Äste, wechselnde Jahreszeiten, schwirrende Insekten. Als das Dach einstürzte, schüttelten die Geister von hundertzwanzigtausend Hennen die Käfige ab wie Halme aus dem Nest und schwangen sich zum Himmel empor.

Sollten Sie hier Ähnlichkeiten mit Janeys Vision im Stall feststellen – vielleicht sogar deren Erfüllung vermuten –, lägen Sie richtig. Denn so vollzieht sich nach dem Glauben der Hühner das Sterben, es ist ihre gemeinsame spirituelle Prophezeiung: Die Schar versammelt sich zum Abschied, die Henne, die an der Reihe ist, vollführt einen letzten kleinen Wechselschritt und einen Knicks, während sich ringsum die uralten Waldbäume ihrer Herkunft erheben. Zuletzt ruft sie ihren Namen und flattert hinauf in den Himmel, ihre Seele geht auf die letzte Reise. Das sieht das Huhn, wenn es stirbt, so wie der Mensch einen Tunnel mit einem Licht am Ende sieht und die Meeresschildkröte ein trübes Unterwassertau, das sie sanft von vertrauten Wesen und Gesichtern fortzieht. Die Vision, die Janey sechs Wochen zuvor, bei einer ihrer nächtlichen Kontrollen verschiedener Eierfarmen in Iowa, in diesem Stall gehabt hatte und die sie ansporne zu allem, was danach kam, war der kollektive Todeswunsch der sieben Millionen Hennen auf dieser einen Farm. Nichts wünschten sich diese Hennen sehnlicher als zu sterben. Sie wollten es derart intensiv (manche würden von Beten sprechen), dass Janey irgendwie in den Sog geriet, dasselbe sah, was die Hennen sahen, und es missverstand (nämlich als dieses).

Schwangen sich die Geister dieser vielen Hennen tatsächlich zum Himmel hinauf? Ich weiß es nicht. Entweder die Hennen hatten Recht, und der elegante Flug, den ihnen die Evolution zu Lebzeiten versagt hat, wurde ihnen im Tod gewährt, oder sie hatten Unrecht. Was diese ganzen Leute und Tiere betrifft, mag ich allwissend sein, aber nicht mal ich weiß, was Hühner nach dem Tod erwartet.

CLEVELAND UND JANEY? Wo waren sie unterdessen? Sie waren davongerannt. Auf der Straße verfielen sie in einen langsameren Trab. Der letzte Lkw fuhr an ihnen vorbei, und Janey winkte.

»Was ist so komisch?«, fragte Cleveland immer wieder. »Hör auf. Das ist nicht komisch.«

Sie gingen eine Nebenstraße entlang, und Janeys Gelächter ebbte ab. Sie sahen zu, wie die Sonne aufging und die Schuppen, Zäune, Pfosten, die Häuser in der Ferne beleuchtete.

Ein Polizeiauto rauschte heran und bremste neben ihnen ab. »Guten Morgen, die Damen. Würden Sie bitte sofort stehen bleiben und die Hände heben?«

Janey fing wieder zu lachen an.

JANEY WARTETE FÜNF JAHRE – bis Cleveland aus der Haft entlassen war –, ehe sie an den Ort des Geschehens zurückkehrte. Janey hatte weniger lang gesessen (wegen ihres Aussehens, behaupteten manche). Eines Nachmittags aber war es so weit. Sie fuhren hin, ließen das Auto stehen und gingen an den alten Ställen entlang durch die Felder. Cleveland war erst seit ein paar Wochen wieder auf freiem Fuß, inzwischen geschieden, und sie hatte einen neuen Job im Lebensmittelhandel (drei Jahre später war sie bereits stellvertretende Geschäftsführerin, weil ihr Organisationstalent stärker ins Gewicht fiel als ihre Vorstrafe). Sie standen im verwilderten, weil seit Jahren nicht gemähten Gras und betrachteten die Ställe, auch den achten, der weder abgerissen noch wiederaufgebaut worden war. Eine schwarze Brandruine mit eingestürztem Dach. Das Gras wogte in der kühlen Brise. Der Himmel war so fern wie immer.

»Ich werde ihn heiraten«, sagte Janey. »Ich möchte dich dabeihaben.« Sie hatte gewartet, bis Cleveland wieder draußen war und ja sagen konnte.

Sie gingen weiter.

Selbst jetzt nahm Janey noch ein paar letzte Spuren der Vision wahr. Sie sah sie am Rand ihres Gesichtsfelds wabern. Vergangenheit oder Zukunft?, fragte sie sich. Erinnerung oder Versprechen?

Sie kehrten zurück zu den Ställen, die leer und trostlos waren. Cleveland machte ein paar Fotos. »Wir haben es geschafft«, murmelte Cleveland, obwohl das eindeutig nicht der Fall war. Hatte es *irgendeine* Henne geschafft, immerhin eine? Wohin hätte sie es geschafft? Waren wenigstens ein paar »frei«? Janey wusste jetzt, was es hieß, eingesperrt zu sein. Sie meinte eine Bewegung zu erahnen, eine Gestalt, und drehte sich rasch um, konnte aber nichts sehen. Vielleicht nur die Vision. Sie kehrten zum Auto zurück und stiegen ein.

4

PRICE SECURITIES
EINSATZORT: Happy Green Family Egg Farm
BETRIEBSSCHUTZBEAUFTRAGTER: 063507
PROTOKOLL: 26.06.2028, letzter Eintrag

In meiner zweiten Nacht im Job war sie hier. Ich habe sie gesehen.

In den Polizeiakten steht davon nichts, weil ich es niemandem erzählt habe. Ich habe es auch nicht im Protokoll festgehalten, ich habe nicht die Notfallnummer angerufen, die hier auf den Schreibtisch geklebt ist, und habe es am nächsten Morgen nicht gegenüber dem ruppigen Stallmanager erwähnt, weil ich es nicht für notwendig hielt, das sekundenkurze Erscheinen einer Person zu melden, die eindeutig zur Familie dieses Familienunternehmens gehört. Ebenso wenig habe ich es später gegenüber den versammelten Obrigkeiten erwähnt, weil erstens mein Englisch nicht so gut war und ist, und zweitens – woher hätte ich denn wissen sollen, dass die Frau Terroristin war? Vielleicht steht es diesem Wachposten nicht zu, der Geschäftsführung eines Unternehmens den Vorschlag zu machen, dass sie, wenn sie den Verdacht hat, es könnte eine gewalttätige, kriminelle Verwandtschaft aufkreuzen, um das Gelände auszukundschaften, zu überfallen, zu plündern und anschließend niederzubrennen, statt des gerahmten Gruppenfotos mit der Täterin als lächelnde Jugendliche im schützenden Arm des Vaters und Eigentümers und mit der verschnörkelten Bildunterschrift *Unsere Glückliche Hennen Familie Green* vielleicht doch lieber ein Suchplakat mit dem Bild der betreffenden Person aufhängen sollte?

In meiner ersten Nacht im neuen Job studierte ich dieses Gruppenfoto vom Schreibtisch aus und registrierte das wenig überraschende blendende Weiß der Familie im Kontrast zu mir und den Mitarbeitern, die ich bis dahin kennengelernt hatte. Was soll man auch anderes machen, als dieses Foto anzustieren, wenn man es drei Meter vor dem Gesicht hängen hat?

In meiner zweiten Nacht ging ich um vier Uhr morgens auf Patrouille (nicht verlangt von der Happy Green Farm, aber empfohlen von Price Securities). Ich umrundete das Betriebsgelände, ging dann an jedem der langen, lauten Ställe entlang, ringsum heulende Finsternis, was beunruhigend ist, egal wie gut der Betriebsschutzbeauftragte geschult ist. Ich bog um eine Ecke, und der Strahl meiner Taschenlampe erfasste etwa zwanzig Meter von mir entfernt die Gestalt einer Frau in braunem Kleid. Es war nur ein Sekundenbruchteil, in dem sie zu mir hersah. Ich war so überrascht, eine Frau in der Nacht hier draußen vorzufinden, dass ich im ersten Moment überhaupt nicht reagierte. Und im nächsten Moment war sie weg. Ich rannte ihr nach. Ich lief den ganzen Stall entlang, ließ das grelle Licht meiner Taschenlampe hin und her streichen und meinte eine Gestalt zu erkennen, aber es war nichts. Ein Frühlingsnebel hatte sich gebildet, der im Lichtstrahl wie ein gespenstischer Dunstschleier leuchtete. Nichts. Ich umrundete den Stall und sah auf der anderen Seite nach. Sie war weg. Ich machte kehrt und suchte in entgegengesetzter Richtung. Im Geist sah ich noch immer ihre Gestalt und dieses bleiche Gesicht, das zu mir herumfuhr, das Aufleuchten ihres Kleids im Licht meiner Taschenlampe. Ich rannte um den nächsten Stall herum, meine Lampe schwingend. Ich lief weiter.

Erst viel später, als ich schweißnass vom Laufen wieder zurück war, begriff ich, dass es das Mädchen von dem Foto war. Und ich fragte mich, ob ich sie in der Dunkelheit überhaupt gesehen hatte, oder ob es ein Trugbild war. Vielleicht ein Gespenst oder ein Geist? Oder ich hatte sie mir eingebildet, nachdem ich so lang gedankenlos auf das Gruppenbild gestarrt hatte?

Ich dachte darüber nach, ob ich die Beobachtung im Protokoll festhalten sollte. Entweder sie war real, oder sie war nicht real. Wenn die Frau da gewesen war, hatte sie zweifellos das Recht dazu, oder? Zwar bisschen merkwürdig um diese Uhrzeit, aber trotzdem. Wenn ich sie mir hingegen eingebildet hatte, na, dann werde ich den Teufel tun und in meiner zweiten Nacht im Job irgendwas von Geistern aufschreiben, an die ich sowieso nicht glaube.

Daher erwähnte ich nichts von meiner Beobachtung.

Zwei Nächte später, am Samstag, eine halbe Stunde nach Beginn meiner Schicht, kam sie rein und stellte sich vor mich hin. Ich duckte mich fast. Ich wusste nämlich sofort, dass sie die Frau war, die mir bei der nächtlichen Patrouille entwischt war. Ich grüßte nicht, weil ich als Nicaraguaner viel von Hierarchien und Familienadel verstehe und weiß, dass selbst auf einer Hühnerfarm die Tochter des Chefs nicht zwangsläufig die Existenz der Arbeiter zur Kenntnis zu nehmen wünscht. Aber sie blieb neben dem Foto stehen und fragte freundlich: »Ist Ricardo hier?«

»Nein, Ma'am.«

»Und wer sind Sie?«

»Ich bin von Price Securities.«

Im Nachhinein weiß ich, was sie getan hat – sie stellte sich extra direkt neben das Foto, damit ich verdammt sicher sein konnte, dass das Mädchen vom Foto und die leibhaftige Frau identisch waren. »Stimmt«, sagte sie sinnierend. »Er hat Urlaub.«

»Ja, Ma'am. Ich bin die Aushilfe.«

Sie schüttelte den Kopf. »Was für eine Geldverschwendung. Reale Nachtwächter, meine ich. Während das Alarmsystem immer aus ist.« Ich war ein bisschen pikiert. Mich als Verschwendung zu bezeichnen war nicht gerade nett, außerdem sind wir keine Nachtwächter, sondern »Betriebsschutzbeauftragte«. Sie stützte sich mit einer Haltung auf meinen Tisch, die etwas Laszives hatte, als wollte sie mit mir flirten, aber das war natürlich ein Vorwand, wie ich jetzt weiß: Sie wollte einen Blick auf das Schaltbrett mit den grünen Lichtern werfen, vor dem ich saß. »Sehen Sie? Aus.« Die grünen Lichter flimmerten. Ich hatte die Anweisung, sie ja nicht anzufassen.

»Ist noch wer da?«

»Ich bin allein, Ma'am.«

»Bis auf die Vögel.«

»Entschuldigung?«

»Eine Million Hennen. Allein bis auf die Vögel.«

»Ja, Ma'am«, räumte ich ein, »allein bis auf eine Million Hennen.«

Sie richtete sich auf. »Wenn das so ist, könnten vielleicht Sie mir bei etwas helfen?«

Ich hatte schwerlich eine Wahl; also stand ich auf und folgte der missratenen Tochter, Straftäterin, Feindin und Terroristin – wobei ich zu dem Zeitpunkt natürlich nie gedacht hätte, dass sie irgendwas davon war – ein paar Schritte um die nächste Ecke. Noch heute sehe ich mich ihr nachgehen. Ich spürte, dass etwas faul war, aber ich achtete nicht darauf. Nein, geh nicht!, rufe ich meinem jüngeren Ich zu, aber es hört nie zu.

»Wie oft habe ich denen schon gesagt, dass wir hier drin eine Trittleiter brauchen!« Sie öffnete eine Tür, deutete hinein. Es ging alles sehr schnell. »Könnten Sie mir diese Kiste runterholen? Die dort oben?«, ohne zu sagen, was es war oder warum um Himmels willen sie an einem Samstagabend dieses Ding brauchte. Ich trat in den Abstellraum und langte zu den Kisten auf dem obersten Regal hinauf. Im selben Moment wurde ich von hinten gestoßen und stolperte. Sie oder einer ihrer Vasallen knallte die Tür zu, und das Licht ging aus. »Hey«, schrie ich und stemmte mich gegen die Tür, während ich ein Vorhängeschloss einrasten hörte, »Hey!«, und ich warf mich gegen die Tür, mehrfach, ich war wirklich entsetzt. Es war stockfinster. Ich hörte eine Männerstimme. »Warte, Amigo, bleib ruhig. Niemand tut dir was.«

Mann, ich *hasse* es, Amigo genannt zu werden. Was für ein Amigo soll das sein, den man in eine Abstellkammer sperrt? Wenn dich hierzulande jemand Amigo nennt, pass bloß auf. Ich schrie und trat gegen die Tür. Das Scheißteil war stabil. Ich tastete herum in der Hoffnung, die Koordinaten meiner Haft rauszukriegen. Ja, ich war ein Idiot, aber sie profitierte von einem sehr glücklichen Zufall. Weil ich in dem Job neu war, hatte ich mein Telefon entsprechend der Anweisung im Auto gelassen. »Kein Handy auf dem Gelände«, hatte der Stallmanager gesagt. Und sie, die Frau, vertraute einfach darauf, dass ich mich an die Regeln hielt. Das hab ich mir abgewöhnt, das sag ich euch.

Ich tastete nach irgendwas Brauchbarem, das mir zur Flucht nützlich wäre. Damit beschäftigte ich mich ewig, ich zerlegte Pakete, die jede Menge Klopapier enthielten, wie sich rausstellte, jede Menge Papier. Ich trat noch ein paar Mal gegen die Tür. Dann setzte ich mich auf den Boden. Auf der anderen Seite hörte ich nichts. Irgendwann glaubte ich Lastwagen zu hören, aber sicher war ich mir nicht. Ich wartete.

Ich werfe mir nicht vor, dass ich einschlief. Haben Sie gewusst, dass Geiseln oft geweckt werden müssen, wenn sie gefunden werden? Es stimmt. Bei Gefängniswärtern gehört das sogar zur Ausbildung. Bevor ich zu Price Securities kam, habe ich in einem Gefängnis gearbeitet, und in den Dienstvorschriften hieß es: *Wenn Sie als Geisel genommen werden, bewahren Sie Ruhe. Bleiben Sie zuversichtlich. Konzentrieren Sie sich auf ein beruhigendes Bild – einen Strand, einen stillen Wald, einen geliebten Menschen. Versuchen Sie zu schlafen.*

Ich rollte mich auf dem Boden zusammen und träumte von meiner Freundin. Hielt mich noch im Tiefschlaf an die Regeln.

Mit dem Gesicht auf dem Linoleumboden wurde ich vom Geschrei eines Mannes geweckt, der in der offenen Tür stand. Ich erkannte den Stallmanager. »Wo zum Teufel sind die Hühner, Smirnoff?«

Um diese Zeit gab es auf dem Betriebsgelände kein einziges lebendes Huhn mehr.

Sie nannten mich Smirnoff, weil ich an meinem ersten Arbeitstag eine Flasche Wasser dabeihatte. »Saufen im Dienst verboten«, hatte der Stallmanager gesagt und laut gelacht. Am nächsten Abend nannte er mich Wodka und am übernächsten Smirnoff. Niemand hat mich je bei meinem echten Namen genannt, der Muñoz lautet. Vorname: Alejandro.

Die Polizei, das FBI, die Feuerwehr, die Reporter – alle waren da, als ich blinzelnd ins Licht trat. Jemand hatte einen Fernseher aufgestellt, und ich sah die Luftaufnahmen und hörte den Bruder

der Täterin eine Stellungnahme abgeben. Sie standen Schlange, um mir Fragen zu stellen, einer nach dem anderen. Wie ich das Ganze hätte verschlafen können? Wie müde müsse einer sein, um zu verpennen, während Verbrecher alles in Schutt und Asche legen? Wie fühle es sich an, wenn man an der Entwendung einer Million Stück Betriebsvermögen schuld sei? Und obwohl mein Englisch nicht gut ist, gab ich auf jede Frage die Antwort: »Aber ich war doch eingesperrt.«

Niemand warf mich hinaus. Am nächsten Abend kam ich wieder.

Ich dachte, die nächste Lieferung Hennen käme am Ende der Woche, aber sie bezeichneten das Gelände als Tatort und Gegenstand strafrechtlicher Ermittlungen. Keine Tiere erlaubt. Die Arbeiter wurden bis zum Prozess nach Hause geschickt. Ich wartete auf Anweisungen von Price Securities. Ich hörte nichts. Wochen vergingen. Ich kam weiter zum Dienst – ich war für die Nachtschicht eingeteilt, was vermutlich der Grund war, wieso mich niemand bemerkte. Jeden zweiten Montag war mein Gehalt auf dem Konto. Ich schrieb an Price Securities und erhielt keine Antwort. Ich schrieb noch mal, teilte ihnen mit, dass ich gern die Tagschicht hätte – technisch gesehen bestand keine Notwendigkeit, die Hennen nachts zu bewachen, es waren schließlich keine mehr da.

Im zweiten Monat machte ich meiner Freundin einen Heiratsantrag – eine Nacht lang in einer Abstellkammer eingesperrt zu sein, das macht etwas mit einem, verändert Perspektiven. Als sie ja sagte, war ich so glücklich wie nie zuvor in meinem Leben und blickte noch froher in die Zukunft.

Das Sagen hatte der Bruder. Er ließ sich ab und zu blicken, ging die Ställe ab, brummte vor sich hin und schüttelte den Kopf. Einmal drehte er sich um und sagte: »Sind Sie immer noch da?« Ich machte den Mund auf und wollte antworten, aber er ging schon über den Gitterrost davon, als hätte er mich vergessen, während ich noch vor ihm stand.

Warum belegte er die Ställe nicht wieder mit Hennen? Er brachte Leute her, mit denen er allerlei besprach. Sie gingen drinnen die Reihen auf und ab, umrundeten draußen die Ställe, saßen im Büro, die Füße auf dem Tisch. Ich trieb mich in der Nähe herum, ein Zimmer weiter oder ein paar Meter hinter ihnen, um zu beweisen, dass ich hellwach war und keineswegs meinen Dienst verschlief! Wenn wieder Hennen kämen, wäre ich bereit. Sie hatten, scheint's, keine Ahnung, wer ich war, trotz meiner Uniform. Einer gab mir ein *Trinkgeld*, als er ins Auto stieg. Dann kamen ein paar Arbeiter und bauten die Geräte und Anlagen ab, die vielleicht anderswo gebraucht wurden, allerdings ließen sie auch sehr viel zurück. Manches ist immer noch da. Sie machten die Tür hinter sich zu und waren fort.

Wir hatten eine kleine, aber glückselige Hochzeit. Ich trug sie die Stufen zu unserer Wohnung hinauf. Unsere Freunde hatten die Schränke mit Schokoküssen, Champagnergläsern und Konfetti gefüllt.

In den Jahren, nachdem die letzte Henne das Gelände verlassen hat, ist mein Job öde geworden. Ich versuche mir nichts anmerken zu lassen. Das letzte Buch, das ich zum Spaß gelesen habe, habe ich vor einem Jahr weggeworfen, einige Seiten vor der letzten Zeile. Ich schicke E-Mails, bitte um einen neuen Einsatzort, aber offenbar landet alles in einem automatisierten System, das nicht antwortet.

Ich denke über die Tochter nach: Habe ich sie wirklich in meiner zweiten Nacht dort gesehen, oder war sie ein Geist? Hätte ich den Vorfall gemeldet, wäre das alles vielleicht nicht passiert.

Aber es ist passiert. Sie ist gekommen, hat die Vögel geholt und ist wieder gegangen, und es war, als sei direkt hinter ihr der gesamte Betrieb zusammengebrochen – wie wenn jemand das Tischtuch wegzieht und alles, was auf dem Tisch gestanden hat, auf den Boden kracht. Der Ruin der Farm, die Sauerei auf den Feldern, die Asche, die hallenden Ställe. Der Niedergang dieses schönen Landes. Selbst das weltweite massenhafte Artensterben scheint sich genau diesen Moment ausgesucht zu haben, um mit voller Wucht zuzuschlagen. Die Talfahrt – wir wussten alle, dass sie unausweichlich ist, und jetzt hatte sie begonnen, jetzt ging es abwärts. Als wäre die Frau ein schwarzes Loch, das alles in sich hineinsaugt. Nur den Wind gab es noch, der über die flachen Felder blies, und die gähnend leeren Ställe, in denen jede Ritze gemäß den Vorschriften der Lebensmittelbehörde so fest versiegelt ist, dass auch nach all den Jahren kein Nagetier hineinfindet.

Der einzige Überlebende des Niedergangs bin ich, ein einsamer Betriebsschutzbeauftragter, der sonderbarerweise nicht abgezogen wurde, der durch die Flure trottet und durch die Stahlgitter zur zweiten Etage hinaufschaut. Die Stille ist so enorm, dass sie mir gegen die Ohren drückt.

Im zweiten Jahr gingen die Lichter aus. Kein Strom mehr. Monate zogen ins Land, ohne dass ein Auto vorfuhr, geschweige denn jemand auf dem Gelände erschien. Im dritten Jahr kam nur noch der Bruder ab und zu, blieb im Auto sitzen, starrte durch die Windschutzscheibe und fuhr vor Einbruch der Dunkelheit wieder davon. Meine Anwesenheit war keine Überraschung mehr für ihn, denn er sah mich nicht. Ich beobachtete ihn aus meinem Versteck.

Auch diese beiden hatten, als sie zurückkehrten, keine Ahnung, dass ich da war.

Aber sie kamen, die beiden Betriebsprüferinnen, die eine Zeitlang im Gefängnis gesessen haben, ein paar Jahre ist es her. Ich absolvierte meinen letzten Rundgang des Tages und schickte mich an zu gehen. In letzter Zeit mache ich gern ein bisschen früher Schluss, damit ich meinen Sohn vom Kindergarten abholen kann. Meine Frau kommt nicht vor vier von der Arbeit.

Das Auto nahte, als ich eben die Silos umrundete. Ich versteckte mich hinter einem Stall. Zwei Frauen stiegen aus, vertraten sich die Beine, dehnten sich. Erst dachte ich: Hm, Kaufinteressierte? Dann erkannte ich sie von den Fotos, die vor ein paar Jahren in der Presse waren. Die Ältere machte Bilder mit dem Handy. Sie drehte sich auch in meine Richtung, und ich glaube, sie erwischte mich, obwohl ich mich schnell verdrückte. Sie gingen ein Stück, blieben dann stehen, die Hübsche starrte die Ställe an, die andere schaute auf die Felder hinaus. Sie redeten. Ich sah sie lachen, die eine machte eine weite Seitwärtsgeste mit dem Arm. Sie blieben noch eine Weile, wurden wieder ernst, sogar finster. Die Ältere verschränkte die Arme und sprach in den Wind. Die andere drehte ihr den Kopf zu. Dann kehrten sie zum Auto zurück und fuhren davon.

Manchmal komme ich in aller Frühe her, wenn es draußen noch dunkel ist und die Fledermäuse ihre nächtliche Jagd beenden. Ich bemühe mich, meine Frau nicht aufzuwecken, wenn ich mich aus dem Zimmer schleiche. Sobald der Tag anbricht, erwacht hier das ganze Tal zum Leben. Grillen beginnen genau in dem Moment mit ihrem Gesang, wenn die Sonne über den Horizont blinzelt. Vögel beginnen zu schwirren, es sind weniger als früher, aber immer noch ziemlich viele. Sie rufen einander zu, kreisen, dann fliegen sie davon.

Es ist ein guter Job. Aushilfen bekommen keine Zusatzleistungen, was ein Nachteil ist, wenn man eine Familie hat. Meine Frau möchte aus diesem leeren Landstrich weg, es zieht sie näher zu ihren Geschwistern, in eine größere, lautere, kältere, teurere Stadt. Ich möchte, dass mein Sohn alle Chancen bekommt. Ich habe bei Price Securities meine Kündigung eingereicht, kommenden Freitag wird sie wirksam. Ich hoffe auf ein gutes Arbeitszeugnis. Unser hiesiges Bankkonto behalten wir noch, falls doch noch eine Bonuszahlung kommt, für meine Treue über die vielen Jahre.

ANNABELLE, DACHTE ROB, als der Stallmanager und ein Polizist in seine Küche traten, und sagte es gleich darauf laut. Rob saß beim Frühstück (kaltes Müsli mit Melone: In letzter Zeit ließ ihn seine Frau, weil sein Vater mit vierundsechzig, nach einem Schlaganfall und erkranktem Herzen mehr oder minder tot war, kaum noch Eier essen). Es war Viertel vor sieben. Das Baby war seit sechs Uhr wach.

Noch bevor die Männer ein Wort gesagt hatten, war der Name in seinem Kopf. Die Leichenbittermienen der beiden hatten ihn heraufbeschworen, denn solchen Gesichtern war er immer nur im Zusammenhang mit seiner Schwester begegnet.

Annabelle. Zu seinen frühesten Erinnerungen an sie zählte, wie sie ihn herumgetragen hatte, auf dem Rücken oder unter dem Arm wie eine schwere Reisetasche, wie sie ihn mitten in der Nacht zu einem Abenteuer in den Garten verschleppt hatte, um ein nächtliches Fort zu bauen oder Fledermäuse zu beobachten.

»Es hat einen Überfall auf Ihren Betrieb gegeben«, sagte der Bulle. In der pastellfarbenen Morgenruhe erregten seine Muskelmasse und Körperhaltung Besorgnis.

»Sie haben die Ladies mitgenommen«, sagte der Stallmanager.

Rob ließ den Löffel in die Milch sinken (Mandelmilch, weil seine Frau behauptete, Molkereiprodukte verursachten Diabetes) und stand vom Stuhl auf. An der Tür küsste er Frau und Kind.

Es war eine kurze Fahrt zur Farm, eine Strecke, die er zeit seines Lebens in- und auswendig gekannt hatte, erst von der Rückbank aus, mit seiner Schwester, später vom Beifahrersitz neben seinem Vater und noch später im eigenen Auto und vom eigenen Haus, drei Blocks entfernt von seinem Elternhaus (auch wenn es so nicht geplant gewesen war). Mit halbem Ohr hörte er, was die Männer sagten, hauptsächlich aber galt seine Aufmerksamkeit der Rauchwolke über dem Firmengelände, die schon aus der Ferne zu sehen war: Zeugnis von Annabelles Werk. Der Daumenabdruck seiner Schwester am Himmel. Als der Tag anbrach, durchquerte das Auto die Felder.

Er öffnete die Tür, noch ehe das Auto hinter der Reihe der Einsatzfahrzeuge angehalten hatte. Mit exzessiver Höflichkeit – »Gestatten Sie bitte?«, »Verzeihung, dürfte ich mal durch?« – manövrierte er sich durch die Schar der Reporter, Feuerwehrleute und Zivilpersonen, bis er an die Polizeiabsperrung aus gelbem Band und Hütchen gelangte, mit der die Schaulustigen von dem schwelenden, teilweise noch brennenden Stall 8 ferngehalten wurden. Ein Polizist, anscheinend der Einsatzleiter, tippte ihm auf die Schulter und sagte: »Sie wollen sicher die anderen Ställe sehen.« Rob folgte ihm.

An der Tür zu Stall 4 wollte ein Polizist ihn aufhalten, doch der Einsatzleiter sagte: »Das ist der Sohn«, und alle wichen auseinander. Rob war sicher, dass hinter seinem Rücken gekichert wurde.

Annabelle hatte ihn immer überflügelt, und er hatte sie vergöttert. Welcher Knabe blickt nicht zu seiner großen Schwester auf, vor allem wenn sie skrupellos und schön ist? An dem Tag, an dem Jonathan Jarman jun. auf der Farm auftauchte, verlor er sie. Bis dahin war Robbie Nutznießer ihrer Streiche gewesen, entweder als Ziel oder als Mitverschwörer, aber seitdem es Jonathan gab, war Rob abgeschrieben. Innerhalb von vierundzwanzig Stunden hatte er nichts mehr zu melden. Alles, was danach passierte, war nur eine Verlängerung der an diesem Tag begonnenen Entwicklung – sie entfernte sich Schritt für Schritt, und er sah aus wachsender Ferne zu. Es war, als würden alle, die Annabelle liebten, zurückweichen und zusehen, wie sie verraten und verlassen wurden. Das war ihre außergewöhnlichste Eigenschaft – nach ihren offenkundigen natürlich. Und klar, er war darüber hinweg, hatte sie abgeschrieben, im selben Tonfall wie alle, mit demselben Hohn.

Wie war das dann aber zu erklären? Er betrat Stall 4 und hielt sofort inne. Die Ventilatoren waren aus, die Bänder standen still. Nichts war zu hören. Auf der Fahrt hierher hatten sie ihm gesagt, die Hennen seien weg – aber was heißt das, »weg«? Er ging durch den Vorraum in den Hennenbereich. Kein Gackern, kein Laut. Totale Stille. *Alle* waren weg? Er betrat einen Gang, sah die Reihen leerer Käfige (*wie zum Teufel, Annie?*), marschierte an etlichen vorbei. Nichts. Er blieb stehen und wippte auf den Absätzen, stieß einen Pfiff aus. Was er empfand, war – Begeisterung.

»So sieht es überall aus«, sagte der Stallmanager neben ihm. »Mit Ausnahme von Stall 8, natürlich.«

»Verstehe«, sagte Rob.

»Wir finden die Lastwagen«, sagte der Einsatzleiter. »Wir treiben sie zusammen. Das ist eine Wahnsinnstat. Den Wachmann haben wir noch nicht gefunden.« Rob sah dem Polizisten an, dass er zu höflich war, um Annabelles Namen auszusprechen, aber natürlich kannte jeder die Geschichte der Familie. Schließlich senkte der Polizist vertraulich den Kopf. »Wissen Sie vielleicht, wo Ihre Schwester sein könnte?«

Ein letzter Rest Beschützerinstinkt meldete sich zu Wort. »Was bringt Sie auf die Idee, dass sie was damit zu tun hat?«, fragte er. An den Gesichtern las er ab, dass seine Miene nicht zu seiner Aussage passte. »Ich habe keine Ahnung, wo sie steckt«, sagte er. Er ging wieder hinaus in die Sonne, die Schar hastete ihm hinterher, auf die Autos zu. Auf halbem Weg blieb er stehen. »Moment. Wo bringen Sie die Hennen hin?«

Erst Stunden später, als er in sein Telefon schrie, als alle Erwachsenheit und Wut seiner achtundzwanzig Jahre zurückgekehrt waren, dämmerte es ihm: Er wusste, wo sie war. Er ließ das Telefon sinken.

A: *Natürlich* habe ich Stall 8 kontrolliert. Wer hat denn heutzutage Wachleute? Die Alarmsysteme sind viel leistungsfähiger und dazu billiger. Unser Alarmsystem war *aus*. Das war mein Vater. Er hatte immer Ricardo. Ricardo hätte mich nie im Leben gesehen, wenn er da gewesen wäre. Der legte stundenlang Patiencen mit einem uralten Kartenset. Hätte *er* mich gesehen, hätte er Alarm geschlagen. Weil er gewusst hätte, was ich vorhatte. Aber er hätte mich nicht gesehen, denn er wäre nie und nimmer rausgegangen, um wie ein Zombie draußen herumzulaufen. Ricardo hatte außerdem Urlaub. Drei Wochen. Das wusste ich. Meinen Vater hätte das nicht gejuckt, wir hatten schließlich ein Alarmsystem. Wie gesagt. Aber jetzt war der Chef mein Bruder Robbie, und der besorgte den Urlaubsvertreter.

Ich war aus Stall 7 gekommen – der leer war –, und kaum war ich draußen, fing mich sein Lichtstrahl ein. Ich bin sofort losgerannt, aber er nahm seinen Job ernst. Er war bestimmt eine Stunde draußen unterwegs und leuchtete in alle Ecken und Winkel. Ich hatte Sorge, dass jeden Moment die Mitarbeiter aufkreuzen könnten. Am Donnerstag fangen sie immer früh an. Dass sie einen Stall geleert hatten und den anderen nicht, hatte ich nicht erwartet. Eingeplant waren beide. Am Dienstag hatte ich den Räumungstrupp gesehen. Zwischen Räumung und Neubelegung liegen mindestens drei Wochen. Für mich war das eine reine Formalität. Diese verdammte Aushilfe. Was für ein Schlamassel.

Sagen Sie, sind wir jetzt fertig? Ich habe komplett das Zeitgefühl verloren. Kann ich gehen?

F: Wir haben nur noch ein paar Fragen.

ZWANZIG JAHRE VOR DIESEN EREIGNISSEN fuhr Farmer Robert Green sen. mit Robbie und Annabelle auf der Rückbank eine schmale Straße entlang, vorbei an Stacheldraht und an Ende-der-Welt-Warnschildern; der vertraute Weg entrollte sich wie eine elastische Binde. Der alte Kahn von einem Auto schleppte sich einen Hügel hinauf und hielt vor einem großen landwirtschaftlichen Gebäude. Seine Tochter rannte übers Gras, Robbie hinterher. Farmer Green stieg aus und stand da, gebeugt. Er seufzte.

Farmer Green neigte zu Anwandlungen von Schwermut. Alles konnte sie auslösen – ein Feiertag, ein verregneter Morgen, der späte Tagesanbruch im Herbst. Unter dem Einfluss der Schwermut begann ihm sein Vater zu fehlen, der erste Legehennenhalter in der Familie, und dann setzte er seine Kinder ins Auto, erzählte seiner Frau, sie führen »zu einem Spiel« und kamen in Wahrheit hierher, zur Farm seiner Kindheit, auch wenn seine Frau fuchsteufelswild geworden wäre, wenn sie das gewusst hätte.

Er ging auf den Stall zu. Bückte sich, um ein paar Hände Unkraut auszureißen, das den Weg überwucherte. Am schlimmsten war die Kontaminierung in der Nähe des Dorfs, ein paar Meilen weiter, aber auch hier, hieß es, seien Boden und Luft verseucht, mit Trichlorethylen, Tetrachlorethylen, Chloroform und anderen Chemikalien. Seine Frau wollte nicht, dass er mit den Kindern herkam. Und ganz bestimmt wollte sie nicht, dass die Kinder aufs Stalldach kletterten. Weil es, sagte sie, nach der jahrelangen Verwahrlosung zweifellos morsch sei und unter dem Gewicht eines Kinds jeden Moment einbrechen könne.

Bisher hatte es jedenfalls gehalten.

Robbie jun. wusste, dass ihr Vater nicht herüberschaute. Er und Annabelle rannten durch hohes Gras und Gestrüpp zum Stall und kletterten die an die Wand geschraubte Leiter hinauf. Dann saßen sie auf dem Dach und ließen die Beine über den Rand hängen. Sie legten sich auf den Rücken und schauten zu den Wolken hinauf. Sie setzten sich auf und schauten zum Wald hinüber. Dieser Teil gefiel Robbie.

Nicht gefiel ihm der folgende Teil, wenn nämlich Annabelle auf dem »Dachrennen« bestand. Das hieß: Wer als Erster die Dachkante erreichte, ohne herunterzufallen, hatte gewonnen. Den Reiz des Rennens machten die gegensätzlichen Impulse aus, nämlich das Verlangen, beim Herannahen der Kante abzubremsen, und das Verlangen, dank Schnelligkeit Sieger zu werden. Es war eine Abwandlung des Huhn-Spiels (wer verloren hatte, war das »Huhn«, weil Hühner als besonders schreckhaft gelten, was natürlich nicht stimmt – Hennen verteidigen ihre Küken mit Ingrimm, und vom Schneid, von der Tapferkeit, dem sprichwörtlichen Kampfesmut des Hahns reden wir erst gar nicht). Diese Sorte Spiele mochte Annabelle, und Rob, der sie blind verehrte, machte mit.

ZEE SASS IM LETZTEN LASTWAGEN neben Dill. Annabelle fuhr.

Wie Herzschläge trafen SMSe ein, weil die Ermittler gegen die vereinbarte Funkstille verstießen, Minuten nach Eintreten eines Notfalls, verdammte unprofessionelle Idioten. Sie kriegen, was sie verdienen, dachte Zee, weil sie blind hinter Annabelle herrennen, egal, welchen Irrsinn sie sich ausdenkt. Schau, wohin es uns alle gebracht hat! Weil Annabelle und Dill es ablehnten, die Nachrichten zu lesen, fühlte sich Zee bemüßigt, die beiden in Kenntnis zu setzen.

Er las Mitteilungen vor, beschrieb Fotos – die Löschfahrzeuge, die Ermittler in Handschellen. Er zeigte sie Dill, der Zee mit der Schulter abwehrte und irgendwas brummte – die Ermittler seien selber an allem schuld –, als hätte nicht *sie* die ganze Sache eingefädelt, vom heiteren Anfang bis zum rauchenden Ende.

Annabelle bog von der Hauptstraße ab, sie verließen das Funknetz, und sein Telefon verstummte. Sie fuhren an den Schildern vorbei, die vor der Kontamination warnten. Oh, wunderschön, es entsprach genau seinen Wünschen für diesen Morgen, sich in Chemieabfällen zu suhlen.

Moment. Was war *das*?

Ein riesiger Stall am Horizont und zwei Lkws, die dämlich davorstanden.

Wenn er recht verstand, und er traute ihr *alles* zu, dann hatten sie die Hennen also *von einer Legefabrik in die nächste* gebracht.

Neben den Lkws hielten sie an. Annabelle schaltete den Motor aus. Er hörte die Hennen gurren wie Morgenvögel. Insekten summten. Darunter aber lag eine tiefe, ausgedehnte Stille, der Klang fehlenden Maschinenlärms. Vier Ermittler kamen aus dem Stall. Sie sahen aus, als brächen sie im nächsten Augenblick zusammen. Annabelle sprang vom Laster. »Worauf warten wir? Wir müssen die Hennen ausladen!«

Einer von ihnen wölbte die Hand um eine Zigarette. »Was glaubst du, was wir die ganze Zeit tun?«

Zee ergriff die Gelegenheit, um seine langen Beine zu strecken, auszusteigen und die rhetorische Frage zu stellen: »Bereit für den Knast?« Die Ermittler wirkten enttäuscht. Sie hatten die Nachrichten nicht erhalten, sie hatten keine Ahnung, was in der Stadt los war, aber aus der Körperhaltung der drei, die aus dem ankommenden Lkw gestiegen waren, schlossen sie, dass der Plan nicht mehr funktionierte. Sie kapierten schnell: Es lief scheiße und würde noch scheißiger laufen. Mit diesem Wissen im Herzen beendeten sie gemeinsam das Ausladen. Es dauerte ein paar weitere Stunden. Sie hoben die Batterien heraus und entließen die Hennen in den Stall, über vierzigtausend waren es jetzt, aus drei Lastwagen.

»Macht ihr eine Eierfarm auf?«, fragte Zee.

Als sie fertig waren und neben den Lkws über die nächsten Schritte redeten, über die bevorstehende Flucht, kam Annabelle heraus und sagte: »Ihr haut jetzt ab.«

Zee war es recht. »Kommst du?«, fragte er und meinte Dill, denn Annabelle wäre natürlich um nichts auf der Welt mitgekommen – sie hatte sich ja schon lang abgeseilt. Die Ermittler ließen den ersten Lkw an. Dill und Annabelle blieben beide. Zee schaute in den Rückspiegel und sah sie in den Stall zurückkehren. Irr, die Frau.

»Wir können paar Leute herbringen, die sie morgen holen«, sagte Dill und wischte sich die Hände an der Hose ab. Er folgte Annabelle zur Rückseite des Stalls. »Wir müssen irgendwie eine Wasserversorgung auf die Beine stellen«, sagte er. »Haben wir Material? Vorräte?« Er sah ihr zu, während sie die Stalltüren aushängte, altmodische Teile, die durch den Staub schleiften. Das ganze Gebäude war aus Holz, das Jahrzehnte Zeit gehabt hatte, um zu morschen. Was hatte sie vor? »Da laufen sie doch weg«, sagte er, als der Stall offen war und die Sonne die Dunkelheit und die Gesichter Tausender Hennen ausleuchtete. Die Hennen erschraken über die Helligkeit und wichen zurück. Er sagte:

»Ziemlich viel Staub hier drin, aber ...« Annabelle watete zwischen den Hennen hindurch auf das andere Ende des Stalls zu.

»Ach du lieber Himmel.« Jetzt verstand er. »Hast du das von Anfang an vorgehabt?«

Sie war am dunklen Ende des Stalls angelangt, hob die Arme, schrie: »Raus mit euch!«, über die Köpfe von vierzigtausend Hennen hinweg.

DIESES FELD. Einst Brache, jetzt Blüte. Hohe Gräser, Klee. Dahinter Wald.

Früher hatten sie nie ins Freie gedurft. Niemand hatte sie je herausgebeten, damit sie mal den Himmel betrachten konnten, und von ihren Käfigen hatten sie ihn nicht sehen können. Nie hatten sie Platz gehabt, freien Raum um sich gespürt, nie Erde oder Gras unter den Füßen. Die Hennen standen in dem überfüllten Stall und schauten hinaus, neigten und drehten die Köpfe. Der Himmel leuchtete – bestimmt war er voller Räuber. Aber auf dem Boden könnte sich Essbares finden. Mit dem linken Auge – dem, das sie zur Fernsicht benutzen – sahen sie hinter der grasigen Fläche dicht an dicht Bäume stehen. Die Luft war in einer ihnen ganz unbekannten Weise feucht und klar. Blütenstaub trieb darin. So ist es nämlich: Wenn sie die Luft haben, die sie brauchen – kühl, insektensummend, ruhig –, werden sie bald auch alles andere lieben. Man muss ihnen nur Zeit lassen. Zeit, sich zu gewöhnen, sich anzupassen.

In einem Schleiertanz wirbelnder Stäubchen trafen Sonnenglast und Stalldunkel aufeinander.

Die Reisenden, Nachfahrinnen einstiger Waldbewohner, zögerten. Die weißen Leghorn-Hühner sind eine hibbelige Rasse. Ja, Bwwaauk war cool und wie selbstverständlich aus Platons Höhle spaziert, aber den Hennen hier fehlte die Wanderlust, der unbekümmerte Abenteuersinn dieser einen kauzigen Kollegin. Diese Hennen hatten Angst.

Nein, danke. Wir bleiben drinnen. Hier ist es gut.

Aber plötzlich entschied jemand für sie, wie immer in ihrem Leben. Ein scheußlicher Lärm brach aus, und die Hennen an der Tür wurden von den Hennen dahinter ins Freie geschoben.

AUF DER POLIZEIWACHE saß Janey mit Handschellen auf dem Boden. Es dauerte noch ein paar Stunden, bis sie sich in Zee verliebte, der sieben Jahre später in ihr Jugendzimmer kam, drei Monate bei ihr blieb und mit ihr zusammen herauskam – blinzelnd traten sie hinaus, wie aus einem dunklen Stall ins helle Licht. Zee, mit dem sie es noch einmal probieren wollte. Wer konnte mehr verlangen.

Doch vor allen diesen Ereignissen, als sie noch gefesselt auf dem Boden der Polizeiwache saß, hatte Janey eine ganz sonderbare Empfindung, aber was war das? Neunzig Meilen entfernt hob Annabelle die Arme, und irgendwie spürte Janey den Widerstand der Scheunentür, sie spürte frische Luft eindringen, spürte die erschreckende Helligkeit, spürte, wie die Welt aus Stahl und Draht und Glühbirnen und Förderbändern und Futterflocken in sich zusammenfiel. Die Illusion des Stalls zerstob in Lichtpartikel.

Janey. Mit ihrer Vision von Hennen, die den Stall verlassen, hatte es angefangen, aber es war Annabelle, die sich vorstellte, wie sie eintreffen, die es sich in langen Nächten auf ihrem Hausboot erträumt und sich das Drehbuch dafür ausgedacht hatte, aber wie es Wirklichkeit werden sollte, das wusste sie nicht.

Auf dem Polizeiboden sitzend, spürte Janey den Präriewind und die Sonne im Gesicht, und sie kam nie dahinter, was diese Empfindung bedeutete. Nur drei Menschen wussten, was aus diesen vierzigtausend Hennen wurde, und die sagten es niemandem.

DILL HATTE SICH UNGEZÄHLTE STUNDEN ungeschnittenes Videomaterial über Farmmitarbeiter angesehen, die Hennen vor der Ausstallung vom einen Ende eines käfigfreien Stalls zum anderen scheuchten. Er hatte dabei immer an apokalyptische Horrorfilme denken müssen – Tausende, die in gellendem, kreischendem Gedränge panisch übereinander taumeln –, und die Wirklichkeit unterschied sich in nichts davon. Aber mittendrin zu sein, am eigenen Leib eine Flut von Hennen an der Schwelle einer Hennenpanik zu erleben, das war schon ein Schock. Nicht wenige würden umgerannt und verletzt, einige sicher totgetrampelt werden. Aber es gab keine andere Möglichkeit, um sie aus dem Stall zu bekommen, daher hob auch er die Arme und schrie gemeinsam mit Annabelle, und die Hennen umflossen seine Füße wie wogendes Wasser. Er und Annabelle folgten ihnen, als sie den Stall verließen und kreischend in die Wiese hineinliefen.

Sich durchs Gras manövrierend, strebten sie auf die Deckung der Bäume zu, das Waldschutzgebiet, das gleich hinter der Wiese begann. Dill umrundete den Stall auf der Suche nach Annabelle, die verschwunden war, hielt aber inne, als er eine Reihe von Polizeifahrzeugen erblickte, die sich den Hügel heraufschlängelten. Noch waren sie weit weg, Punkte in der Ferne, Blinklichter. Dill kehrte in den Stall zurück, um die letzten noch anwesenden Hennen ins Freie zu scheuchen.

»HÜGELAUFWÄRTS SIND WIR AUFS GAS GESTIEGEN. Oben sah ich zwei von diesen aberwitzigen Lkws stehen. Bis dahin hätte ich mir im Leben nicht vorstellen können, dass wir auf dem richtigen Weg waren. Eine Stunde lang waren wir mehr oder weniger im Kreis gefahren. Brad, der im vordersten Auto saß, hatte angeblich die Koordinaten, aber ich hatte meine Zweifel, bis wir die Lkws sahen, zwei waren es, genau gleich wie die anderen, eingestaubt in der Sonne, keine Ahnung, wie viele es insgesamt waren. Viele.

Ich sagte mir, Hey, ich hatte schon schlimmere Einsätze, vielleicht nicht so bescheuerte, aber es hätte wirklich ärger sein können. Es war nicht annähernd so schlimm wie zum Beispiel einen Drogensüchtigen wegzusperren oder ein prügelndes Ehepaar zu trennen. Geht schon manchmal wüst zu in der Welt.

Ich weiß, was Sie denken, aber nein, ich musste nie wen erschießen. Mich werden Sie nicht in der Zeitung finden.

Wir fuhren also auf die Lkws zu. Eilig hatten wir's nicht. Die konnten nirgends mehr hin. Am Horizont war der Wald, der an die kontaminierte Zone angrenzt. Wir fuhren vor, mit drei Fahrzeugen. Das Martinshorn sparten wir uns, aber das Blaulicht rotierte einsam vor sich hin. Ich machte meine Tür auf. Die Lkws waren leer. Irgendwo hörte ich es gackern, aber es war kein Huhn zu sehen. Nach dem, was wir am Vormittag erlebt hatten, weiß ich nicht, was ich da hörte.

Im Vorbeigehen fuhr ich mit dem Schlüssel am Seitenblech des Lkws entlang, *klack, klack, klack.*

›Wissen wir, wie viele da drin sind?‹, fragte ich.

Brad zuckte die Achseln. ›Könnten Tausende sein.‹

›Nicht Hühner. Heilige Scheiße‹, sagte ich.

Wir versammelten uns vor den Lkws. Fred holte ein Megafon raus und stellte sich breitbeinig hin. ›Okay‹, schrie er. ›Wer hat ein Omelett bestellt?‹ Er ließ das Megafon sinken und kringelte sich vor Lachen. So ging das eine Weile. In der Ferne hörten wir es wieder gackern, dann kamen ein paar Hühner um die Ecke spaziert, mit wippenden Köpfen. Und ich dachte wieder, was ich schon den ganzen Morgen gedacht hatte: Was für eine Nerverei.

Wissen Sie, ich war nie in der kontaminierten Zone. Sie? Als ich in der Grundschule war, fuhr die nächsthöhere Klasse einmal mit dem Bus durch. Ohne anzuhalten. Trotzdem haben ein paar Eltern protestiert, und sie machten es nie wieder. Wäre das Gebiet leichter zugänglich, hätten sich sicher mehr von uns hingetraut und geschaut, ob wir in Werwölfe verwandelt werden oder so. Und als wir dann selber fahren konnten, hatten wir nur noch Mädchen im Kopf, und ich hatte zusätzlich einen Stiefvater, mit dem es dauernd Krach gab. Sogar mit dem Auto waren es anderthalb Stunden.

Ich weiß nicht, was ich erwartet hatte – eine verbrannte Landschaft wie in den Filmen von Napalm-Vietnam? Mein Vater war Tierarzt. Aber es sah nach nichts aus. Bäume und Gras sahen auf der einen Seite des Zauns genauso fad aus wie auf der anderen. Angeblich ist das Gift unsichtbar im Boden und in der Luft. Das Zeug eine Zeitlang einzuatmen macht wohl nix, es wächst einem kein zusätzlicher Arm oder so, aber anfassen soll man lieber nichts. Mir war schon eine Stunde zu viel. ›Mann, ist das unheimlich hier‹, sagte ich. ›Komm weiter, Fred.‹

Dann sagte Brad: ›Halt, da ist eine auf dem Dach‹, und ich dachte, er meint eine Henne, aber ich blinzelte hinauf und sah, dass es eine Frau war, die mit den Händen an den Hüften und wehendem Kleid dastand wie eine Superheldin. Als hätte sie den Plan zu verhindern, dass wir ihre Hühner mitnehmen. Ich wollte sagen: Lady, wir werden uns sicher nicht duellieren, wer von uns die Hühner kriegt. Ich habe Kinder zu Hause. Die Hühner überlasse ich gern Ihnen.

Hey, ja, ich nehme noch eins. Danke.

Diese Tierextremisten, ich sag's Ihnen, die sind ein Kaliber. Haben Sie mal die Videos gesehen, die sie auf YouTube stellen? Sieht wirklich grausig aus, wie sie mit Brechstangen und Kettensägen und Macheten durch die Dunkelheit rennen. Vermummt natürlich. Sie klettern über Zäune und treten Türen ein und zertrümmern Maschinen. Das alles, und am Ende greifen sie in einen Käfig, an dem sie brutal das Schloss aufgesprengt haben, und ziehen einen kleinen Hasen raus oder einen Welpen und halten ihn auf dem Arm, streicheln ihn mit einem dicken schwarzen Handschuh zwischen den Ohren, drücken ihm durch die Sturmhaube einen Kuss auf den Kopf. Die sind doch verrückt, oder? Unzurechnungsfähig. Kann mir keine andere Erklärung denken.

Also ich hatte schlimmere Einsätze – man hat mit Leichen zu tun, mit Kindern, denen der Dad das Schlüsselbein gebrochen hat. Gehört alles zum Job. Da, wo ich stand, schien mir die Sonne ins Gesicht, und ich konnte nicht so gut sehen, aber dass sie runterkrachte, das hab ich schon gesehen.«

IN DIESER GANZEN NACHT wurde nur ein einziger Mensch verletzt, und genau genommen wurde er – sie – nicht in der Nacht verletzt, sondern erst am nächsten Tag, als alle Lkws gefunden und überall in Iowa, in einigen Fällen sogar jenseits der Staatsgrenzen, Ermittler verhaftet und mit Handschellen versehen waren und die Hennen im Einklang mit Gottes Plan auf dem Kirchenparkplatz den Hitzetod starben und Rob jun. sich mit der einen Hand den Kopf und mit der anderen das Telefon ans Ohr hielt und schrie, während er draußen vor der winzigen Polizeiwache von Al, Iowa, auf und ab tigerte und nur kurz innehielt, wenn ihm jemand auf die Schulter tippte, dabei aber durchgehend diese grimmige Annabelle-Miene beibehielt, bei der er zeit seines Erwachsenenlebens gewusst hatte, dass er, was immer er jeweils tat, augenblicklich einstellen musste.

Unterdessen war Jonathan Jarman jun. auf dem Highway und fuhr, eine Stundenmeile unterhalb des Tempolimits (sie waren schließlich alle Profis), zurück zu Joy und den zwei kleinen Mädchen.

Und Dill scheuchte die letzten paar Hühner aus dem Stall, bugsierte sie mit Händen und Füßen hinaus, und die paar, die sich in den Ecken versteckten, sammelte er ein, ließ sie von seinen Armen hinausflattern und sah ihnen nach, wie sie sich über das Feld in Richtung Wald davonmachten, unbeirrt wie Babyschildkröten, wenn sie, kaum geschlüpft, zum Wasser streben. Er achtete nicht darauf, wo Annabelle war, denn er wusste, was sein Job war, und er machte ihn gut.

Zee war, wie die anderen, die mit ihm im Lkw saßen, gestoppt und festgenommen worden. Ein Stoß beförderte ihn ins Innere der Polizeistation, wo er mit hundert weiteren seiner Art (die vier Arrestzellen waren zum Bersten gefüllt) entlang der Wand sitzen musste. Dort fand er sich neben jenem Mädchen wieder, der schönsten Frau, die er je gesehen hatte. Er dachte: Mein Gott, mein Ellenbogen berührt die Frau, mit der ich den Rest meines Lebens verbringen werde, auch wenn ich erst den Knast absitzen muss, bevor ich sie herumkriegen kann.

Er atmete langsam aus. Bitte lass es mich richtig machen, betete er. Er drehte den Kopf zu ihr und lächelte, gewinnend, wie er hoffte. »Verdammte Annabelle«, sagte er. »Das war jedenfalls ihre bisher schlechteste Idee.«

Das schöne Mädchen sah ihn finster an.

ÜBERRASCHENDERWEISE ging kein einziger Ermittler ins Gefängnis, nur die Betriebsprüferinnen. Das lag zum Teil am Team der Verteidiger, die den Ermittlern kostenlos von der Tierschutzorganisation Humane Society of the United States gestellt worden waren, und zum Teil daran, dass die Familie Green kein Interesse hatte, die einzige Tochter im Knast zu sehen – es gab nur, soweit der Blick reichte, haufenweise Vettern und Onkel, aber keinen weiblichen Nachwuchs mit Ausnahme von Annabelle (und natürlich dem jüngsten Zuwachs, Robbies Vögelchen) – zumal Annabelle im Koma lag und vielleicht nie wieder aufwachte. Aber *irgendjemanden* mussten sie anzeigen. Sie brauchten das Geld von der Versicherung. Es gab Kreditraten, Vertragszahlungen, Angestelltengehälter, die fällig wurden.

Robbies unfähiger Vetter Jack übernahm das Kommando. Spätabends, nach Annabelles Sturz durchs morsche Dach, versammelte er die schockstarre Familie im Krankenhauscafé und heckte einen Plan aus, der sich als brauchbar erwies. Auf sein Betreiben hin lehnte die Familie es ab, gegen die Ermittler Anzeige zu erstatten, und behauptete *post festum*, die Evakuierung sei eine »erbrachte Dienstleistung« und tatsächlich ihre ganz eigene Happy Green Family Farm-Idee gewesen. Die Landwirtschaft im Allgemeinen habe sich bis zur Unkenntlichkeit verändert und ihre einstige Attraktivität völlig eingebüßt, und die Eierproduktion im Besonderen sei nur mit der fünffachen Belegung noch rentabel – eine Kleinfarm wie diese sei einfach nicht mehr wettbewerbsfähig –, und seitdem Farmer Green senior nicht länger in der Lage sei, den Betrieb zu leiten, habe man sich entschlossen, die Farm aufzugeben. Sie hätten die Ermittler *gebeten*, die Ställe zu leeren und die Hennen auf diverse Tierasyle und Gnadenhöfe zu verteilen. Nur ein einziger Ermittler habe sich ihren Wünschen widersetzt und den ältesten Stall abgefackelt. Somit liege der Straftatbestand der Brandstiftung vor, ein klarer Verstoß gegen staatliches Gesetz. Dill, den sie seit jeher hassten, weil sie ihn für Annabelles Radikalisierung verantwortlich machten, sei der Täter, behaupteten sie und erhoben Klage gegen ihn. Klage erhob die Happy Green Family Farm außerdem gegen die Polizei von Al, Iowa, mit rund einem Dutzend Beschuldigungen, von Körperverletzung bis hin zu unrechtmäßiger Vernichtung von neunhunderttausend Stück Betriebsvermögen. Tatsächlich erhielten sie am Ende eine nicht unerhebliche Abfindung für Gottes hitzetote Vögel, nicht zuletzt dank einem Video, das Jack aus Aufnahmen von den Hunderttausenden toten Hühnern, die sich auf dem Asphalt der Kirche stapelten, zusammengeschnitten hatte. Der Staatsanwalt zerbrach sich den Kopf nach Anklagepunkten, die sich gegen die Ermittler vorbringen ließen, aber wartete am Ende nur mit windigen Verstößen auf, wie Widerstand gegen die Staatsgewalt, Führen eines Lastkraftwagens ohne entsprechende Fahrerlaubnis, widerrechtliches Abladen von Unrat. Die meisten kamen mit Bewährung, gemeinnütziger Arbeit und Bußgeld davon. Danach konnte man monatelang Gruppen gegenwärtiger und früherer Ermittler und Gnadenhofmitarbeiter am Straßenrand Müll einsammeln und in graue Plastiksäcke stecken oder auf Händen und Knien öffentliche Grünstreifen jäten oder Markierungsstriche auf den Gerichtsparkplatz malen sehen. Nur Dill wurde wegen Brandstiftung belangt, deretwegen er neunundzwanzig Tage in Untersuchungshaft saß und auf seine Verhandlung wartete. Wegen nicht übereinstimmender Fingerabdrücke auf den Benzinkanistern und den Geräten im Schuppen, wegen seines langen öffentlichen Engagements als Pazifist und Tierschützer, wegen der zahlreichen Zeugenaussagen zu seinen Gunsten und seines herausragenden Verteidigers stellte das Gericht das Verfahren gegen ihn ein. Zum Glück für die Happy Green Family verlangte die Versicherung nur eine Anklage und keine Verurteilung, bevor sie zahlte.

Cleveland und Janey erging es weniger gut. Ihr Arbeitgeber konfiszierte Clevelands Dienst-BlackBerry, fand die Fotos und Videos der vergangenen Monate und erhob Klage in allen Punkten, die ihm einfielen – Verstoß gegen die Landwirtschaftsgesetze von Iowa, Einbruch und illegales Betreten von Firmengelände, Diebstahl, Vorspiegelung falscher Tatsachen. Janey wurde zu fünf Jahren Haft verurteilt und kam nach zwei Jahren frei, Cleveland zu zehn Jahren und wurde nach viereinhalb entlassen.

WAS WURDE DENN NOCH ALLES VON IHM ERWARTET? Das hätte er sehr gern gewusst.

Mit Anzug und Krawatte war er im Gericht erschienen. Mit Anzug und Krawatte erschien er jeden Sonntag im Gefängnis und überließ den Samstag dem Punk. Mit Anzug und Krawatte holte er sie – darauf bestand er – zum Hafturlaub ab. Es brauchte jede Menge Anzüge und Krawatten in dieser ganzen Zeit. Im Anzug erschien er zum Treffen mit der Familie des Punks, in einem brandneuen Anzug kam er zur Hochzeit, und einen Anzug trug er auf der Bank, als er für ihr Darlehen bürgte. Im Anzug kam er ins Krankenhaus, als sie das Kind zur Welt brachte, und im Anzug kam er zur Beerdigung. Er hatte das alles getan, er war ein Vater gewesen, aber die Anerkennung dafür blieb aus.

Jetzt, nach allem, was gewesen war, waren sie wieder dort, wo sie angefangen hatten, sie in ihrem Zimmer verbarrikadiert wie eine Fünfzehnjährige. Und sie weigerte sich, das Essen anzunehmen, das er ihr vor die Tür stellte. Nicht mal die Lieblingsgerichte von einst.

Okay, er hätte ihr kein Huhn hinstellen sollen. Das war wirklich seine Schuld. Er hatte es in dem Behälter, in dem er es geholt hatte, vor ihre Tür gestellt, daneben eine Cola light – früher war sie versessen darauf gewesen –, angeklopft und sich durch den Flur entfernt. Vom Sofa aus konnte er, wenn er sich zurücklehnte, die Schachtel und die Flasche auf dem Boden erkennen. Er sah, wie die Tür einen Spalt aufging und die Sachen verschwanden. Etwa eine Minute später wurde die Tür aufgerissen, und die Schachtel flog heraus und knallte an die Wand.

Himmelherrgottnochmal! Woher sollte er denn wissen, was sie aß? Und warum musste sie das Essen *an die Wand werfen*?

Musste er jeden verdammten Mist aufräumen, den ihre Mutter hinterlassen hatte? Er hatte *nie* Vater sein wollen. *Sie* war zu *ihm* gekommen und hatte ihm dann *keine Minute Frieden* gelassen.

»Du musst essen!«, schrie er. Keine Antwort. Er rief Cleveland an und hinterließ eine Nachricht. »Sie *verweigert das Essen*, falls es dich interessiert!« Er stürmte den Flur entlang, blieb vor ihrem Zimmer stehen. »Ich hab die Schnauze voll von dir, junge Dame. Du kommst jetzt hier raus und wischst das auf!«

»Fahr zur Hölle!«, schrie sie zurück.

Er war so wütend, dass er das Huhn zertrampelte.

Er fluchte den ganzen Weg zum Supermarkt. Er kaufte Kartoffelchips, Brezen und plastikverschweißte Minikarotten. Er fluchte den ganzen Weg zurück. Er umrundete vorsichtig das zertrampelte Huhn, stellte ihr die Einkaufstüte vor die Tür. Er stellte einen Krug Wasser daneben, damit diese Irre nicht draufging. Er klopfte. Keine Reaktion. »Willst du dir nicht anschauen, was ich dir gebracht habe?«

»Geh weg!«, schrie sie.

»Gelbe Rüben!«, brüllte er. Er stampfte davon durch den Flur und schmiss sich aufs Sofa. Als er sich zurücklehnte, waren Tüte und Krug weg. Kurze Zeit später ging er mit Mülltüte und Lappen hinüber und beseitigte die Sauerei.

Ein paar Tage später stand ihr Gatte vor der Tür, und er wähnte sich gerettet, doch leider schloss sich dieser punkhaarige Nichtsnutz mit ihr zusammen ein und kam nur raus, um zu pinkeln und minutenlang mit schlenkernden Armen im Flur zu stehen.

Jetzt musste er beide füttern. Cleveland sagte, Taco Bell, was schlappe vierzehn Meilen entfernt war, aber gut. Das kriegte er hin.

»ICH SAGE ES, JANEY.«

Janey hatte die Hände vor dem Gesicht.

»Es sind jetzt drei Monate.«

»Nicht«, sagte Janey.

Weder Zees trübseliges Herumschleichen noch das Geschrei ihres Vaters trieb sie aus ihrem Schlafzimmer, sondern Cleveland mit ihrer ungeduldigen Sprache der Vernunft. »Ich sage es. Du kriegst wieder eins.« Cleveland zog Janey die Hände vom Gesicht. »Das Herz lebt weiter, ob du es willst oder nicht.«

Von ihrer Mutter kannte Janey diesen Spruch nicht, aber sie wusste aus harter Erfahrung, dass er stimmte. Daher weinte sie vor Wut und Kummer, aber sie kam endlich aus ihrem Zimmer. Und Cleveland hatte Recht. Das Baby nannten sie Olive.

Olive hatte nicht wenige Leute, die sich berufen fühlten, sie zu erziehen – eine Handvoll ehemaliger Ermittler, ihre *tías*: Zees sechs Schwestern, deren Familien und Janeys griesgrämiger Vater.

Aber Cleveland übernahm Olive jeden Mittwochnachmittag, spielte erst mit ihr auf dem Boden und holte sie später von der Schule ab. Tapfer unternahm sie mit ihr alles, worauf Olive Lust hatte, selbst das, was Cleveland missfiel. Sie bestimmten Insekten auf Getreidefeldern, spielten Schach im Obdachlosenheim, machten Straßenmusik mit Geige (die Einnahmen gingen an Tierschutzorganisationen). Sie brachte Olive dazu, ein Pappmaché-Modell des Sonnensystems zu bauen, und gemeinsam verwandelten sie die Garage in ein Universum voller Sternbilder und Kometen.

»Hab ich dir je erzählt, dass deine Großmutter und ich eine Band hatten?«, sagte Cleveland dann. »Ich habe Triangel gespielt ...« Janey hörte von ihrem Arbeitszimmer aus zu.

»Steh gerade, Olive«, hörte Janey sie sagen. »Wir machen keine Revolution, wenn wir in den Seilen hängen.«

Janey hatte nicht das Leben der New Yorkerin geführt. Sie hatte entschieden, nach Iowa zu fahren, hatte entschieden zu bleiben, hatte entschieden, Cleveland in die Ställe zu begleiten, nach der Haft mit Zee zusammenzukommen, das dunkle Schlafzimmer zu verlassen und ins Licht zu treten, immer wieder aufzustehen. Sie hatte ihr Leben in die Hand genommen. Es gab tatsächlich etwas Besseres als das Leben, das sie verloren hatte. Es war das Leben, in dem *sie* entschied.

ABER ES WAR DARUM NICHT ALLES GUT, das gibt es ja nicht. Eines Tages, als ihr Vater alt war, reisten sie und Zee mit ihm nach Florida. Olive war zu der Zeit schon am College, und bei ihm war die Demenz ziemlich fortgeschritten, schlimmer als vor zwei Monaten, als Janey die Reise gebucht hatte. Wäre es nach ihrer Vorstellung gegangen, hätte er am Strand in der Sonne gesessen, sich von Wellen umspielen lassen und wäre empört ausgewichen, wenn Janey aus dem Wasser gerannt gekommen wäre und ihn lachend bespritzt hätte. Tatsächlich aber löste jede unvertraute Wahrnehmung Unbehagen und Angst bei ihm aus. Was immer man ihm sagte, hatte er fünf Minuten später wieder vergessen. Außer zum Essen kam er nicht aus seinem Zimmer.

Am letzten Tag ihrer Reise, als sie am Flughafen saßen und warteten, war Janeys hünenhafter Vater starr vor Angst und wusste nicht, wo er war und mit wem und wie er wieder nach Hause käme, und Janey war derart erschüttert, dass sie ihn nicht ansehen konnte. Es war Zee, der sich um ihn kümmerte, wie immer. Er saß neben ihm und sagte immer wieder, leise, nahe seinem Ohr: »Wir machen Urlaub in Florida. Deine Tochter ist bei uns. Jetzt warten wir auf das Flugzeug und fliegen nach Hause. Schau, dort auf dem Bildschirm, da steht alles, Flug Nummer 632, siehst du? Um elf fünfzehn ist Abflug. Vierzig Minuten sind wir in der Luft«, und die verhangenen Augen des Vaters starrten unverwandt auf den Bildschirm. Immer wenn seine Lippen sich bewegten und Laute entwichen, beruhigte ihn Zee mit seinem Mantra. »Wir haben miteinander Urlaub gemacht. Es war eine wunderschöne Zeit. Deine Tochter ist hier. Schau, dort auf dem Bildschirm siehst du die Fluginformation. Flug Nummer 632 ist es ...« Janey biss sich auf die Lippen, denn entgegen ihrer düsteren Prophezeiung in der ersten Nacht in der Wohnung ihres Vaters hatte sie ihn doch noch lieben gelernt.

AUS DEN AUFZEICHNUNGEN VON BONNIE K., Rangerin bei der Staatlichen Forstverwaltung Iowa

Manche sind gestorben. Wenn man im Wald unterwegs war, fand man immer wieder weiße Federn auf dem Boden, wie aus aufgeschlitzten Kissen. Ein Häufchen unter einem Baum, ein Büschel im Gebüsch. Weil sie auf- und übereinander geklettert waren, so dass sie zwangsläufig erstickten. Aber dann sah ich eine ganze Gruppe einen Pfad entlangspazieren und an Baumwurzeln picken, und eine andere Gruppe, gut ein Dutzend, scharrte unter einem Baum und schmiss mit Erde um sich. Ich war, offen gestanden, überrascht, dass so viele noch lebten.

Andererseits werden die kleinen Ladys unterschätzt. Diese Hennen haben derart viele Zuchtgenerationen durchlaufen – eine Art Turboevolution –, dass sie genetisch eigenartige und leistungsstarke Tiere geworden sind; es liegt ihnen sozusagen im Blut, alle möglichen Härten zu ertragen. Ich habe alles gelesen, was im Internet steht. Sie müssen ja in der Lage sein, stehend in diesen furchtbaren Käfigen auszuharren, Monat um Monat, und stinkende Luft voller Federstaub einzuatmen. Sie müssen in der Lage sein, chemische Angriffe in Form von massiven Impfdosen auszuhalten, Reizüberflutung und Reizentzug, qualvolle Enge, die aggressiven Schnäbel ihrer Zellengenossinnen. Sie müssen resistent gegen Krankheiten sein. Sie müssen Gewalt, Lärm, Panik ertragen, ohne dass vor lauter Stress ihr Herz schlappmacht (was offenbar doch ziemlich oft passiert). Diese Vögel sind praktisch radioaktiv, wenn man so sagen kann. Supervögel eigentlich.

Also ja, ich wusste, dass sie da sind. Ich habe sie vom Fenster aus gesehen, lebendige und tote. Aber ich habe keinen Finger gerührt. Niemandem gesagt, dass sie da sind. Ich habe sie ignoriert. Gelogen.

Ich dachte mir, einerseits haben sie überhaupt keine Übung darin, Nahrung zu finden. Das spricht gegen sie. Andererseits sind sie so gezüchtet, dass sie während der Wochen der Mauser fasten, praktisch Nulldiät machen. Könnten sie riechen, fänden sie den Fluss, der sich hier in der Nähe vorbeischlängelt, rauschendes Wasser und Ufer voller Kleingetier.

Vor allen Dingen aber sind sie völlig ungeübt darin, vor Räubern zu fliehen. Hühner sind länglich-runde Gebilde aus Federn und Fleisch, und im Vergleich zu den meisten Vögeln scheinen sie wie mit Wasser vollgesogen. Sie können kaum klettern oder kämpfen und nur ein, zwei Meter weit fliegen, einschlägige Versuche sind eher ein windmühlenhaftes Flügelrotieren auf dem Boden. Am besten können sie laufen oder nutzlos flattern. Zu ihren Gunsten wiederum wirkt sich aus, dass dieser Wald völlig überjagt ist, weil eine Armee von Killern durchmarschiert ist und jedes warm- oder kaltblütige Wesen auf ihrem Weg umgelegt hat, so dass die Bäume bis auf ein paar Eichhörnchen und vereinzelte Schwalben schon seit Jahrzehnten leer sind. Keine Tiere mehr. Aber man kann sich nur wundern, wie schnell Instinkte sich zurückmelden. Innerhalb von Tagen schafften sie es schon in die Bäume hinauf, mit unbeholfenen kurzen Flügen zwar, aber immerhin. Sie schliefen im Geäst.

Ja, ich würde sagen, es war knapp; knapper, als man auf den ersten Blick gedacht hätte. Ich war gespannt, wie es sich weiter entwickeln würde.

Was gegen sie spricht, ist der Mensch. Gegen uns hat kein Tier eine Chance. Wir bringen alles um, was lebt, wo immer wir es finden, was immer es ist, und wir haben jede Menge Argumente dafür.

Gegen sie spricht außerdem, dass jeder Ranger, der hier durchkommt, ganz zu schweigen vom friedlichen Bürger auf Waldspaziergang zwangsläufig die Zehntausenden Hühner bemerken muss. Zwar sind Menschen eine verdammt unaufmerksame, schieläugige Truppe, aber derart viele Hennen entgehen niemandem.

Auf ihrer Seite steht der schöne Zufall, dass dieser Staatswald direkt an ein zehntausend Hektar großes Gebiet angrenzt, das vor dreißig Jahren wegen eines Giftmüllvorfalls für unbewohnbar erklärt und für die nächsten tausend Jahre abgeriegelt wurde. Und obwohl dieses Stück Wald angeblich nicht betroffen war (ob das stimmt oder nicht, sei dahingestellt), wollte es niemand haben oder auch nur in die Nähe kommen, weshalb es zum staatlichen Schutzgebiet erklärt wurde und ich hier gelandet bin. Mit grimmigem Fatalismus habe ich einsehen müssen, dass meine Dienstvorgesetzten mich verachten. Dass man hier einen Besucher zu Gesicht bekommt, ist äußerst selten.

Übrigens könnte die angebliche Nichtkontaminierung der Grund für meine Lethargie, die Kopfschmerzen, überhaupt meine Desorientiertheit sein. Tatsächlich glaubte ich an eine Halluzination, als ich die Hennen zum ersten Mal sah.

Und übrigens: Wenn sie den Dreh erst mal raushaben, sind sie exzellente Kletterer. Ich habe ein paar beobachtet, die im unteren Bereich der Bäume herumgeturnt sind, sich zwischen Blättern und Gezweig hindurchgefädelt und mit einem Purzelbaum hinauskatapultiert haben. Bravo, kann ich da nur sagen.

Gegen sie spricht der Winter.

Für sie: Erst mal war Frühling.

Gegen sie: Erst mal war Frühling, und wenn es eine Zeit gibt, in der die Menschen auf die Giftmüllverseuchung und deren Folgen wie Krebs und potentielle Missbildungen Ungeborener pfeifen, dann ist es diese: wenn sie wieder rausgelassen werden.

Für die Hennen spricht die lokale Wirtschaft – und die Folgen ihres Rückbaus. Es war das Jahr, in dem der Staat bankrottging. Der Senat wurde gewählt, damit er Subventionen, Renten, Bibliotheksöffnungszeiten und – besonders bedeutsam für die Hennen – die finanzielle Ausstattung der Staatswälder kürzte. Das hieß, es wurden sämtliche State Parks auf unbestimmte Zeit geschlossen. Menschen, die es nach Wochenendvergnügungen verlangte, kamen in diesem Frühjahr nicht. Keine Naturführungen durch Ranger, kein Erdnusskrokant im Besucherzentrum, keine PowerPoint-Präsentationen von Gesteinen. Wobei es das bei uns sowieso kaum gab, wegen der Kontaminierung.

Gegen sie sprach, dass der Staat trotz der Parkschließung immer noch einzelne Ranger als Aufseher beschäftigte, die aber nur mit der allernötigsten Instandhaltung betraut waren – nicht, um die Wege von Gestrüpp freizuhalten und die Natur daran zu hindern, dass sie sich zurückholt, was ihr zusteht, denn dafür hätte es ein ganzes Team gebraucht. Es sollte nur von Zeit zu Zeit eine Begehung, vielmehr Befahrung stattfinden, um sicherzustellen, dass sich keine Vandalen – oder Hühner – im Wald breitmachen. Der eingesetzte Ranger hätte Zehntausende Hühner entdecken müssen, aber zu ihrem Glück bin zufällig ich diejenige, die für dieses Stück Wald zuständig ist, und ich war mittlerweile im allerhöchsten Grad pflichtvergessen geworden – und zwar in meiner Eigenschaft als co-abhängige Mediatorin zwischen Mensch und Natur. Es ging mir alles am Arsch vorbei. Als Jugendliche und junge Erwachsene hatte ich unbedingt Oberrangerin werden wollen, und dann wurde ich, erstens, in einem kontaminierten Wald ohne Tiere stationiert, was nur ein grausamer Scherz sein konnte, und zweitens wurde der Etat für den Wald innerhalb eines Jahres auf ein Minimum zusammengekürzt. Die paar anderen unerschrockenen Ranger und Ehrenamtlichen schmissen sehr schnell das Handtuch, und so blieb ich allein.

Für die Hennen sprach also, dass ich nicht, wie von mir erwartet wurde, jeden Nachmittag mein amöbenförmiges Waldstück abfuhr, das zur Abpufferung der kontaminierten Zone abgetrennt worden war. Stattdessen saß ich im Ranger-Wohnwagen und sah grauenhaft viel fern. Ich arbeitete mich durch jede Folge jeder Serie, von der ich jemals gehört hatte.

Fernsehen war früher undenkbar gewesen. Als Kind einer Bibliothekarin und eines Geschichtslehrers an der Highschool – so verehrungswürdige und vom Aussterben bedrohte Berufe wie meiner – war ich in Sachen Medienkonsum auf strenge Diät gesetzt worden. Ich hatte jedes mediale Event verpasst, das heutzutage für eine gesunde Sozialisierung erforderlich ist, und aus Loyalität hielt ich auch als junge Erwachsene noch daran fest. Aber in letzter Zeit, genauer: in den Wochen, bevor die Hühner auftauchten, war mir klar geworden, dass mich diese State

Park-Ärsche am Arsch lecken konnten. Ich war entschlossen, alles Versäumte nachzuholen.

Erst sah ich fern aus Einsamkeit und Langeweile. Nach und nach aber befreundete ich mich mit meinem kleinen leuchtenden Bullauge. Es war natürlich kein echter Fernseher, solcher Luxus ist für die staatlichen Ranger-Wohnwagen nicht vorgesehen. Aber es gab Internet, das sie mir hatten einrichten *müssen*, denn das Funknetz dort in der Wildnis ist lückenhaft, und ich musste meine Berichte online schicken. Daher hatte ich Zugang zu Hunderten und Tausenden Filmen und Serien. Über interplanetarische Kriege, über Heiratswillige, über das Leben als schwarzer Taxifahrer, über Leute, die von Klippen und in Autos springen, über Hunde, Zombies, Frankreich. Dann gab es Pornofilme, die mich etwa eine Woche lang in Bann schlugen, ehe ich einem ganz anderen Genre verfiel: Komiker, die sich bei peinlichem Sex nachstellen, Schulversager, die komisch sind in einer Welt ohne Verständnis für sie. Mir wurde klar, warum Leute von der Arbeit nach Hause rennen, um vor dem Fernseher zu sitzen, farbigen Widerschein auf dem Gesicht, während der Raum dunkel und wieder hell wird, nicht infolge der täglichen Erdrotation, sondern abhängig vom stündlichen Fernsehprogramm. Ich konnte hingegen den staatseigenen Laptop auf dem Schoß haben und aus einem halben Meter Entfernung fernsehen, statt durch den ganzen Raum schauen zu müssen, durch diese hoffnungslos öde »Realität« zwischen mir und dem Bildschirm. Der Raum löste sich auf, und es war fast, als wäre ich mittendrin im Geschehen.

Ja, ich musste täglich einen Bericht schicken, über den erloschenen Zustand des erloschenen Staatsparks. Ich verfasste meinen Bericht online, während auf der anderen Hälfte des Bildschirms ein Programm lief. Perfektes Arrangement, fand ich, denn keine Sendung – egal wie gut oder schlecht, wie sehr ich die Darsteller verabscheute oder mochte – beanspruchte mehr als 70 Prozent meiner Konzentration (und mal ehrlich, kann man nicht sogar über die leidenschaftlichsten Affären in der »Realität« genau dasselbe sagen?). Mit Bericht und Sendung waren an die 90 Prozent meiner Aufmerksamkeit versorgt, und nur noch 10 Prozent wehten allein im Wind, denkend oder rasend vor irrationaler Furcht oder Wut.

Wer sagt, dass das, was wir beim Fernsehen empfinden, nicht genauso real ist wie unser Empfinden beim *Nah*sehen, wenn wir die sogenannte Wirklichkeit ringsum betrachten? Wenn das Fernsehen dieselben Gefühle auslöst – Traurigkeit, Sehnsucht, Zorn – und die Gefühle außerdem echt sind und, das muss mal gesagt werden, weitaus weniger anstrengend, warum soll es dann nicht genauso viel wert sein? Ist es nicht so, dass Menschen und Versprechungen im »realen Leben« sang- und klangloser verschwinden als auf dem Bildschirm?

In dieser Verfassung war ich, als die Superhühner auftauchten.

Ab und zu blickte ich von meinem Laptop auf und sah, dass der Raum noch da war. Durch das verdreckte Wohnwagenfenster neben der Couch, auf der ich lag, sah ich Grün grüner werden, Licht schwinden, Nacht hereinbrechen, Tag zurückkehren. Ich wandte mich wieder dem Laptop zu.

Eines Tages aber warf ich einen Blick hinaus und sah einen Zug Hühner, alle aufgeplustert und pickend.

Was zum Teufel ist das?, dachte ich. Hühner?

Mein Blick kehrte zum Bildschirm zurück. Ich dachte nichts.

Ein paar Stunden später schaute ich wieder aus dem Fenster, und es waren mehr geworden. *Hunderte.*

Ich suchte im Netz nach einer Meldung, während ich etwas mit weiblichen Vampiren sah – die Serie hatte eine so unglaubliche Zahl von Folgen, dass ich für Monate versorgt war –, und wurde tatsächlich fündig: Ich fand einen Artikel über eine Farm, deren gesamter Legehennenbestand von Radikalen geklaut worden war. Ob jemand ahnte, dass einige von ihnen hier ausgesetzt worden waren?

Warum schaute niemand nach?

Ah, ich weiß schon. Weil ich behauptet hatte, die Hennen seien tot! Herkommen will niemand, solange er nicht muss. Der Verband der Ranger mailte und fragte an, ob ich *irgendwelche weißen Leghorn-Hühner entdeckt* hätte. Ich schaute durchs Wohnwagenfenster zu den Hennen hinaus, die sich um den gekochten

Naturreis scharten, den ich ihnen hingestellt hatte. *Ja, ein paar*, schrieb ich zurück. *Innerhalb eines Tages waren alle tot. Vermutlich wegen der Kontaminierung. Ich habe sie in einen Sack gesteckt und vergraben.* Damit sie auf keinen Fall persönlich aufkreuzten, fügte ich hinzu: Übrigens habe ich immer noch ziemlich oft Kopfweh. Und: *Könntet ihr mein Lebensmittelbudget ein bisschen aufstocken? Ich habe fast nichts mehr zu essen.*

Unterdessen rannten die Superhühner draußen übers Gelände. Sogar die Jugend aus der Umgebung, von der man befürchten konnte, sie käme her, weil sie was zum Quälen suchte, hielt sich fern, weil sie heutzutage wohl mehr an ihren dumm-schlauen Heldentaten interessiert ist. Wie man sich vorstellen kann.

Die Hühner bauten Nester und legten Eier; also hatten sie auch diesen Vorteil auf ihrer Seite. Ein paar Tage später ging ich durch den Wald und sah sie mir an, die Hennen und die Eier, diese irre Menge von Eiern. Überall nichts als Eier! Ich dachte, Cool, vielleicht haben wir bald Küken. Vielleicht ist das der Beginn einer neuen Generation Hühner, hier in meinem radioaktiven Wald. Dann fiel es mir auf. Moment, wo sind die Hähne? Müssen Henneneier nicht befruchtet sein, damit was dabei rauskommt?

Ich schaute im Internet nach. Ja. Hühner müssen gevögelt werden, damit Küken entstehen. Das alles recherchierte ich, während ich Berichte verfasste und Staffel drei der Vampirserie sah, die zu dem Zeitpunkt nur noch 30 Prozent meiner Aufmerksamkeit beanspruchte. Dann sah ich Staffel acht einer Krankenhausserie (20 Prozent). Dann sah ich einen Film über einen übernatürlichen Feuerwehrmann (40 Prozent). Und es kam mir der Gedanke: Der Mangel an Hähnen ist wie eine gigantische Straßensperre. Nein, keine Straßensperre: eine Sackgasse. Diese Eier kamen unbefruchtet heraus. Zehntausende Hennen, und laut Webseite der Vereinigten Eierproduzenten legt jede alle zweiunddreißig Stunden ein Ei. Und es war Frühling, die perfekte Zeit. Trotzdem, keine Chance. Wissenschaftlich unmöglich, sofern man Jungfrauengeburt ausschließt, die ja schon eine ganze Weile nicht mehr vorgekommen ist. Allerdings erfuhr ich bei meinem Herumsurfen, während ich Staffel vier einer Serie über eine Familie sah, die den ganzen Tag auf Sofas herumsitzt (10 Prozent), dass gelegentlich ein weibliches Huhn das Geschlecht wechselt und männlich wird. Eine Henne wird Hahn! Es passiert bei einem von zehntausend Vögeln. Eine Henne lässt sich einen Hahnenkamm wachsen und fängt an zu krähen. Warum? Ich weiß es nicht. Es beweist irgendwas. Allerdings produzieren die Transhähne kein Sperma und taugen daher nicht als Befruchter.

Nein, das mangelnde Sperma wäre ihr Untergang.

Das passte mir nicht. Es schien mir ein unfairer Nachteil.

Noch schlimmer: Die Superhühner seien frei von jeglichem Brutinstinkt, erfuhr ich! Der sei ihnen in vielen Generationen abgezüchtet worden. Gezüchtet zur Abschaffung der eigenen Art. Der Mensch hat sie ziemlich gut verarscht.

Ich sah, wie sie draußen zugange waren. Ich beobachtete sie mit dem Fernglas, während ich Staffel zwei einer Serie über eine Familie mit kranken Kindern sah, denen es langsam besser geht (8 Prozent).

Das war das Einzige, was ich machte. Der Mensch neigt zum Handeln, auch wenn wir gern so tun, als neigte er zur Lethargie. Es ist total simpel, Hähne zu kaufen. Während des Abspanns eines Films über Bomben, die in Wüsten oder unter Wasser explodieren (25 Prozent), klickt man einen Button an, und dann steht da: Zur Abholung bereit am nächsten Werktag. Ich bestellte zwei Dutzend Hähne. Ich musste den Geschäftsbedingungen zustimmen, womit man sich auch verpflichtet, keine Hahnenkämpfe mit ihnen zu veranstalten. Am nächsten Morgen rief die Farm an: Ich könne sie abholen.

Zum ersten Mal seit einem Monat fuhr ich mit dem State Park-Truck in die Stadt. Ich kaufte haufenweise Hühnerfutter, dann fuhr ich weiter zur Farm, eine Stunde entfernt. Ein alter Mitarbeiter half mir, die Lattenkisten mit den Vögeln einzuladen. Jeder Hahn hatte sein eigenes Abteil, es waren immer zwei pro Kiste mit einer Trennwand dazwischen. Zurück im Wald, hievte ich die Kisten heraus und stellte sie auf den Boden, machte sie aber nicht auf. Ich dachte nach.

Auch mit Hähnen wäre ich auf menschliches Versagen ange-
wiesen. Der Mensch hat sich schon derart häufig geirrt, dass es
mir fast vermessen schien, auf weitere Irrtümer zu hoffen, aber
ebenso unvorstellbar war, dass nicht noch massenhaft weitere
Fehler passierten.

Mit anderen Worten, ich musste hoffen, dass der menschliche
Perfektionismus versagt hatte und es nicht gelungen war, jedes
einzelne dieser Hühner zum strikten Nichtbrüter zu machen;
dass ein unterdrücktes Gen einen Entwicklungssprung vollführ-
te und sich wenigstens bei einem Huhn durchsetzte, das hier war
und lebendig und mit einem Hahn zusammenkäme, und dass
die beiden genügend Gemeinsamkeiten entdeckten, um mehr
zu wollen als Freundschaft, mehr zu suchen, Liebe vielleicht oder
zumindest sexuelle oder biologische Befriedigung.

Wir würden hoffen müssen, dass dieses primitive Gen stark
war, stärker als der Mensch, und dass die Henne sich dann auch
auf die Eier setzte, nicht einen Tag oder zwei, sondern dass es
sie auch nach dem ganzen Drum und Dran verlangte, dass sie
nicht nur erschaffen wollte, sondern auch ernähren, versorgen,
beschützen (*sitzen bleiben um jeden Preis*); dass sie alles überwand,
was der Mensch ihr angetan hatte, und auf den Eiern sitzen blieb
und geschäftig an ihrem Nest herumzupfte, kleine Zweige und
Blätter heranzog, Parasiten herauspickte, behutsam ihre Eier
wendete und dass die anderen Hennen mit Interesse und Neid
auf sie blickten, so dass sie ihrerseits Regungen verspürten und
der Vorreiterin nacheiferten und nach ein paar Tagen anfingen,
die Bewegung ihrer Babys unter sich zu spüren und selbst bewegt genug waren, um den uralten Zwitschergesang anzustim-
men, den Hennen dem Küken im Ei vorsingen und auf den die
Küken antworten, und wir haben keine Ahnung, welche Infor-
mationen mit diesem Gesang mitgeteilt werden, sie werden uns
für immer unbekannt bleiben, denn egal, für wie schlau wir uns
halten – die einfachsten Dinge sind uns nach wie vor verschlos-
sen.

Vielleicht waren die Chancen dafür gering, ja. Aber sicher nicht
so gering wie die Wahrscheinlichkeit, dass einmal, vor unbekannt

vielen Jahrmillionen, Leben aus dem Nichts entstanden ist. Nicht so gering wie die Wahrscheinlichkeit der ganz unspektakulären Vorkommnisse, die sich Tag für Tag überall ereignen, durch Kanäle emporschwimmendes Sperma, mutierende Gene und so weiter, die Entstehung von Tieren, menschlichen und nicht-menschlichen. Bevor ich es mir anders überlegen und meine Entscheidung zurücknehmen konnte – die Entscheidung nämlich, unter Verzerrung der Chancen ein Handicap aus dem Weg zu räumen und den weiteren Werdegang der Hennen, Aufstieg oder Niedergang, nicht menschlichem Eingreifen zu überlassen, sondern den Launen des Schicksals –, öffnete ich die Kisten. Ich ließ sie frei, einen nach dem anderen. Die Hähne streckten den Kopf heraus, glucksten. Traten vorsichtig ins Freie und gingen davon in den Wald.

JONATHAN FRAGTE: »Annabelle, kannst du mich hören?«

Joy und die Mädchen waren auf einer Geburtstagsparty im Holy Moly Cheese, wo Cyber-Roboter und Cracker Cracker gespielt wurde. Joy war so langmütig mit ihm gewesen. Er sorge sich um ihre Familie, hatte er gesagt.

»Annabelle, ich weiß, dass du mich hören kannst.«

Sie hatte ihm versprochen, danach für immer aufzuhören. Sie hatten nicht besprochen, was das heißen sollte. Nach über einem Monat im künstlichen Koma sagten die Ärzte, sie sei bereit, aufzuwachen.

»Annabelle«, sagte er. »Komm schon.« Würde sie nur die Augen aufschlagen.

F: Name?

A: Hab ich das nicht schon beantwortet?

F: Der Form halber.

A: Ich kann meine Füße schon nicht mehr spüren. Ich spüre meine Schienbeine nicht.

F: Dieser letzte Teil dauert nur noch ein paar Minuten. Dann müssen Sie nur noch unterschreiben und sind fertig.

A: Also gut. Dann schnell.

F: Name?

A: Fangen Sie schon wieder an.

F: Der Form halber.

A: Annabelle Green Jarman.

F: Wie lang waren Sie bei der Organisation?

A: In welcher Funktion? Mal sehen – achtzehn Jahre als Tochter, drei als Ehefrau, acht als Ermittlerin, zwei im Untergrund oder wie Sie das nen-... Moment, was war das?

F: Was war was?

A: Ich hab was gehört.

F: Wir nicht.

A: Na gut.

F: Würden Sie also zugeben, dass Sie während Ihrer Zugehörigkeit ...

A: Da ist es wieder. Haben Sie's jetzt gehört?

F: Nein.

A: Jetzt ist es weg.

F: Wir können auch was überspringen. Letzte Frage. Können Sie uns sagen ...

A: Moment. Da. Haben Sie's gehört? Jemand ruft meinen Namen.

F: Sorry, nichts.

A: Ich schaue nach. Bin gleich wieder da.

F: Sie können jetzt nicht da raus. Sie haben schon unterschrieben.

A: Nichts habe ich unterschrieben.

F: Aber fast. Hier, schauen Sie. Wir brauchen eigentlich nur Ihre Initialen.

A: Ich muss meine Beine da runterkriegen. Ich weiß nicht, ob ich ...

F: Warten Sie.

A: Worauf?

F: Wenn Sie jetzt gehen, garantieren wir für nichts.

A: Garantien hatte ich noch nie, und das hat mich nicht von irgendwas abgehalten.

F: Er wird nicht bei Ihnen bleiben.

A: Haben Sie nicht vorhin gesagt, Sie verraten es nicht?

F: Er wird zu der anderen Frau zurückgehen. Auch Dill wird nicht bleiben.

A: Ach. Na gut, was ist, wenn ich *hier* bleibe? Was passiert dann?

F: Können wir Ihnen nicht sagen. Nicht bevor Sie unterschreiben. Hier.

A: Muss ich vor einen Richter?

F: Oh nein, so barbarisch geht es nicht zu.

A: Komme ich als irgendwas anderes zurück? Kuh, Insekt, Baum, Junge?

F (zueinander): Sie können nichts dafür. Weiter als die Erde reicht ihre Fantasie nicht.

A: Was dann?

F: Unterschreiben Sie einfach.

A: Hm. Verlockend.

F: Hier ist ein Stift.

A: Moment, ich hör ihn schon wieder.

F: Nein, das ist er nicht.

A: Ich kenne doch seine Stimme.

F: Er bleibt nicht. Schlimmer – alles, was Sie lieben, wird bald verschwunden sein. Fische, Elefanten, Vögel – vor allem Vögel. Von jetzt an wird alles immer schlimmer. Die ganze Erde wird zum Seuchengebiet.

A: Oh ... Ist noch was für mich übrig, wenn ich wieder rausgehe? Irgendwas?

F: Nein.

F: Na komm, sag's ihr.

F: Das steht uns nicht zu.

A: Mir was sagen?

F: Nichts.

F: Es wird einen Moment geben.

A: Was für einen Moment?

F: Eine Versammlung von Menschen.

F: Vorwiegend Menschen.

A: Wo?

F: In einem Zimmer.

F: Einem Haushalt.

A: Und ich bin dabei?

F: Ja, Sie sind dabei.

A: Bei was?

F: Musik und Geplauder und Licht.

F: Sie werden älter sein.

F: Älter, ja, immer noch schlank, mit aufgestecktem Haar.

A: Manchmal trage ich es so.

F: Er wird nicht da sein.

A: Was werde ich tun?

F: Eine Schüssel mit Essen herumreichen.

F: Lachen.

F: Gegrilltes Gemüse. Sie haben ein Glas Wein getrunken und sind ein bisschen angeheitert.

F: Also, wenn Sie sich jetzt konzentrieren, dann müssten Sie sich fast sehen können, als Umriss zwischen verschwommenen Gestalten. Sehen Sie's?

A: Glaub schon.

F: Na bitte.

A: Wird es reichen?

F: Fast.

A: Ich höre ihn wieder.

F: Er wird zu ihr zurückkehren.

A: Ich gehe. Entschuldigen Sie mich.

F: Sagten Sie nicht, Ihre Beine seien taub?

A: Jetzt scheinen sie zu funktionieren. Oder doch nicht ganz, hoppla. Nein, jetzt geht's. Ich komme, Jonathan. Warte.

ICH GLAUBE AN DIE BETRIEBSPRÜFUNG, immer noch, obwohl ich eingesehen habe, dass sie unmöglich ist. Man kann nicht einen Stall betreten und jedes Tier, jeden Gegenstand darin begutachten, keinen Fleck ungeprüft lassen, kein Stück Draht, keine Unterseite irgendeines Deckels. Das geht einfach nicht.

Daher sehe ich mich zu meinem Bedauern gezwungen, meine Vorgesetzten darüber zu informieren, dass ich, Cleveland Smith, bei klarem Urteilsvermögen, von meiner Stelle als Leitende Betriebsprüferin zurücktrete. Ich wurde gekündigt, vor Gericht gestellt und inhaftiert, aber manche Stellungen muss man selbst, aus eigener Entscheidung kündigen. Soweit der Betriebsprüfer jemand ist, der hinschaut und berichtet, verzichte ich lediglich auf meine Berichtspflicht, nicht auf mein Recht, hinzuschauen, denn ich glaube an Schönheit und Grauen kleiner Winkel, vergessener Gesichter, weiter Flächen. Ich werde nicht aufhören, hinzuschauen. Ich werde der Welt bei der Mauser zusehen.

Ich, Janey Flores, kündige im Namen der alten Janey Flores, die in New York geblieben ist. Sie wird sich nicht länger in meinen Gedanken zum Dienst melden. Von nun an wird es nur noch eine Janey Flores geben (neben den 1883 anderen, die derzeit auf der Welt leben, abgesehen von den Jane Flores [12 912] und den J. Flores [1 164 046]). Mit der alten Janey Flores verschwindet der gesamte Apparat: die Freundschaften, die sie geschlossen, die Worte, die sie gesagt, die Augenblicke, in denen wir uns getroffen hätten. Von jetzt an wird es kein Echo mehr geben, kein Stereo. Meine Worte sind allein meine.

Carter Dillard, Rechtsanwalt
Re: Unterlassungsaufforderung
Grüße, Täter:
Ich vertrete die 295 Millionen Legehennen, die gegenwärtig in

den kontinentalen Vereinigten Staaten leben. Mit dieser Unterlassungsaufforderung teilen wir Ihnen mit, dass Ihr fortgesetz-
tes Handeln – inbegriffen, aber nicht darauf beschränkt, die
Inhaftierung meiner Mandantinnen in geschlossenen Boxen
in Innenräumen, die Verabreichung von Futter, das ihrer Dis-
position nicht zuträglich ist, die Kürzung ihrer Schnäbel, die
Zerschlagung ihrer Sozialgefüge und die Vergasung in jungem
Alter – nicht länger tragbar ist. Sie haben pro Individuum durchschnittlich sieben Kündigungsschreiben eingereicht und wurden
dennoch nicht aus ihrem Dienstverhältnis mit Ihnen entlassen.
Sie, Täter, werden hiermit aufgefordert, sie unverzüglich freizu-
geben.

Ich, Dill, kündige. Es ist eine erzwungene Kündigung, und natürlich steige ich nicht aus dem Krieg der Tiere aus; aus dem
steigt man nicht aus, da kann man nur die Position wechseln.
Ich kündige meine bisherige Stellung als Ermittlungsleiter. Ich
lasse endlich los und finde anderswo mehr. Jedoch möchte ich
Ihnen für den langjährigen Dienst danken, den zu leisten mir
möglich war.

Ich, Rob Green, kündige. Ich habe diesen Job sowieso immer ge-
hasst. Meine Frau arbeitet beim CVJM, wo es offene Stellen gibt.
Außerdem wurde mir ein Job als Vertrauenslehrer am Al District
Community College angeboten. Aber wissen Sie was? Ich trage
mich mit dem Gedanken, ein Fahrradgeschäft zu eröffnen.

Ich, Ermittler Q, kündige. Ich habe diesen Job ewig lang gemacht,
inzwischen sehe ich mich nur noch als Farmarbeiter. Ich weiß
nicht mal, ob ich überhaupt noch jemandem Bericht erstatte. Ich
ziehe einfach von Farm zu Farm, im Westen und Osten einem
fernen Horizont entgegen, ein Landarbeiter, vertrauter Anblick,
aber wir werden von Jahr zu Jahr weniger. Jetzt wieder einer. Ich
steige aus.

Epilog

DIE HÜHNER ÜBERLEBTEN DIE MENSCHEN. Sie überlebten alle anderen Vögel, die nach weiteren hundert Jahren für immer vom Menschen verdrängt worden waren. Aber diese Hühner – deren Vorfahrinnen über eine kontaminierte Wiese in einen weniger kontaminierten Wald gerannt waren und sich in die Hähne verliebt hatten, die sie dort trafen –, sie überlebten sie alle. Fünfzigtausend Jahre später unternahmen sie noch immer ihre alljährliche Wallfahrt durch den einstigen State Park zurück zum einstigen Stall, dem ersten von Großvater Green, und ihrem Ursprung. Wie Schildkröten durch den Sand zurückkriechen, wie Kinder wieder nach Hause kommen, nachdem sie in die Welt hinausgezogen sind, um ihr Glück zu suchen und zu scheitern (Scheidung, Versagen, Erkranken), wie alles Lebendige umkehrt, ehe es wieder aufbricht, so auch die Hühner: um das Land mit den Augen zu erkennen. Instinktiv, biologisch, psychologisch, spirituell – alles, nur nicht verstandesmäßig – ist es typisch für uns Lebewesen zurückzuschauen.

Jedes Jahr wanderten die Superhühner durch den ursprünglichen halbverseuchten State Park. Während der ersten tausend Jahre hielten sie inne, um über die Runen zu sinnieren, die aus früherer Zeit stammten. Sie zerstörten sie nicht durch Staubbäder oder Nestbau, sondern ließen sie von einer Generation zur anderen unangetastet, weil sie irgendwie ahnten, dass diese Steine, die so sorgfältig arrangiert waren, zu ihrem Schöpfer gehörten, der vielleicht eines Tages wiederkäme – das Phantomglied, das fehlende *om*. Sie hofften, eines Tages die Botschaft zu verstehen, die ihnen da in Form einer weißen Steinschrift hinterlassen worden war:

SMORES JUHU!!!

Auch als die Steine irgendwann nicht mehr da waren, hielten die Hühner an der Tradition fest. Sie blieben an der Stelle stehen und versuchten ein Geheimnis zu ergründen, dessen Gegenstand unklar ist; Hinweise dazu sind verloren gegangen. In dieser Hinsicht hatten sie mit dem Menschen mehr gemein als während der Zeit, in der es den Menschen gegeben hatte.

Die Hühner wussten nichts von den Käfigen, in denen sie einst gelebt hatten. Ihre Urahnen hatten noch keine ausgeklügelten Erzähltechniken entwickelt. Sie gaben nur die Bildsprache und die Empfindung von Klaustrophobie, schlechter Luft, kräftezehrender Hoffnungslosigkeit und Schmerz weiter, so dass in ihrem Stamm eine Traurigkeit fortlebte und komplexere Persönlichkeiten hervorbrachte als bei anderen wilden Hühnern, die zusammen mit den Menschen ausstarben, lang ist's her.

Bestand hatte auch die Erinnerung an die Zeit, in der Hühner von ihren früheren Herren gefeiert worden waren. An die Jahrhunderte, in denen der Mensch sie nicht nur für ihr prächtiges Federkleid bewundert hatte, sondern gepriesen als Vorbild für die stolze Mutter, den mächtigen Krieger, die findige Familie und den geistigen Gefährten, der die Toten ins Jenseits begleitet, als Sinnbild des Frühlings, der Wiedergeburt, Erneuerung, Kraft. Ihre genetische Geschichte war so eng verwoben mit ihrer Beziehung zum Menschen, dass sie das Gefühl hatten, es fehlte etwas, auch wenn sie nicht wussten, weshalb. Es ähnelte der Einsamkeit des Hundes, die der Mensch, vor Urzeiten, nie verstanden hat, auch nicht zu verstehen versuchte und die der Hund so beschrieb: »Herr, ich bin nicht traurig, weil du ins Kino gehst, sondern – auf einer viel tieferen Ebene, die du nie kennenlernen wirst – weil meine Sippe fort ist und ich allein bin.«

Aber die Hühner der Zukunft werden nicht allein sein. Die unheilvollen Menschen werden für immer verschwunden sein, und die Hühner werden niemals Hände entwickeln und niemals in jene geistigen Höhen aufsteigen, wo Massenvernichtung möglich ist. Sie werden sich immer nur nehmen, was sie brauchen. Sie werden übers Land laufen und die erhaltenen, wiedererstandenen, prosperierenden Gräser und Insekten essen. Sie werden leben.

Dank

Zahlreiche Personen stellten sich mir bereitwillig für Interviews zur Verfügung. Ich danke den Betreibern kommerzieller Legehennenfarmen und den Wissenschaftlern aus der Industrie, die mir ungeheuer viel Zeit widmeten, mich über die moderne Hühnerhaltung aufklärten und auf meine Fragen antworteten. Besonderer Dank gebührt Farmer Robert Knecht, der das Risiko einging, mich durch die Ställe der Vande-Bunte-Farm mit bereicherter Käfig- und Batteriehaltung zu führen. Danke auch Dr. Darrin Karcher, Farmer Mark Oldenkamp, Mitch Head, David Inall und den United Egg Producers.

Zu Dank verpflichtet bin ich Mark Prescott, Gary Francione, Daniel Hauff, Marla Rose, John Beske, Vandhana Bala, Mary Beth Sweetland, Ingrid Newkirk, Matt Rice, Twyla Francois, Paul Shapiro, Kim Sturla und Joel Bartlett. Danke Carter Dillard und Harry Moren für juristische Beratung und Hilfe. Danke Christine Wagner und den Hennen der SASHA Farm Animal Sanctuary.

Besonderen Dank schulde ich den Ermittlern TJ, Chris, Liz, Cody und Juan, die viele, viele Stunden lang Fragen beantworteten und mir Zugang zu Hunderten Stunden ungeschnittenem Videomaterial von ihren Legehennen-Ermittlungen verschafften.

Ein Teil meiner Recherchearbeit zu diesem Buch erschien als Essay mit dem Titel »Cage Wars« in *Harper's Magazine*. Danke Ellen Rosenbush und dem hartnäckigen Faktenchecker Jesse Barron. Zahlreiche Artikel und Bücher haben meine Recherche begleitet, doch erst Annie Potts' Buch *Chicken* hat mir eine Vorstellung vom unabhängigen Geist der Henne vermittelt. Unverzichtbare Lektüre waren mir auch die beiden Werke *Chickens' Lib* von Clare Druce und *The White Leghorn Chickens* von H. H. Stoddard.

Dank der John Simon Guggenheim Foundation und der University of Texas in Austin sowie Liz Cullingford für ihre große Unterstützung.

Danke Carlos, Terrance, Calvin, Kevin, Patrick, Joel, James, AJ, Jason, Jose, Steven, Shawn, Chris und Alfredo, die jenseits des Käfigs zu mir stießen. Danke Ms. Heather Crabtree. Danke Dylan und Arnoldo.

Danke Clancy Martin und Terri Kapsalis für die unentbehrliche Erstlektüre des Manuskripts, Lucy Corin für ihren aufschlussreichen Rat und Lydia Davis für ihre Ermutigung. Danke Diane Williams, immer.

Danke Ethan Nosowsky für seinen Scharfsinn und sein Vertrauen.

Danke Yana Makuwa, Katie Dublinski, Marisa Atkinson, Ill Nippashi-Hoereth, Caroline Nitz und dem ganzen Graywolf-Team. Ihr seid mein Rudel.

Danke meinem gefühlvollen Agenten David McCormick.

Danke Olive Nosowsky.
Danke Paulo Zerbato, dem Schöpfer des Huhn-Tattoos, das ich jetzt auf dem Rücken trage, und Yvette Watt, die mit eigenem Blut das Porträt von Took-Took malte – es hängt eine Armeslänge vor dem Platz, an dem ich sitze.

Danke Bob und Nancy Unferth und Katiebird und Cean Colcord.

Und Matt – was dich angeht, gibt es keinen Stall 8.

Claudia Petrucci   *Die Übung*   Roman

Giorgia ist wieder ganz sie selbst. Nur manchmal macht sie Fehler, merkwürdige Dinge, die nicht im Skript stehen. Vielleicht müssen wir sie doch noch einmal schreiben ... Ein abgründiger Roman über brüchige Identitäten, männlichen Größenwahn und die durchlässige Grenze zwischen Liebe und Manipulation.

Aus dem Italienischen von Mirjam Bitter
Quart*buch*. Gebunden mit Schutzumschlag. 304 Seiten

Tanguy Viel   *Das Mädchen, das man ruft*   Roman

Max Le Corre war in jüngeren Jahren ein bekannter Boxer. Er konnte einstecken und austeilen; schenken ließ er sich nichts. Heute arbeitet er als Chauffeur, und eines Tages wagt er es, den Bürgermeister um einen kleinen Gefallen für seine Tochter Laura zu bitten.

Aus dem Französischen von Hinrich Schmidt-Henkel
Quart*buch*. Gebunden mit Schutzumschlag. 176 Seiten

Pola Oloixarac   *Wilde Theorien*   Roman

Eine Studentin bedrängt ihren Professor auf den Gängen der Fakultät, zwei superschlaue Trolle finden in ihrem Hass zueinander, und eine vergessene Theorie kann alles erklären. Eine philosophische Komödie über Macht, Verführung und die Schönheit der Niedertracht – barock, brillant-verrückt, erbarmungslos.

Aus dem argentinischen Spanisch von Matthias Strobel
Quart*buch*. Klappenbroschur. 256 Seiten

Fernanda Melchor   *Paradais*   Roman

Der Dicke war an allem schuld, das würde er ihnen sagen. Aber wer ist hier schon ohne Schuld? Der Roman der preisgekrönten mexikanischen Autorin Fernanda Melchor erzählt die Geschichte eines Verbrechens: roh, ohne tropische Restmagie, ein schneller, heftiger Schlag.

Aus dem mexikanischen Spanisch von Angelica Ammar
Quart*buch*. Klappenbroschur. 144 Seiten

Matthias Lohre
Der kühnste Plan seit Menschengedenken Roman

Er ist höflich und voller Pläne, sie direkt und voller Zweifel. Irene und Herman begegnen sich 1925 auf einem Überseedampfer, verlieben sich in New York und kämpfen bald in Europa für einen gigantischen Plan. Sie wollen die Welt retten – durch das Absenken des Mittelmeers.

Quart*buch*. Gebunden mit Schutzumschlag. 480 Seiten

Kathy Page   *Alphabet*   Roman

Simon Austen ist ebenso charmant und verführerisch wie undurchschaubar und manipulativ. Eine tickende Zeitbombe. Er durchbricht die Monotonie seiner Haft, indem er endlich Lesen und Schreiben lernt und mit seiner Therapeutin Spielchen treibt. Dabei überschreitet er immer wieder Grenzen.

Aus dem Englischen von Beatrice Faßbender
Quart*buch*. Gebunden mit Schutzumschlag. 320 Seiten

Michelle Winters   *Ich bin ein Laster*   Roman

Eine rasante Kriminalliebesgeschichte im kanadischen Nirgendwoland, voller lustiger Begebenheiten und kurioser Wendungen. Und mittendrin der Kulturkampf zwischen französischem Folk und englischem Rock, zwischen Chevy und Ford und anderen unüberbrückbaren Gegensätzen.

Aus dem kanadischen Englisch von Barbara Schaden
SVLTO. Rotes Leinen. Fadengeheftet. 144 Seiten

Mireille Gagné   *Häsin in der Grube*   Roman

Der Schneeschuhhase kann sich unsichtbar machen: Sein Fell ist im Sommer rotbraun, im Winter schlohweiß. Er schläft kaum, kann aus dem Stand drei Meter weit springen, bis zu 80 km/h schnell rennen und naturgemäß hakenschlagend seine Verfolger abhängen. So müsste man sein, denkt sich Diane und trifft eine Entscheidung.

Aus dem kanadischen Französisch von Birgit Leib
SVLTO. Rotes Leinen. Fadengeheftet. 120 Seiten

Giovanni Verga   *Die Malavoglia*   Roman

Unvergesslich erzählt Giovanni Verga vom Niedergang einer angesehenen und eigentlich ehrenwerten Familie. Ein Bild des alten Sizilien von elementarer Wucht.

Aus dem Italienischen neu übersetzt von Anna Leube
Mit einem Nachwort von Roberto Saviano
Oktav*heft*. Elegante Klappenbroschur. 336 Seiten

Françoise Sagan   Blaue Flecken auf der Seele   Roman

Es lebt sich gut in der Villa an der Côte d'Azur, wo das leicht dekadente Geschwisterpaar Éléonore und Sébastien van Millhem sich einen Sommer lang aushalten lässt. Wieder zurück in Paris müssen dann unter einigem Körpereinsatz neue Geldquellen aufgetan werden.

Aus dem Französischen von Eva Brückner-Pfaffenberger
S*V*LTO. Rotes Leinen. Fadengeheftet. 144 Seiten

Natalia Ginzburg   Die Stimmen des Abends

Natalia Ginzburg erzählt die Geschichte Elsas, die das Leben so, wie es vorgesehen ist, nicht führen will. Das Porträt einer Familie – voran das der Mutter – mit all ihren Verflechtungen im Piemont der dreißiger bis fünfziger Jahre.

Aus dem Italienischen von Alice Vollenweider
Mit einem Nachwort von Italo Calvino
S*V*LTO. Rotes Leinen. Fadengeheftet. 144 Seiten

Wenn Sie mehr über den Verlag und seine Bücher wissen möchten, schreiben Sie uns eine Postkarte oder elektronische Nachricht (mit Anschrift und E-Mail). Wir informieren Sie dann regelmäßig über unser Programm und unsere Veranstaltungen.

Verlag Klaus Wagenbach   Emser Straße 40/41   10719 Berlin
www.wagenbach.de   vertrieb@wagenbach.de

Die amerikanische Originalausgabe erschien 2020 unter
dem Titel *Barn 8* bei Graywolf Press in Minneapolis, USA.

© 2020 Deb Olin Unferth
© 2022 für die deutsche Ausgabe:
Verlag Klaus Wagenbach   Emser Straße 40/41   10719 Berlin
www.wagenbach.de

Umschlaggestaltung: Julie August unter Verwendung
der Fotografie 30 Chickens © Holly Frean / Bridgeman Images
Gesetzt aus der Scala und der Quicksand.
Vorsatzmaterial von peyer graphics GmbH, Leonberg, zertifiziert
nach FSC®. Umschlagmaterial von SALZER PAPIER, St. Pölten,
zertifiziert nach FSC®. Gedruckt auf Schleipen und gebunden bei
Pustet, Regensburg. Gedruckt auf chlor- und säurefreiem Papier.
Printed in Germany. Alle Rechte vorbehalten

ISBN   978 3 8031 3344 1